THE

PROGRESSIVE

FRENCH READER;

SUITED TO THE

GRADUAL ADVANCEMENT OF LEARNERS GENERALLY,

AND

ESPECIALLY ADAPTED TO THE NEW METHOD,

WITH

Notes and a Lexicon.

BY NORMAN PINNEY, A. M.

NEW YORK:
HUNTINGTON AND SAVAGE,
216 PEARL STREET.
CINCINNATI:—H. W. DERBY AND COMPANY.
1850.

Stéréotypé par
RICHARD H. HOBBS,
HARTFORD, CONN.

beginning of each lesson in the Reader, show what lesson of the Teacher it is designed to follow, and when read in that connection, the learner will all along find himself prepared with grammatical knowledge for his lesson in reading. When the feminine gender has been introduced in the Teacher, it will be found also in the Reader; where a past tense is admitted in the former, it will be also in the latter, and so with all the grammar. In this way, the learner is prepared to understand fully what he reads, his course is gradual and easy, while his reading may serve to exercise and confirm his knowledge of principles.

The following work, although adapted particularly to the Practical French Teacher, can be employed, also, with any grammar on the New Method; and, indeed, its gradual, progressive character, gives it a value, it is believed, for learners generally, whatever may be the grammatical system with which it is studied.

N. B.—The references in the notes are to the lessons and pages of the Practical French Grammar.

TABLE DES MATIÈRES.

LECTEUR FRANÇAIS PROGRESSIF.

LE CHEVAL.

26.* LE cheval est de tous[1] les grands animaux[2] celui qui a le plus de proportion et d' élégance dans les parties de son corps. Quand nous lui comparons les animaux qui sont immédiatement au-dessus et au-dessous, nous voyons que l' âne est mal fait, que le bœuf a les jambes trop minces et hors de proportion à son corps, que le chameau est difforme, et que les plus gros animaux, le rhinocéros et l' éléphant, ne sont que des masses informes. Le cheval a les yeux[3] vifs et bien ouverts, et le bel ornement qui flotte le long de[4] son cou, lui donne un air de force et de fierté.

On juge assez bien du naturel et de l' état actuel de l' animal par le mouvement des oreilles. Il doit lorsqu' il marche les avoir en avant; ceux qui sont colères et malins les portent séparément et alternativement en avant et en arrière.

Les chevaux[5] arabes sont les plus beaux[6] en Europe. Les barbes sont les plus communs. Ceux d' Espagne tiennent le second rang après les barbes; on les préfère[7] à tous les autres chevaux du monde, pour le service militaire et pour le manège.

1. *Tous*, plural of *tout*.
2. *Animaux*, plural of *animal*. See Less. 36.
3. *Yeux*, plural of *œil*.
4. *Le long de*, along.
5. *Chevaux*, plu. of *cheval*. See Less. 36.
6. *Beaux*, plu. of *beau*. See Less. 36.
7. *Préfère*, for the grave accent, see Less. 103.

*The numbers at the beginning of the paragraphs denote the lessons in the PRACTICAL FRENCH TEACHER, which the portions of this Reader are designed to follow. See Preface.

27. Les chevaux arabes viennent des chevaux sauvages des déserts d' Arabie. Ils sont si légers que quelques-uns d' entre eux dévancent les autruches. Les Arabes du désert, et les peuples de Libye, élèvent[1] beaucoup de ces chevaux. Ils conservent avec grand soin et depuis très-long-temps, les races de leur chevaux; ils en connaissent les générations, les alliances, et la généalogie. Les chevaux arabes sont les premiers chevaux du monde; c' est d' eux que l' on[2] tire soit immédiatement soit médiatement, par le moyen des barbes, les plus beaux chevaux de l' Europe, de l' Afrique, et de l' Asie. Le climat de l'Arabie est donc peut-être le vrai climat des chevaux.

Le cheval dort[3] beaucoup moins que l' homme; il ne demeure guère que deux ou trois heures de suite couché; il se relève ensuite pour manger. Suivant les différents pays et selon les différents usages auxquels on destine les chevaux, on les nourrit différemment. Ceux de race arabe dont on veut faire de bons coureurs, en Arabie et en Barbarie, ne mangent que rarement de l' herbe et du grain; on ne les nourrit ordinairement que de dattes et de lait de chameau qu' on leur donne le soir et le matin. En Islande où le froid est excessif, et où souvent on ne les nourrit que de poissons desséchés,[4] ils sont très-vigoureux, quoique petits; il y en[5] a même de si petits qu' ils ne peuvent[6] servir de monture qu' à des enfants.

LE CHIEN.

28. Le chien a par excellence[7] tout ce qu' il faut[8] pour lui attirer les regards de l' homme. Un naturel ardent, colère, même féroce et sanguinaire, rend le chien sauvage redoutable

1. *Elèvent*, from *élever*, for the second accent, See Less. 86.
2. *L' on* for *on*; *l* is inserted merely for better sound. See Less. 146.
3. *Dort*, an irregular verb, from *dormir*. See Less. 41.
4. *Desséchés* agrees with *poissons*, past participles, not forming part of a verb, agree like adjectives with their nouns or pronouns.
5. *Il y en a*, (literally, it there of them has,) there are some. See Less. 46.
6. *Peuvent*, from *pouvoir*. See Less. 35.
7. *Par excellence*, in the highest degree.
8. *Il faut*, it is necessary; an impersonal verb. See Less. 81.

à tous les animaux et cède dans le chien domestique aux sentiments les plus doux, au plaisir de s' attacher et au désir de plaire. Il vient en rampant[1] mettre aux pieds de son maître son courage, ses talents ; il attend ses ordres pour en faire usage,[2] il le consulte, il l' interroge, il le supplie ; un coup d' œil[3] suffit,[4] il entend au moindre signe. Plus sensible au souvenir des bienfaits qu' à celui des outrages, il ne se rebute pas par les mauvais traitements, il les subit et les oublie ; loin de s' irriter ou de fuir, il s' expose de lui-même à de nouveaux outrages. Plus docile que l' homme, plus souple qu' aucun des autres animaux, non seulement le chien s' instruit en peu de temps, mais même il se conforme aux mouvements, aux manières, aux habitudes de ceux qui lui commandent. Toujours empressé pour son maître et prévenant pour ses amis, il ne fait pas attention aux gens indifférents, et se déclare contre ceux qui par état ne sont faits que pour importuner ; il les connaît aux vêtements,[5] à leur voix, à leurs gestes, et les empêche d' approcher. Lorsqu' on lui confie le logis à garder, il devient plus fier, et quelquefois féroce ; il veille, il sent de loin les étrangers, il donne l' alarme, avertit et combat ; aussi furieux contre les voleurs que contre les animaux carnassiers, il se précipite sur eux, les blesse, les déchire, leur ôte ce qu' ils veulent enlever ; mais content de[6] vaincre, il se repose sur les dépouilles, n' y touche pas, même pour satisfaire son appétit, et donne en même temps des exemples de courage, de tempérance, et de fidélité.

BOSSUET.

29. Bossuet se présente à l' imagination comme un de ces hommes prodigieux qu' il est facile d' admirer, et qu' il est difficile de montrer aussi grands qu' ils sont. C' est dans son dis-

---

1. *En rampant*, creeping.
2. *En faire usage*, to make use of them.
3. *Un coup d' œil*, a glance of the eye.
4. *Suffit*, from *suffire*, varied like *dire*. See Less. 26.
5. *Aux vêtements*, by their dress.
6. For *de* before infinitive, see Less. 39.

cours sur l' histoire que l' on peut admirer l' influence du génie dù Christianisme sur le génie de l' histoire. Politique comme Thucydide, moral comme Xénophon, éloquent comme Tite-Live, aussi profond et aussi grand peintre que Tacite, l' évêque de Meaux a de plus[1] un style grave, et un tour[2] sublime, dont on ne trouve ailleurs aucun exemple, hors[3] dans l' admirable début du livre des Machabées.

Bossuet est plus qu' un historien, c' est[4] un père de l' église, c' est un prêtre inspiré qui souvent a le rayon de feu sur le front, comme le législateur des Hébreux. Son génie le place au premier rang des hommes qui honorent le plus l' esprit humain dans le siècle le plus éclairé. Ses ouvrages révèlent l' étendue de ses connaissances dans les genres les plus divers. Dans un état ordinaire, il se place sans effort et sans orgueil à côté de tous les grands du monde. Instituteur de l' héritier du trône, il apprend à tous les rois à régner; il soumet[5] les peuples au frein des lois, et il fait trembler les puissances au nom d' un Dieu vengeur des lois. Il a des adversaires, et il n' a point[6] d' ennemis; il combat les ennemis de l' église, et il conquiert[7] l' estime des Protestants eux-mêmes. Le grand homme d' un grand siècle, il prévoit et dénonce les malheurs du siècle qui doit[8] le suivre.

PÊCHES DU NORD.

30. On tire des rivières et des lacs du Nord un nombre infini de poissons. Jean Schæfer, historien exact de Laponie, dit qu' on prend, chaque année à Torneo, jusqu' à treize cents barques de saumon, qu' on y trouve des brochets aussi long

1. *De plus*, furthermore.
2. *Tour*, expression.
3. *Hors*, except.
4. *C' est*, he is.
5. *Soumet*, from *soumettre*, varied like *mettre*. See Less. 26.
6. *Point*, a stronger negative than *pas*. See Less. 145.
7. *Conquiert*, from *conquérir*, an irregular verb, varied like *acquérir*. See Less. 88.
8. *Doit le suivre*, is to follow.

qu' un homme, et qu' on en sale chaque année de quoi[1] nourrir quatre royaumes du Nord. Mais ces pêches immenses n' approchent pas encore des pêches de ses mers.[2] C' est dans leur sein qu' on prend ces énormes baleines, qui ont, pour l' ordinaire soixante pieds de longueur, vingt pieds de largeur au corps, dix-huit pieds de hauteur, et qui donnent jusqu' à cent trente barriques d' huile. Leur lard a deux pieds d' épaisseur, et on le découpe avec des couteaux[3] de six pieds de long. Un nombre prodigieux de poissons, qui enrichissent tous les pêcheurs de l' Europe, sort tous les ans[4] des mers du Nord; tels sont les morues, les anchois, les esturgeons, les maquereaux,[5] les sardines, les harengs, les marsouins, les poissons à scie, etc.

Le pôle austral n' est pas moins poissonneux que le pôle septentrional. Les peuples qui l' avoisinent sont ichthyophages et n' exercent pas l' agriculture. Le véridique Chevalier Narbrught dit dans son journal, que le Port Désiré, qui est par le 47° 48′ de latitude sud, est si rempli de pingouins, de veaux[6] marins et de lions marins, que tout vaissau qui y touche y trouve des provisions en abondance; tous ces animaux qui y sont fort gras, ne vivent que de poissons.

LES VÉGÉTAUX.

31. Nous devons presque tous les végétaux[7] qui enrichissent nos champs aux Egyptiens, aux Grecs, aux Romains, aux Américains, à des peuples sauvages. Le lin[8] vient des bords du Nil, la vigne de l' Archipel, le blé de la Sicile, le noyer de la Crète, la pomme de terre[8] de l' Amérique, le cerisier du royaume de Pont, etc. Quelle ravissante harmonie forme aujourd' hui l' ensemble de ces végétaux étrangers, au milieu de nos

---

1. *De quoi*, wherewith.
2. *De ses mers*, of his (Schaefer's) seas.
3. *Couteaux*, pl. of *couteau*. See Less. 36.
4. *Tous les ans*, every year.
5. *Maquereaux*, plu. of *maquereau*.
6. *Veaux*, plu. of *veau*.
7. *Végétaux*, plu. of *végétal*.
8. *Lin*, flax.
9. *Pomme de terre*, potato.

2

campagnes françaises ! On y distingue différents ordres, comme parmi des citoyens. Ici sont les humbles graminées, qui semblables aux paysans, portent les utiles moissons ; de leur sein s' élèvent des arbres fruitiers, dont les fruits, moins nécessaires sont plus agréables, mais qui exigent des greffes et une éducation plus soignée comme les bourgeois. Sur les hauteurs sont les chênes, qui, comme la noblesse, mettent les plaines à l' abri[1] des vents, ou comme le clergé, s' élèvent vers le ciel pour en attirer les rosées. Dans le coin d' un vallon sont des pépinières comme des écoles où on élève la jeunesse des vergers et des bois. Aucun de ces végétaux ne nuit à l' autre ; tous jouissent du sol et du soleil ; tous s' entr' aident,[2] et se prêtent des grâces mutuelles ; les plus faibles servent d' ornement aux plus robustes, et les plus robustes d' appui aux plus faibles. Le lierre, toujours vert, tapisse l' écorce raboteuse du chêne, le gui doré brille dans le sombre feuillage de l' aune ; le tronc nu de l' érable s' entoure des guirlandes du chèvre-feuille, et le peuplier pyramidal de l' Italie élève vers le ciel les pampres empourprées de la vigne.

PARTICULARITÉS RELATIVES[3] AUX ARABES.

32. Les Arabes sont en général d' une petite taille, et d' une constitution robuste. Ils ont le corps maigre, le teint basané, les yeux noirs et pleins de feu, le poil brun, la physionomie plus spirituelle qu' agréable, la voix grêle et faible, comme celle des femmes. Ils laissent croître leur barbe, et croient qu' il est honteux de la couper. L' habillement, dans les conditions distinguées,[4] consiste en un caleçon de toile fine, qui couvre la ceinture, les cuisses et les jambes, et par-dessus lequel on met une chemise de soie, qui embrasse tout le corps,

1. Literally, *put the plains to shelter from the wind*, i. e. *shelter the plains from the winds*. See Less. 44.

2. *S' entr' aident*, help each other.

3. *Relatives*, fem. pl. of *relatif*. See Less. 37.

4. *Distinguées*, fem. plural. Participles form their feminine like adjectives.

et qui descend encore plus bas que le caleçon. On ajoute à cela un caftan, ou robe de soie à larges manches,[1] laquelle tombe un peu au dessous des genoux.[2] Dans les lieux où l' hiver est un peu rigoureux, on met dans cette saison par dessus le caftan, une longue robe de drap garnie de fourrure, à laquelle on joint[3] quelquefois une autre robe sans manches. Ils ont autour des reins une large ceinture de cuir bordée d' or ou d' argent, dans laquelle ils passent un couteau d' un pied de long, enfermé dans un fourreau, avec un petit poignard qui a aussi sa gaîne.

L' habit des dames est plus riche que celui des hommes. Leur caftan descend jusqu' aux talons. Ses manches sont étroites et courtes ; mais celles de la chemise sont si longues qu' elles pendent quelquefois jusqu' à terre. Elles n' ont point de souliers ni de pantoufles dans leurs maisons, mais lorsqu' elles sortent, elles mettent de petites bottines. Au lieu de turban qui est la coiffure des hommes, elles portent une petite toque de drap d' or ou d' argent, autour de laquelle elles roulent une bande de mousseline ornée d' une riche broderie.

AUTRES PARTICULARITÉS RELATIVES AUX ARABES.

33. Les maisons des Arabes ne sont bâties que de terre battue réduite en mortier, et mêlée d' un peu de paille. Les toits sont en terrasse. Les meubles se réduisent[4] à quelques coussins, à des coffres couverts de chagrin ou de poil de chameau, à des nattes et des tapis, qui servent de siéges et de tables, et à des matelas fort minces sur lesquels ils couchent. Ils ne connaissent pas l' usage des fourchettes ni des couteaux ; mais chacun a une cuiller de bois pour prendre les choses liquides. Quand ils prennent leurs repas chacun a devant lui

---

1. *A larges manches*, with wide sleeves. See Less. 77, page 139.
2. *Genoux*, plu. of *genou*.
3. *Joint*, from *joindre*, varied like *plaindre*. See Less. 24.
4. *Se réduisent à*, reduce themselves to, i. e. amount to.

une petite assiette sur laquelle il pose les viandes qu' il prend au plat[1] avec la main. Chacun a la liberté de se retirer[2] quand il ne mange plus, et à mesure que les convives se lèvent,[3] il en succède de nouveaux. Les domestiques prennent ensuite la place des maîtres. Les femmes mangent dans un lieu séparé.

Au sortir[4] du repas, ils passent dans une salle, où on leur présente des fruits, du café, de l' opium, du sorbet et des pipes. On y brûle dans des cassolettes, de l' encens, de la myrrhe, et d' autres parfums, dont les convives reçoivent la fumée dans leurs habits, sur lesquels on jette aussi de l' eau de rose. Toutes ces choses se pratiquent,[5] non seulement dans les repas de cérémonie, mais dans les visites.

Quant aux qualités morales des Arabes, les écrivains ne sont pas d' accord dans le jugement qu' ils en portent,[6] peut-être parce que chacun ne parle que de ceux dont il a plus particulièrement étudié les mœurs. On convient[7] néanmoins assez généralement que les Arabes qui vivent dans les villes ont les manières plus polies, et le caractère plus sociable.

MINE DE SALSEBRITZ.

34. La mine d' argent de Salsebritz en Suède présente un des plus beaux spectacles. On descend dans cette mine par trois larges bouches semblables à des puits dont on ne voit point le fond. La moitié d' un tonneau soutenu d' un câble sert[8] d' escalier pour descendre dans ces abîmes, au moyen d' une machine que l' eau fait mouvoir. On n' est qu' à moitié dans un tonneau où l' on ne porte[9] que sur une jambe. On a pour compagnon un satellite noir comme nos forgerons, qui

1. *Au plat*, from the dish.
2. *Se retirer*, to withdraw himself, to retire.
3. *Se lèvent*, rise.
4. *Au sortir*, on going out.
5. *Se pratiquent*, practice themselves, i. e. are practiced.
6. *Portent*, put forward, express.
7. *Convient*, from *convenir*, to agree, varied like *venir*, Less. 20.
8. *Sert*, from *servir*, varied like *sortir*. See Less. 29.
9. *Porte*, rests.

entonne tristement une chanson lugubre, et qui tient un flambeau à la main. Quand on est au milieu de la descente, on commence à sentir un grand froid; on entend les torrents qui tombent de toutes parts; enfin après une demi-heure, on arrive au fond d'un gouffre; alors la crainte se dissipe,[1] on n'aperçoit plus rien d'affreux; au contraire, tout brille dans ces régions souterraines. On entre dans une espèce de grand salon soutenu par deux colonnes de mines d'argent. Quatre galeries spacieuses viennent y aboutir. Les feux[2] qui servent à éclairer les travailleurs se répètent[3] sur l'argent des voûtes et sur un ruisseau qui coule au milieu de la mine. On voit là des gens de toutes nations; les uns tirent des chariots, les autres roulent des pierres. Tout le monde[4] a son emploi; c'est une ville souterraine; on y voit des cabarets, des maisons, des écuries, des chevaux; mais ce qui est le plus singulier, c'est un moulin à vent[5] mis en mouvement par un courant d'air. Le moulin va continuellement dans cette caverne et sert à élever les eaux[6] qui incommodent les mineurs.

L'AIGLE ROYAL.

35. C'est le plus grand de tous les aigles; la femelle à jusqu'à trois pieds et demi de longueur depuis le bout du bec jusqu'à l'extrémité des pieds, et plus de huit pieds et demi de vol ou d'envergure; elle pèse seize et même dix-huit livres. Le mâle est plus petit, et ne pèse guère[7] que douze livres. Tous deux ont le bec très-fort et assez semblable à de la corne bleuâtre, les ongles noirs et pointus, dont le plus grand, qui est celui de derrière, a quelquefois jusqu'à cinq pouces de longueur. Cet oiseau est gras, surtout en hiver; sa graisse est

---

1. *Se dissipe*, (dispels itself) is dispelled.
2. *Feux*, plu. of *feu*.
3. *Se répètent*, (repeat themselves) are multiplied.
4. *Tout le monde*, every body.
5. *Moulin à vent*, wind-mill.
6. *Eaux*, plu. of *eau*.
7. *Ne guère*, hardly ever.

blanche, et sa chair, quoique dure et fibreuse, ne sent pas comme celle des autres oiseaux[1] de proie.

L' aigle a plusieurs convenances physiques et morales avec le lion ; la force et par conséquent l' empire sur les autres oiseaux, comme le lion sur les quadrupèdes ; la magnanimité ; ils dédaignent également les petits animaux et méprisent leurs insultes ; la tempérance ; l' aigle ne mange presque jamais son gibier en entier.[2] Il ne se jette jamais sur les cadavres ; il est encore solitaire comme le lion. L' aigle a de plus les yeux étincelants, et à peu près[3] de la même couleur que ceux du lion, les ongles de la même forme, le cri également effrayant. Nés tous les deux poûr le combat et la proie, ils sont également féroces, également fiers et difficiles à réduire ;[4] on ne peut les apprivoiser qu' en les prenant tout petits.[5]

PRÉFACE TESTAMENTAIRE DE M. D. CHATEAUBRIAND.

36. Les mémoires à la tête desquels on lit cette préface embrassent le cours entier de ma vie ; ils ont été commencés dès l' année 1811, et continués jusqu' à ce jour. Je raconte dans ce qui est achevé, mon enfance, mon éducation, ma jeunesse, mon entrée au service, mon arrivée à Paris, ma présentation à Louis XVI., les premières scènes de la révolution, mes voyages en Amérique, mon retour en Europe, mon émigration en Allemagne et en Angleterre, ma rentrée en France sous le consulat, mes occupations et mes ouvrages sous l' empire, ma course à Jérusalem, mes occupations et mes ouvrages sous la restoration, enfin l' histoire complète de cette restoration et de sa chute.

J' ai rencontré presque tous les hommes qui ont joué[6] de

1. *Oiseaux*, plu. of *oiseau*.
2 *En entier*, entirely.
3. *A peu près*, nearly.
4. *Réduire*, to subjugate.
5. *Tout petits*, quite small.
6. *Ont joué*,——have played in my time a part.

mon temps un rôle grand ou petit à l' étranger[1] et dans ma patrie, depuis Washington jusqu' à Napoléon, depuis Louis XVIII. jusqu' à Alexandre, depuis Pie VII. jusqu' à Grégoire VI., depuis Fox, Burke, Pitt, Sheridan, Londonderry, Capo d' Istrias, jusqu' à Malesherbes, Mirabeau, etc.

37. J' ai exploré les mers de l' ancien et du nouveau monde, et foulé le sol des quatre parties de la terre. Après avoir campé sous la hutte de l' Iroquois et sous la tente de l' Arabe, dans les wigwams des Hurons, dans les débris[2] d' Athènes, de Jérusalem, de Memphis, de Carthage, de Grenade, chez[3] le Grec, le Turc, et le Maure, parmi les forêts et les ruines ; après avoir revêtu le casque[4] de peau d' ours du sauvage et le cafetan de soie du Mameluck ; après avoir subi la pauvreté, la faim, la soif, et l' exil, je me suis assis,[5] ministre et ambassadeur, brodé d' or, bariolé[6] d' insignes et de rubans, à la table des rois, aux fêtes des princes et des princesses, pour retomber dans l' indigence et essayer de la prison.

J' ai été en relation[7] avec une foule de personnages célèbres, dans les armes, l' église, la politique, la magistrature, les sciences et les arts. J' ai porté le mousquet du soldat, le bâton du voyageur, le bourdon[8] du pélerin ; navigateur, mes destinées ont eu l' inconstance de ma voile ; alcyon, j' ai fait mon nid sur les flots.

Je me suis mêlé de paix et de guerre ; j' ai signé des traités, des protocoles, et publié chemin faisant[9] de nombreux ouvrages. J' ai été initié à des secrets de partis, de cour et d' état ; j' ai vu de près les plus rares malheurs, les plus hautes fortunes, les plus grandes renommées. J' ai assisté à des siéges, à des congrès, à des conclaves, à la réédification[10] et à la démolition des trônes.

---

1. *A l' étranger*, abroad.
2. *Débris*, the ruins.
3. *Chez*, with.
4. *Revêtu le casque*, etc., put on the bearskin casque.
5. *Je me suis assis*, I have sat down; from *s' asseoir*.
6. *Bariolé*, spangled.
7. *En relation*, acquainted.
8. *Bourdon*, etc., staff of the pilgrim.
9. *Chemin faisant*, travelling.
10. *Réédification*, rebuilding.

Je n' ai plus autour de moi que quatre ou cinq contemporains d' une longue renommée. Alfieré, Canove et Monti ont disparu; les talents de la patrie de Dante sont condamnés au silence, ou forcés de languir en terre étrangère. Lord Byron et M. Canning sont morts[1] jeunes; Walter Scott nous a laissés; Goëthe nous a quittés rempli de gloire et d' années.

LA RÉGIME VÉGÉTAL.

38. Les peuples qui vivent de végétaux sont, de tous les hommes, les plus beaux, les plus robustes, les moins exposés aux maladies et aux passions, et ceux dont la vie[2] dure plus long-temps. Tels sont en Europe une grande partie des Suisses. La plupart des paysans, qui sont par tout pays[3] la portion du peuple la plus saine et la plus vigoureuse, mangent fort peu[4] de viande. Les Russes ont des carêmes et des jours d' abstinence multipliés, dont leurs soldats mêmes ne s' exemptent pas,[5] et cependant ils résistent à toutes sortes de fatigues. Les nègres qui supportent, dans les colonies, tant de travaux, ne vivent que de[6] manioc, de patates et de maïs. Les Brames des Indes qui vivent fréquemment au-delà d' un siècle, ne mangent que des végétaux. C' est de la secte Pythagorique que sont sortis[7] Epaminondas si célèbre par ses vertus, Archytas par son génie pour les mécaniques, Milon de Crotone par sa force, et Pythagore lui-même le plus bel homme de son temps, et sans contredit le plus éclairé, puisqu' on lui donne le titre de père de la philosophie chez les Grecs. Le régime végétal comporte avec lui plusieurs vertus et n' en exclut[8] aucune; il influe heureusement sur la beauté du corps et sur la tranquillité de l' âme. Ce régime prolonge l' enfance et par conséquent

1. *Sont morts*, died.
2. *Dont la vie*, whose life.
3. *Par tout pays*, in every country.
4. *Fort peu*, very little.
5. *Ne s' exemptent pas*, are not exempt.
6. *Ne vivent que de*, live only on.
7. *Sont sortis*, have come forth.
8. *Exclut*, from *exclure*, varied like *conclure*. See Less. 78.

la vie humaine. Il ne convient pas moins à une nation guerrière qu' à une nation agricole.

DIALOGUE ENTRE UN PRÉCEPTEUR ET SON ÉLEVE.

39. P. Je vais vous montrer les points cardinaux sur une carte de géographie[1]. Voyez-vous cette carte ? Le côté qui est tout en haut,[2] on appelle le *nord* ou le *septentrion ;* celui qui est tout en bas,[3] on appelle le *sud* ou le *midi ;* celui qui est à votre main droite, on appelle *l' est* ou *l' orient ;* et celui qui est à votre main gauche, on appelle *l' ouest* ou *l' occident.*

E. Pourquoi, *mon précepteur*, cette carte est-elle de quatre couleurs ?

P. Pour marquer ce qui est terre d' avec ce qui est eau, et pour distinguer les quatre principales parties du monde, qu' on appelle l' *Europe*, l' *Asie*, l' *Afrique* et l'*Amérique.* L' Europe est au nord, l' Asie est à l' est, l' Afrique est au sud, et l' Amérque est à l' ouest.

E. Je crois que cela est fort joli de connaître les cartes. Voulez-vous bien[4] me la laisser encore regarder, et me dire ce que toute cette écriture et ces lignes signifient ?

P. Volontiers, mon ami. On appelle l' étude de la carte la *Géographie.* Vous voyez cette grande étendue d' eau, c' est la mer. Tous ces petits morceaux de terre qui sont environnés d' eau de tous côtés, on appelle des *Îles.* Ce grand morceau qui ne touche à l' eau que par un côté est un *continent.* On nomme cet autre morceau qui, environné par la mer, touche au continent par un petit morceau, *presqu' île ;* cette pointe qui s' avance dans l' eau, nous appellons un *cap.* Comprenez-vous bien cela, mon ami ?

E. A merveille,[5] Monsieur. Une île est une terre absolu-

---

1. *Carte de géographie*, map.
2. *Tout en haut*, at the top.
3. *Tout en bas*, at the bottom.
4. *Voulez-vous bien*, will you please.
5. *A merveille*, admirably well.

ment environnée d' eau ; une presqu' île a un petit coin hors de l' eau, et elle tient[1] par ce petit morceau de terre à cette autre grande terre que vous appelez continent.

GROTTE MERVEILLEUSE D'ANTIPAROS.

40. Antiparos, ainsi nommée parce qu' elle est à l' opposite[2] de Paros, n' a que cinq lieues de circonférence ; le pays est assez bien cultivé, mais le vin et le coton sont presque ses seules richesses. On y voit une fameuse grotte qu' on regarde comme une des plus grandes merveilles de la nature. Une caverne rustique lui sert d' entrée. Cette caverne est partagée naturellement en deux caves par quelques masses de pierre semblables à des tours, sur la plus grosse desquelles on lit une inscription grecque[3] fort antique. On descend de cette caverne, avec des échelles ou avec des cordes, dans plusieurs précipices qui ont cent cinquante brasses de profondeur, et après cela on arrive à la grotte dont la hauteur est d' environ quarante brasses, et la largeur de cinquante. La route est couverte en plusieurs endroits de masses en relief, les unes hérissées de pointes, les autres arrondies régulièrement, d' où pendent des grappes, des festons et des espèces de lances d' une longueur extraordinaire. Les côtés de la grotte paraissent ornés de rideaux transparents, qui s' étendent dans tous les sens,[4] et qui laissent quelques vides en forme de tours creuses et cannelées, qui semblent être autant de cabinets pratiqués[5] autour de cette salle. Toutes ces merveilleuses congélations sont de marbre blanc et transparent qui casse comme le crystal, et qui rend un son clair lorsqu'on frappe dessus. Vers l' entrée de la grotte, sur la crête d' une petite roche, on voit quelque colonnes semblables à des troncs d' arbres. L' objet le plus frappant est une pyramide isolée,

---

1. *Tient*, (holds) joins on.
2. *A l' opposite*, opposite.
3. *Grecque*, fem. of *Grec*.
4. *Sens*, directions.
5. *Pratiqués*, wrought.

haute de vingt-quatre pieds[1] cannelée, dans toute sa longueur, et chargée d' ornements en forme de gros bouquets d' une blancheur éblouissante, bouquets aussi beaux et aussi finis que ceux qui sortent des mains de l' ouvrier.

LE MANGLE ET LE MANIOC.[2]

41. Le *mangle* ou *manglier* est un arbre qui croît dans les Indes occidentales, principalement aux îles Antilles, vers l' embouchure des rivières. De ses rameaux flexibles, dit M. de Bomaire, partent des paquets de filaments qui descendent jusqu' à terre, y prennent racine, et croissent[3] de nouveau en arbres aussi gros que celui d' où ils sortent. Ceux-ci se multiplient de la même manière. Un seul arbre peut devenir la souche[4] d' une forêt entière. Dans l' île de Cayenne, les marais sont couverts de mangles. Les huîtres s' attachent au pied et aux branches pendantes de cet arbre. Des huîtres y déposent leur frai[5] ; la postérité y adhère aussi, grossit, et dans le flux et reflux se trouve alternativement dans l' eau ou suspendue aux branches dans l' air.

On trouve aussi en Amérique un arbrisseau dont la racine produit un poison très-subtil. Cet arbrisseau est le *manioc.* Il a de trois pieds jusqu' à huit à neuf de hauteur. Sa racine mangée crue est un poison mortel ; mais lorsqu' elle est desséchée et préparée, on en retire une farine avec laquelle on fait une sorte de pain appelé *cassave.* L' essentiel[6] est d' enlever à cette racine un lait qui est un véritable poison. Ce lait a la blancheur et l' odeur du lait d' amande. En le laissant déposer[7] on obtient une substance blanche et nourrissante, que l' on trouve au fond du vase et qu' on lave plusieurs fois avec de

---

1. *Haut de vingt-quatre pieds*, (high by twenty-four feet) twenty-four feet high.
2. *Le mangle et le manioc*, the mangrove-tree and the manioc.
3. *Croissent*, from *croître*, p. 383.
4. *La souche*, the stock.
5. *Frai*, spawn.
6. *L' essentiel*, the m-[illegible]
7. *Déposer*, to deposit

l' eau. Cette fécule a l' apparence de l' amidon le plus blanc. On l' appelle moussache.

LE SERPENT À SONNETTE[1].

42. Le serpent à sonnette parvient[2] quelquefois à la longueur de six pieds, et sa circonférence est alors de dix-huit pouces. Sa tête aplatie est couverte, auprès du museau, de six écailles plus grandes que leurs voisines.[3] Les yeux paraissent étincelants et luisent même dans les ténèbres; ils sont garnis d' une membrane clignotante.[4] La gueule présente une grande ouverture. La langue est noire, déliée,[5] partagée en deux, et presque toujours l' animal l' étend et l' agite avec vitesse. Les deux os qui forment les deux côtés de la mâchoire inférieure ne sont pas réunis par devant, mais séparés par un intervalle assez considérable, que le serpent peut agrandir lorsqu' il étend la peau de sa bouche pour avaler une proie volumineuse. Sa queue est terminée par un assemblage d' écailles sonores qui s' emboîtent[6] les unes dans les autres, et qui composent la *sonnette.* Les parties des cette sonnette étant très-sèches, posées les unes sur les autres et ayant assez[7] de jeu pour se frotter mutuellement lorsqu' elles sont secouées, il n' est pas surprenant qu'elles produisent un bruit assez sensible ; ce bruit qui ressemble à celui du parchemin qu' on froisse, peut être entendu à plus de soixante pieds de distance. Ce serpent est d' autant plus[8] à craindre que ses mouvements sont souvent très-rapides ; en un clin d' œil il se replie en cercle, s' appuie sur sa queue, se précipite comme un ressort qui se débande,[9] tombe sur sa proie, la blesse, et se retire pour échaper à la vengeance de son ennemi. Ce funeste reptile habite presque toutes les contrées du Nouveau-Monde.

---

1. *Le serpent à sonnette,* (the serpent with a rattle) the rattle snake.
2. *Parvient,* attains.
3. *Voisines,* neighbors (i. e. neighboring scales.)
4. *Clignotante,* winking.
5. *Déliée,* slender.
6. *S' emboîtent,* fit.
7. *Assez,* etc., sufficient play to strike each other.
8. *D' autant plus, etc.,* so much the more to be feared.
9. *Se débande,* extends itself.

LE TAGE.[1]

43. Au nom de ce fleuve tant célébré par les poètes, l' imagination se retrace les plus riants tableaux ; elle se figure des rives enchanteresses[2] formées par de longues prairies émaillées[3] des fleurs les plus odorantes ; elle erre délicieusement exaltée sous l' ombrage aromatique d' arbres épais dont les rameaux, enlacés à ceux du laurier d' Apollon, se courbent sous le poids de leurs pommes d' or. L' haleine de vents tempérés, plus doux que le zéphir même, y caresse un éternel feuillage, et la mobile surface d' une onde cristalline, qui roule dans ses molles[4] sinuosités les paillettes d' or pur qui en forment l' arène. Au murmure suave de ce nouveau Pactole se mêle encore l' harmonieux concert que forment mille brillants oiseaux parés du plus riche plumage. De gracieuses bergères, d' heureux bergers conduisent dans cet heureux séjour d' éblouissants troupeaux, dont on n' exige que le lait superflu ou l' abondante toison en dédommagement[5] des soins qu' on leur donne, et qui n' ont à craindre ni le couteau du boucher, ni la dent cruelle des loups dévorants. Les animaux féroces sont inconnus dans ces lieux paisibles ; leur approche n' appelle jamais au combat le chien fidèle, qui ne veille à la garde des moutons et des brebis que[6] pour donner à son maître le temps de chanter de constantes amours, auxquelles ne se mêle jamais l' inquiétude ou la jalousie.

Mais que la réalité est loin[7] de la pompeuse réputation que, depuis les Romains jusqu' à nos jours, on se plaît à donner au plus triste des fleuves !

Des bords arides, un lit généralement *torrentueux*, embarrassé et rétréci,[8] des eaux jaunâtres presque continuellement bourbeuses, voilà ce qui caractérise véritablement ce Tage, qui par-

1. *Tage*, Tagus.
2. *Enchanteresses*, enchanting.
3. *Emaillées*, enamelled.
4. *Molles*, fem. of *mou*.
5. *En dédommagement*, in compensation.
6. *Ne que*, watches only.
7. *Que loin*, how far.
8. *Rétréci*, contracted.

court une campagne ordinairement dépouillée, sèche, abandonnée. Le vautour seul, entre les oiseaux carnassiers habitants de l' austère vallée, y domine les airs, en menaçant des bandes malpropres de mérinos, guidés par des pâtres[1] plus malpropres encore, malheureux et grossiers compagnons des animaux qu' ils défendent, non-seulement contre les loups, mais encore contre les nombreux lynx dont les monts de Grédos et les monts Lusitaniques sont tout remplis. Nulle partie de l' Espagne n' est plus sauvage ni plus pauvre que celle qu' on feint être la plus riante et la plus riche, et quelques points un peu moins déshérités[2] de la nature, qu' on rencontre ça et là le long du fleuve, ne peuvent lui mériter ce nom de *Tage doré* et cette célébrité qu' on lui donne, quand on adopte comme des vérités les exagérations des poètes.

LE PRINTEMPS SOUS LE BEAU CIEL DE LA GRÈCE,

44. DANS l' heureux climat que j' habite le printemps est comme l' aurore d' un beau jour; on y jouit des biens qu' il amène, et de ceux qu' il promet. Les feux du soleil ne sont plus obscurcis par des vapeurs grossières, ils ne sont pas encore irrités par l' aspect ardent de la canicule.[3] C' est une lumière pure, inaltérable, qui se repose[4] doucement sur tous les objets ; c' est la lumière dont les dieux sont environnés dans l' Olympe.[5] Quand elle se montre à l' horizon, les arbres agitent leurs feuilles naissantes, les bords de l' Ilisus retentissent du chant des oiseaux, et les échos du mont Hymette,[6] du son des chalumeaux rustiques. Quand elle est près de s' éteindre, le ciel se couvre de voiles étincelants, et les nymphes de l' Attique vont d' un pas timide essayer sur le gazon des danses légères : mais bientôt elle se hâte d' éclore ; et alors

---

1. *Pâtres*, (pasturers) shepherds.
2. *Déshérités*, (disinherited) abandoned.
3. *La canicule*, the dog-star.
4. *Se repose*, rests.
5. *Olympe*, Olympus.
6. *Hymette*, Hymettus.

on ne regrette ni la fraîcheur de la nuit qu' on vient de perdre,[1] ni la splendeur du jour précédent ; il semble qu' un nouveau soleil s' élève sur un nouvel univers, et qu' il apporte de l' orient des couleurs inconnues aux mortels. Chaque instant ajoute un nouveau trait aux beautés de la nature ; à chaque instant le grand ouvrage du développement des êtres avance vers sa perfection.

O jours brillants ! ô nuits délicieuses ! quelles émotions excite dans mon âme cette suite[2] de tableaux que vous offrez[3] à tous mes sens ! O dieu des plaisirs ! ô printemps ! je vous vois cette année dans toute votre gloire ; vous parcourez en[4] vainqueur les campagnes de la Grèce, et vous détachez de votre tête les fleurs qui les embellissent ; vous paraissez dans les vallées, elles se changent en prairies riantes ; vous paraissez sur les montagnes, le serpolet et le thym exhalent mille parfums ; vous vous élevez dans les airs, et vous y répandez la sérénité de vos regards. Les amours empressés accourent[5] à votre voix ; ils lancent[6] de toutes parts des traits enflammés ; la terre en est embrasée. Tout renaît pour s' embellir ; tout s' embellit pour plaire.

DESCRIPTION DU CLIMAT DU LABRADOR.

45. Le froid est si excessif dans ce climat pendant l' hiver que l' eau-de-vie, même l' esprit de vin gèlent ; mais cette dernière liqueur ne prend qu' une consistance semblable à l' huile. Lorsqu' on pose la main sur quelque surface unie et solide elle s' y attache[7] aussitôt. Si en buvant on n' évite pas de toucher au vase avec les lèvres, la peau y reste attachée. Ce froid excessif dure depuis le mois de Septembre jusqu' au mois de

1. *Vient de perdre*, has just lost. See Less. 69.
2. *Suite*, succession.
3. *Offrez*, from *offrir*, varied like *ouvrir*. See Less. 39.
4. *En*, as. See Less. 88.
5. *Les amours empressés accourent*, the eager loves hasten.
6. *Ils lancent*, etc., they send from all parts their inflamed darts.
7. *S' y attache*, (attaches itself) becomes attached to it.

Juin. Il fait fendre les montagnes, détache de leur sommet des rochers énormes qui roulent au bas avec un fracas terrible, et entraînent avec eux des glaçons[1] encore plus gros. Cet horrible pays offre aux yeux de ceux qui ont la hardiesse d' y aller le spectacle le plus terrible, et en même temps le plus majestueux ; des montagnes d' une hauteur prodigieuse, toutes couvertes de glaces ; des rochers d' une énorme grosseur, couverts de glaçons suspendus les uns[2] aux autres, et tout prêts à crouler ;[3] d' autres détachés des montagnes, et arrêtés au milieu ; enfin la terre couverte par une multitude de ces rochers qui sont entassés[4] les uns sur les autres ; de toutes parts on voit les débris de la nature.

On voit assez souvent des parhélies,[5] ou faux soleils autour du soleil même, aussi bien que de la lune. Ils sont quelquefois environnés de cercles très-lumineux qui ont toutes les couleurs de l' arc-en-ciel. Le soleil forme presque tous les jours au-dessus de lui un grand cône d' une lumière jaune. Aussitôt que cet astre disparaît, une aurore boréale répand sur l' atmosphère une multitude de lumières de diverses couleurs ; elles sont si éclatantes qu' elles couvrent[6] celle de la lune lors même qu' elle est dans son plein. On lit très-facilement à la clarté de ces aurores. Sonvent on voit tout-à-coup[7] au milieu de la nuit, dans le temps le plus serein, des nuages d' une blancheur admirable, et, même quand il ne fait aucun vent, ils volent avec tant d' agilité qu' ils prennent dans l' instant toutes sortes de figures. Il paraît au travers de ces nuages une lumière très-éclatante. Ils s' étendent, se ramassent et disparaissent à l' instant ; plus les nuits sont obscures, plus les effets de cette de lumière sont admirables.

---

1. *Glaçons*, masses of ice.
2. *Les uns*, etc., to each other.
3. *Crouler*, to give way.
4. *Entassés*, heaped. See Less. 84.
5. *Parhélies*, mock suns.
6. *Couvrent*, overspread.
7. *Tout-à-coup*, all on a sudden.

LE LÉZARD GRIS.

46. Le lézard gris paraît être le plus doux, le plus innocent, et l' un des plus utiles des lézards. Ce joli petit animal, si commun dans le pays où nous écrivons, et avec lequel tant de personnes ont joué dans leur enfance, n' a pas reçu de la nature un vêtement aussi éclatant que plusieurs autres quadrupèdes ovipares ; mais elle lui a donne une parure élégante ; sa petite taille[1] est svelte, son mouvement agile, sa course si prompte qu' il échappe[2] à l' œil aussi rapidement que l' oiseau qui vole. Il aime à recevoir la chaleur du soleil ; ayant besoin d' une température douce, il cherche les abris, et lorsque, dans un beau jour de printemps, une lumière pure éclaire vivement un gazon en pente[3] ou une muraille qui augmente la chaleur en la réfléchissant, on le voit s' étendre sur ce mur ou sur l' herbe nouvelle, avec une espèce de volupté. Il se pénètre[4] avec délices de cette chaleur bienfaisante, il marque son plaisir par de molles ondulations de sa queue déliée ; il fait briller ses yeux vifs et animés ; il se précipite comme un trait pour saisir une petite proie et pour trouver un abri plus commode. Bien[5] loin de s' enfuir à l' approche de l' homme, il paraît le regarder avec complaisance ; mais au moindre bruit qui l' effraye, à la chute seule d' une feuille, il se roule, tombe, et demeure pendant quelques instants comme étourdi par sa chute ; ou bien[6] il s' élance, disparaît encore, et décrit en un instant plusieurs circuits tortueux que l' œil a de la peine[7] à suivre, se replie[8] plusieurs fois sur lui-même, et se retire enfin dans quelque asile, jusqu' à ce que sa crainte se dissipe

1. *Taille*, etc., his little form is slender.
2. *Echappe à l'œil*, escapes from the eye.
3. *En pente*, (on a slope) sloping.
4. *Il se pénètre*, he is penetrated.
5. *Bien loin de s'enfuir*, far from flying.
6. *Ou bien*, or perhaps.
7. *A de la peine*, (has trouble) can hardly.
8. *Se replie*, folds himself up.

DE LA GAÎTÉ.

47. La gaîté est le don le plus heureux de la nature; c' est la manière la plus agréable d' exister pour les autres et pour soi; elle tient lieu [1]d' esprit dans la société et de compagnie dans la solitude. Elle est le premier charme de la jeunesse, et le seul charme de l' âge avancé. Elle est opposée à la tristesse, comme la joie l' est au chagrin. La joie et le chagrin sont des situations, la tristesse et la gaîté sont des caractères; et c' est ainsi qu' il arrive à l' homme gai d' être accablé de chagrin. On trouve rarement la gaîté où n' est pas la santé. La véritable gaîté semble circuler dans les veines avec le sang et le vie. Elle a souvent pour compagnes l' innocence et la liberté. Celle qui n' est qu' extérieure est une fleur artificielle qui n' est faite que[2] pour tromper les yeux. La gaîté doit présider aux plaisirs de la table, mais il suffit,[3] souvent de l' appeler pour la faire fuir. On la promet partout, on l' invite à tous les soupers, et c' est ordinairement l' ennui qui vient. Le monde est plein de mauvais plaisants, de froids bouffons, qui se croient gais parcequ' ils font rire. Si je dois peindre en un seul mot la gaîté, la raison, la vertu et la volupté réunies, il faut les appeler philosophie.

ERUPTION DU VÉSUVE.

48. Le feu du torrent est d' une couleur funèbre; néanmoins quand il brûle les vignes ou les arbres, on en voit sortir une flamme claire et brillante; mais la lave même[4] est sombre, telle qu' on se représente un fleuve de l' enfer; elle roule lentement comme un sable noir de jour et rouge la nuit.[5] On

1. *Elle tient lieu de*, it holds the place of.
2. *Qui n' est faite que*, which is made only.
3. *Mais il suffit*, etc., but frequently to call her is sufficient to make her fly.
4. *La lave même*, the lava itself.
5. *La nuit*, in the night.

entend, quand elle approche, un petit bruit d'étincelles[1] qui fait d'autant plus de peur qu'il est léger, et que la ruse[2] semble se joindre à la force : le tigre royal arrive ainsi secrètement à pas comptés. Cette lave avance, avance sans jamais se hâter et sans perdre un instant ; si elle rencontre un mur élevé, un édifice quelconque qui s'oppose à son passage, elle s'arrête, elle amoncelle[3] devant l'obstacle ses torrents noirs et bitumineux, et l'ensevelit enfin sous ses vagues brûlantes. Sa marche n'est point rapide, et les hommes peuvent fuir devant elle ; mais elle atteint,[4] comme le temps, les imprudents et les vieillards qui, la voyant venir lourdement et silencieusement, s'imaginent qu'il est aisé de lui échapper. Son éclat est si ardent que pour la première fois la terre se réfléchit dans le ciel, et lui donne l'apparence d'un éclair continuel :[5] ce ciel à son tour, répète dans la mer, et la nature est embrasée par cette triple image du feu.

Le vent se fait entendre et se fait voir par des tourbillons de flammes dans les gouffres[6] d'où sort la lave. On a peur de ce qui se passe au sein de la terre, et l'on sent que d'étranges fureurs la font trembler sous nos pas. Les rochers qui entourent la source de la lave sont couverts de soufre, de bitume dont les couleurs ont quelque chose d'infernal. Tout ce qui entoure le volcan rappelle l'enfer, et les descriptions de poètes sont sans doute empruntées de ces lieux.

LE SERIN ET LE ROSSIGNOL.

49. Si le rossignol est le chantre des bois, le serin est le musicien de la chambre ; le premier tient tout de la nature, le second participe à nos arts : avec moins de force d'organe, moins d'étendue dans la voix, moins de variété dans les sons, le

---

1. *D'étincelles*, of sparks.
2. *Que la ruse*, etc., as stratagem seems to be joined to force.
3. *Elle amoncelle*, it heaps up.
4. *Elle atteint*, it overtakes.
5. *Eclair continuel*, continual lightning.
6. *Gouffres*, abysses.

serin a plus d'oreielle, plus de facilité d'imitation, plus de mémoire et, comme la différence du caractère, surtout dans ces animaux, tient de très-près[1] à celle qui se trouve entre leurs sens, le serin, dont l'ouïe est plus attentive, plus susceptible de recevoir et de conserver les impressions étrangères,[2] devient aussi plus social, plus doux et plus familier. Il est capable de connaissance et même d'attachement; ses caresses sont aimables, ses petits dépits innocents, et sa colère ne blesse ni n'offense. Ses habitudes naturelles le rapprochent[3] encore de nous: il se nourrit de graines, comme nos autres oiseaux domestiques; on l'élève plus aisément que le rossignol, qui ne vit que de chair ou d'insectes, et qu'on ne peut nourrir que de mets préparés. Son éducation plus facile est aussi plus heureuse. On l'élève avec plaisir, parce qu'on l'instruit avec succès; il quitte la mélodie de son chant naturel pour se prêter à l'harmonie de nos voix et de nos instruments; il applaudit, il accompagne, et nous rend[4] au-delà de ce qu'on peut lui donner.

Le rossignol plus fier de son talent semble vouloir le conserver dans toute sa pureté; au moins paraît-il faire assez peu de cas[5] des nôtres, ce n'est qu'avec peine qu'on lui apprend à répéter quelques-unes de nos chansons. Le serin peut parler et siffler; le rossignol méprise la parole autant que le sifflet, et revient sans cesse à son brillant ramage. Son gosier[6] toujours nouveau est un chef-d'œuvre[7] de la nature auquel l'art humain ne peut rien changer ni ajouter; celui du serin est un modèle de grâces, d'une trempe[8] moins ferme, que nous pouvons modifier. L'un a donc bien plus de part[9] que l'autre aux agréments de la société. Le serin chante en tout temps; il nous récrée dans les jours les plus sombres; il contribue même

---

1. *Tient de très-près*, is very similar.
2. *Etrangères*, foreign.
3. *Le rapprochent*, bring him near.
4. *Nous rend*, etc., gives back to us beyond what we can give him.
5. *Faire assez peu de cas*, to make sufficiently light.
6. *Son gosier*, his pipe.
7. *Chef-d'œuvre*, master-piece.
8. *Trempe*, temper.
9. *Bien plus de part*, a much greater part.

à notre bonheur, car il fait l'amusement de toutes les jeunes personnes et charme les âmes innocentes et captives.

L'OISEAU-MOUCHE.[1]

50. De tous les êtres animés, voici[2] le plus élégant pour la forme, et le plus brillant pour les couleurs. Les pierres et les métaux polis par notre art, ne sont pas comparables à ce bijou de la nature ; elle l'a placé dans l'ordre des oiseaux au dernier degré de l'échelle[3] de grandeur ; son chef-d'œuvre est le petit oiseau-mouche ; elle l'a comblé de tous les dons qu'elle[4] n'a fait que partager aux autres oiseaux ; légèreté, rapidité, prestesse, grâce et riche parure, tout appartient à ce petit favori. L'émeraude, le rubis, la topaze brillent sur ses habits ; il ne les souille jamais de la poussière de la terre, et dans sa vie tout aérienne, on le voit à peine toucher le gazon par instants ; il est toujours en l'air, volant de fleurs en fleurs ; il a leur fraîcheur comme il a leur éclat ; il vit de leur nectar, et n'habite que les climats où sans cesse elles se renouvellent.

C'est dans les contrées les plus chaudes du Nouveau-Monde que se trouvent toutes les espèces d'oiseaux-mouches ; elles sont assez nombreuses, et paraissent confinées entre les deux tropiques, car ceux qui s'avancent en été dans les zônes tempérées n'y font qu'un court séjour : ils semblent suivre le soleil, s'avancer, se retirer avec lui, et voler sur l'aile des zéphyrs à la suite[5] d'un printemps éternel.

Les Indiens, frappés de l'éclat et du feu que rendent les couleurs de ces brillants oiseaux, leur avaient donné les noms de rayons, ou cheveux du soleil. Les petites espèces de ces oiseaux sont au-dessous de la grande mouche-asyle[6] (le taon) pour la grandeur, et du bourdon[7] pour la grosseur. Leur bec

---

1. *L' oiseau-mouche*, the humming-bird.
2. *Voici*, this is.
3. *De l' échelle*, etc., of the scale of size.
4. *Qu' elle*, etc., which she has only had distributed.
5. *A la suite*, in the retinue.
6. *Mouche-asyle*, ox-fly.
7. *Bourdon*, etc., the drone-bee in thickness.

est une aiguille fine, et leur langue un fil délié; leurs petits yeux noirs ne paraissent que deux points brillants; les plumes de leurs ailes sont si délicates qu' elles en[1] paraissent transparentes. A peine aperçoit-on leurs pieds, tant ils sont courts et menus;[2] ils en font peu d' usage, ils ne se posent que pour passer la nuit, et se laissent pendant le jour emporter dans l' air; leur vol est continu, bourdonnant et rapide: on compare le bruit de leurs ailes à celui d' un rouet. Leur battement[3] est si vif que l' oiseau s' arrêtant dans les airs paraît non seulement immobile, mais tout-à-fait sans action; on le voit s' arrêter ainsi quelques instants devant une fleur, et partir comme un trait pour aller à une autre; il les visite toutes, plongeant sa petite langue dans leur sein, les flattant de ses ailes, sans jamais s' y fixer, mais aussi sans les quitter jamais.

51. Il ne presse ses inconstances que pour mieux suivre ses amours et multiplier ses jouissances innocentes, car cet amant léger des fleurs vit à leur dépens sans les flétrir, il ne fait que pomper leur miel, et c' est à cet usage que sa langue paraît uniquement destinée; elle est composée de deux fibres creuses, formant un petit canal, divisé au bout[4] en deux filets; elle a la forme d' une trompe dont elle fait les fonctions: l' oiseau la darde hors de son bec, et la plonge jusqu' au fond du calice des fleurs pour en tirer les sucs. Rien n' égale la vivacité de ces petits oiseaux, si ce n' est leur courage ou plutôt leur audace. On les voit poursuivre avec furie des oiseaux vingt fois plus gros qu' eux, s' attacher à leur corps, et se laissant emporter par leur vol, les becqueter[5] à coups redoublés. L' impatience paraît être leur âme: s' ils s' approchent d' une fleur, et qu' il la trouvent fanée, ils lui arrachent les pétales avec une précipitation qui marque leur dépit. Le nid qu' ils construisent répond à la délicatesse de leur corps; il est fait d' un coton fin ou d' une bourre soyeuse[6],

1. *Qu' elles en*, etc., that they appear transparent from it, i. e. from their delicacy.
2. *Tant*, they are so short and small.
3. *Battement*, clapping.
4. *Au bout*, at the end.
5. *Les becqueter*, etc., to peck them with repeated blows.
6. *Bourre soyeuse*, silken hair.

recueillie sur des fleurs; ce nid est fortement tissu et de la consistance d'une peau douce et épaisse; la femelle se charge de l'ouvrage, et laisse au mâle le soin d'apporter les matériaux; on la voit empressée à ce travail chéri, chercher, choisir, employer brin à brin[1] les fibres propres à former le tissu de ce doux berceau de sa progéniture: elle en polit les bords avec sa gorge, le dedans avec sa queue; elle le revêt[2] à l'extérieur de petits morceaux d'écorce de gommiers, qu'elle colle alentour,[3] pour le défendre des injures de l'air autant que pour le rendre plus solide; le tout est attaché à deux feuilles ou à un seul brin d'oranger, de citronnier, ou quelquefois à un fétu qui pend de la couverture de quelque case. Ce nid n'est pas plus gros que la moitié d'un abricot, et fait de même en demi-coupe;[4] on y trouve deux œufs tout blancs et pas plus gros que de petits pois; le mâle et la femelle les couvent tour-à-tour[5] pendant douze jours; les petits éclosent au treizième jour, et ne sont alors pas plus gros que des mouches. "Je n'ai jamais pu remarquer," dit le P. Dutertre, "quelle sorte de becquée la mère leur apporte, sinon qu'elle leur donne à sucer la langue encore toute emmiellée du suc tiré des fleurs."

UNE LEÇON DE GÉOGRAPHIE.

52. La France est, à tout prendre,[6] le plus beau pays de l'Europe; car il est très-grand, très-riche, et très-fertile; le climat est admirable, et il n'y fait jamais trop chaud, comme en Italie et en Espagne, ni trop froid, comme en Suède et en Danemarc. Ce royaume est borné au nord par la mer qui s'appelle la Manche;[7] au sud par la mer Méditerannée. La France n'est séparée de l'Italie que par les Alpes, qui sont de grandes montagnes, couvertes de neige la plus grande partie

---

1. *Brin à brin*, blade by blade.
2. *Le revêt*, etc., she coats it on the outside.
3. *Colle alentour*, glues around.
4. *Demi-coupe*, half cup.
5. *Tour-à-tour*, by turns.
6. *A tout prendre*, all things considered.
7. *Manche*, the British Channel, (called in French *The Sleeve*.)

de l'année; et les monts Pyrénées, qui sont encore de grandes montagnes, la séparent de l'Espagne. Les Français, en général, ont beaucoup d'esprit; ils sont aussi très-braves.

La Picardie est une des provinces septentrionales de la France; c'est un pays ouvert qui ne produit presque que des blés. Sa capitale est Amiens. Il y a encore Abbeville, ville considérable à cause de[1] la manufacture de draps qui y est établie; et Calais, assez bonne ville et port de mer. Quand on va d'Angleterre en France, c'est là que l'on débarque ordinairement.

La Normandie est jointe à la Picardie; ses plus grandes villes sont Rouen et Caen. Il y croît[2] une infinité de pommes dont on fait du cidre: car pour du vin,[3] on n'y en fait guère, non plus qu'en Picardie; parce qu'étant trop au nord, les raisins ne deviennent pas assez mûrs. Les Normands sont fameux pour les procès et la chicane. Ils ne répondent jamais directement à ce qu'on leur demande; de sorte qu'il[4] est passé en proverbe, quand un homme ne répond pas directement, de dire, qu'il répond en[5] normand.

Paris, la capitale de tout le royaume, est dans l'Ile-de-France; elle est située sur la rivière de la Seine. C'est une grande ville, mais pas si grande que Londres.

Reims est la principale ville de la Champagne, et c'est dans cette ville que les rois de France sont couronnés. Cette province fournit le meilleur vin du royaume, le vin de Champagne.

La Bretagne est partagée en Haute et Basse. Dans la Haute se trouve la ville de Nantes, où l'on fait d'excellente eau-de-vie; et la ville de St.-Malo qui est un bon port de mer.

53. Il y a dans *l'Orleannais* plusieurs grandes et belles villes. Orléans, fameuse à cause de Jeanne d'Arc. Il y a encore[6] la ville de Blois, dont la situation est charmante.

---

1. *A cause de*, on account of.
2. *Croit*, from *croître*, to grow.
3. *Car pour du vin*, etc., for as to wine, they make hardly any of it there.
4. *De sorte que*, so that.
5. *En*, as.
6. *Il y a encore*, there is also (still.)

Près d' ici commence cette riante contrée de la Touraine que les Anglais, grands connaisseurs en beautés pittoresques et en climats sains, ont baptisé *le jardin de la France.*

La Guienne contient plusieurs villes considérables, comme Bordeaux, ville très-grande et très-riche. Le plupart du vin qu' on boit à Londres, et qu' on appelle en anglais *claret* vient de là. On y fait grande et bonne chère,[1] les ortolans et les perdrix rouges y abondent. Il y a la ville de Périgueux, où l' on fait des pâtés délicieux de perdrix rouges et de truffes ;[2] celle de Bayonne, d' où l' on tire des jambons excellents. Les Gascons sont un peu fanfarons ;[3] de sorte qu' on dit d' un homme qui se vante et qui est présomptueux, *C' est un gascon.*

Le Languedoc est la province la plus méridionale de la France, et par conséquent celle où il fait le plus chaud. Elle renferme un grand nombre de belles villes ; entre autres Narbonne, fameuse par l' excellent miel qu' on y recueille ; Nîmes, célèbre à cause d' un ancien amphitheâtre romain, qui y subsiste encore ; Montpellier, dont l' air est si pur, et le climat si beau, qu' on y envoie souvent les malades, même d' Angleterre, pour se rétablir.

Grenoble est la ville capitale du *Dauphiné.* Le fils aîné du roi de France, qui s' appelle toujours *le Dauphin,* prend le titre de cette province.

La Provence est un très-beau pays et très-fertile. On y fait la meilleure huile, et elle en fournit à tous les autres pays. La campagne est remplie d' orangers, de citronniers, et d' oliviers. La capitale s' appelle Aix. Il y a aussi Marseille, très-grande et très-belle ville, et port célèbre de la mer Méditerranée ; c' est là que l' on tient les galères du roi de France : les galères sont de grands vaisseaux à rames,[4] et les rameurs sont des gens condamnés pour quelque crime à y ramer.

1. *On y fait grande et bonne chère,* (they make there abundant and good cheer,) they fare richly and delicately.
2. *Truffes,* truffles (a kind of plant.)
3. *Fanfarons,* boastful.
4. *A rames,* with oars. See Less. 77.

LE MISSISSIPI.

54. Ce fleuve, dans un cours de mille lieues, arrose une délicieuse contrée, que les habitants des Etats-Unis appellent le nouvel Eden, et à laquelle les Français ont laissé le doux nom de Louisiane. Mille autres fleuves tributaires du Mississipi, le Missouri, l' Illinois, l' Arkanzas, l' Ohio, le Wabache, le Tennessee, l' engraissent de leur limon et la fertilisent de leurs eaux. Quand tous ces fleuves se sont gonflés[1] des déluges de l' hiver, quand les tempêtes ont abattu des pans[2] entiers de forêts, le Temps assemble sur toutes les sources les arbres déracinés ; il les unit avec des lianes,[3] il les cimente avec des vases,[4] il y plante de jeunes arbrisseaux, et lance son ouvrage sur les ondes. Charriés[5] par les vagues écumantes, ces radeaux descendent de toutes parts au Mississipi. Le vieux fleuve s' en empare, et les pousse à son embouchure pour y former une nouvelle branche. Par intervalles il élève sa grande voix ; en passant sous les monts, il répand ses eaux débordées autour des colonnades des forêts et des pyramides des tombeaux indiens ; c' est le Nil des déserts. Mais la grâce est toujours unie à la magnificence dans les scènes de la nature ; et, tandis que le courant du milieu entraîne vers la mer les cadavres des pins et des chênes, on voit, sur les deux courants latéraux, remonter le long des rivages, des îles flottantes, dont les roses jeunes s' élèvent comme de petits pavillons. Des serpents verts, des hérons bleus, des flamants[6] roses, de jeunes crocodiles, s' embarquent passagers sur ces vaisseaux de fleurs, et la colonie, déployant au vent ses voiles d' or va aborder, endormie, dans quelque anse[7] retirée du fleuve.

---

1. *Se sont gonflés*, (have swelled themselves,) have become swelled. Reflective verbs always take *être* for their auxiliary. See Les. 85.
2. *Pans*, skirts.
3. *Lianes*, vines.
4. *Vases*, slime.
5. *Charriés*, drifted.
6. *Flamants*, flamingoes.
7. *Anse*, cove.

Les deux rives du Mississipi présentent le tableau le plus extraordinaire. Sur le bord occidental, des savanes se déroulent à perte de vue ;[1] leurs flots de verdure en s' éloignant, semblent monter dans l' azur du ciel où ils s' évanouissent. On voit dans ces prairies sans bornes, errer à l' aventure[2] des troupeaux de trois ou quatre mille buffles sauvages. Quelquefois un bison chargé d' années, fendant les flots à la nage,[3] se vient coucher parmi les hautes herbes, dans une île du Mississipi. A son front orné de deux croissants[4], à sa barbe antique et limoneuse, il semble le dieu mugissant du fleuve, qui jette[5] un regard satisfait sur la grandeur de ses ondes et la sauvage abondance de ses rives.

55. Telle est la scène sur le bord occidental ; mais elle change tout-à-coup sur la rive opposée, et forme avec la première un admirable contraste. Suspendus sur le cours des ondes, groupés sur les rochers et sur les montagnes, dispersés dans les vallées, des arbres de toutes les formes, de toutes les couleurs, de tous les parfums, se mêlent, croissent[6] ensemble, montent dans les airs à des hauteurs qui fatiguent les regards.

Une multitude d' animaux, placés dans ces belles retraites par la main du Créateur, y répandent l' enchantement et la vie. De l' extrémité des avenues on aperçoit des ours enivrés de raisins, qui chancellent[7] sur les branches des ormeaux ;[8] des troupes de cariboux[9] se baignent dans un lac ; des écureuils noirs se jouent dans l' épaisseur des feuillages ; des oiseaux moqueurs,[10] des colombes virginiennes[11] de la grosseur d' un passereau, descendent sur les gazons rougis par les fraises ; des perroquets verts à tête jaune,[12] des piverts empour-

1. *A perte de vue*, out of sight.
2. *A l' aventure*, at random.
3. *A la nage*, by swimming.
4. *Croissants*, crescents.
5. *Jette*, from *jeter*, *t* is doubled. See Les. 63.
6. *Croissent*, from *croître*, varied like *connaître*. See Les. 24.
7. *Chancellent*, reel, from *chanceler*, *l* is doubled. See Les. 63.
8. *Ormeaux*, elms.
9. *Cariboux*, deer.
10. *Oiseaux moqueurs*, mocking-birds.
11. *Colombes virginiennes*, virginia doves.
12. *A tête jaune*, with yellow heads.

prés, des cardinaux[1] de feu grimpent en circulant au haut des cyprès; des colibris étincellent sur le jasmin des Florides, et des serpents oiseleurs[2] sifflent suspendus aux dômes des bois, en s' y balançant comme des lianes.

Si tout est silence et repos dans les savanes, de l' autre côté du fleuve, tout ici, au contraire, est mouvement et murmure; des coups de bec contre le tronc des chênes, des froissements d' animaux qui marchent, broutent ou broient[3] entre leurs dents les noyaux des fruits, des bruissements d' ondes, de faibles mugissements, de sourds meuglements, de doux roucoulements, remplissent ces déserts d' une tendre et sauvage harmonie. Mais quand une brise vient à animer toutes ces solitudes, à balancer tous ces corps flottants, il se passe de telles choses aux yeux, que je ne peux pas décrire à ceux qui n' ont point parcouru ces champs primitifs de la nature.

LES VOYAGES À PIED.

56. Je ne connais qu' une manière de voyager plus agréable que d'aller à cheval, c' est d' aller à pied. On part à son moment, on s' arrête à sa volonté, on fait tant et si peu d' exercice qu' on veut. On observe tout le pays; on se détourne à droite, à gauche; on examine tout ce qui nous flatte; on s' arrête à tous les points de vue. Aperçois-je une rivière, je la côtoie;[4] un bois touffu, je vais sous son ombre; une grotte, je la visite; une carrièré,[5] j' examine les minéraux. Partout où je me plais, j' y reste. A l' instant où je m' ennuie, je m' en vais. Je ne dépends ni des chevaux ni du postillon. Je n' ai pas besoin de choisir des chemins tout faits, des routes commodes; je passe partout où on homme peut passer; je vois tout ce qu' un homme peut voir; et ne dépendant[6] que de

1. *Cardinaux*, cardinals, (a kind of bird.)
2. *Oiseleurs*, bird-catchers.
3 *Broyer*, to grind.
4. *Je la côtoie*, I go by its side : *côtoie*, from *côtoyer*, *y* becomes *i*. See Les. 79.
5. *Carrière*, a quarry.
6. *Ne dépendant*, etc., depending only on myself.

moi-même, je jouis de toute la liberté dont un homme peut jouir.

Voyager à pied, c' est voyager comme Thalès, Platon et Pythagore. J' ai peine[1] à comprendre comment un philosophe peut se résoudre à voyager autrement, et s' arracher à l' examen des richesses qu' il foule aux pieds et que la terre prodigue à sa vue. Combien de plaisirs différents on rassemble par cette agréable manière de voyager ! Sans compter la santé qui s' affermit, l' humeur qui s' égaie[2].

LA MORT

EST LE TERME DE TOUTES LES GRANDEURS HUMAINES.

La mort est le terme où finissent les titres les plus spécieux, la gloire la plus éclatante, la vie la plus délicieuse ; et je rappelle ici à mon esprit l' action mémorable d' un prince, idolâtre à la vérité, mais plus sage que beaucoup de chrétiens ; je parle du grand Saladin. Après avoir asservi[3] l' Egypte, après avoir passé l' Euphrate et conquis des villes sans nombre, après avoir repris Jérusalem et fait des actions au-dessus de l' homme,[4] dans ces guerres que les chrétiens avaient entreprises pour le recouvrement des lieux saints, il finit sa vie par une action qui mérite d' être transmise à la postérité[5] la plus reculée. Un moment avant de rendre le dernier soupir, il appelle le héraut[6] qui a coutume de porter la bannière devant lui dans toutes les batailles ; il lui commande d' attacher au bout d' une lance un morceau de ce drap dans lequel on doit bientôt l' ensevelir,[7] et de crier en le déployant :[8] "Voilà, voilà tout ce que le grand Saladin, vainqueur et maître de l' empire, emporte de toute sa gloire !" Chrétiens, je fais

---

1. *J' ai peine*, etc., I find it difficult to comprehend.
2. *S' égaie*, is enlivened, *y* becomes *i* as above. See Les. 79.
3. *Asservi*, subjected.
4. *Au-dessus de l' homme*, (above man, i. e.) more than human.
5. *La postérité*, etc., the remotest posterity.
6. *Héraut*, etc., herald who is accustomed.
7. *Ensevelir*, to shroud.
8. *Le déployant*, displaying it.

aujourd'hui la fonction de ce héraut; j'attache aujourd'hui au bout d'une lance les voluptés, les richesses, les plaisirs, les dignités; je vous produis tout cela, réduit à cette pièce de toile dans laquelle on doit bientôt vous ensevelir; je déploie à vos yeux cet étendard de la mort, et je vous crie: "Voilà, voilà tous les avantages que vous pouvez emporter avec vous; voilà tout ce qui peut vous rester de ce que vous préférez au salut de votre âme!"

LEVER DU SOLEIL.

57. On le voit s'annoncer de loin par des traits[1] de feu qu'il lance au-devant de lui. L'incendie augmente, l'orient paraît tout en flammes; à leur éclat, on attend l'astre longtemps avant qu'il se montre; à chaque instant on croit le voir paraître: on le voit enfin. Un point brillant part[2] comme un éclair,[3] et remplit aussitôt tout l'espace; le voile des ténèbres s'efface et tombe; l'homme reconnaît[4] son séjour et le trouve embelli. La verdure a pris durant la nuit une vigueur nouvelle; le jour naissant qui l'éclaire, les premiers rayons qui la dorent, la montrent couverte d'un brillant réseau[5] de rosée, qui réfléchit à l'œil la lumière. Les oiseaux en chœur se réunissent et saluent de concert le père de la vie; en ce moment pas un seul ne se tait. Leur gazouillement, faible encore, est plus lent et plus doux que dans le reste de la journée; il se sent[6] de la langueur d'un paisible réveil. Le concours de tous ces objets porte aux sens une impression de fraîcheur qui semble pénétrer jusqu'à l'âme. Il y a là une demi-heure d'enchantement auquel nul homme ne résiste: un spectacle si grand, si beau, si délicieux, n'en laisse aucun de sang-froid.[7]

---

1. *Traits*, shafts.
2. *Part*, comes forth.
3. *Eclair*, lightning.
4 *Reconnaît*, knows again.
5. *Réseau*, network.
6. *Il se sent*, it feels the effect.
7. *N'en laisse aucun de sang-froid*, leaves no one unmoved.

LE PAPILLON.

Naître avec le printemps, mourir comme les roses,
Sur l' aile des Zéphyrs nager dans un ciel pur,
Balancer sur le sein des fleurs à peine écloses,[1]
S' enivrer de parfums, de lumière et d' azur,
Secouant, jeune encor,[2] la poudre de ses ailes,
S' envoler comme un souffle aux voûtes éternelles,
Voilà[3] du papillon le destin enchanté ;
Il ressemble au désir, qui jamais ne se pose,
Et, sans se satisfaire, effleurant[4] toute chose,
Retourne enfin au ciel chercher la volupté.

THE IMPERFECT TENSE in French is formed by changing *ez* of the second person of the indicative present into the following terminations :

AIS, AIS, AIT, IONS, IEZ, AIENT, as,

AIMEZ,	*J' aimais,*	*il amait,*	*vous aimiez,*
	I loved,	he loved,	you loved,
	tu aimais,	*nous aimions,*	*ils aimaient,*
	thou lovedst,	we loved,	they loved.

Faites, however, makes *faisais,* etc., and *dites, disais,* etc.

For more on this tense, see Less. 120.

DE L'ESPRIT DE CONVERSATION.

58. EN Orient quand on n' a rien à se dire,[5] on fume du tabac de rose ensemble, et de temps en temps on se salue,[6] les bras croisés sur la poitrine, pour se donner un témoignage d' amitié ; mais dans l' Occident on a voulu se parler[7] tout le jour, et le foyer[8] de l' âme s' est souvent dissipé dans ces en-

1. *A peine écloses*, hardly blown.
2. *Encor*, poetic for *encore*.
3. *Voilà*, etc., that is the enchanted destiny, etc.
4. *Effleurant*, touching upon.
5. *On n' a rien à se dire*, they have nothing to say to each other.
6. *Se salue*, salute each other.
7. *Se parler*, to speak.
8. *Le foyer*, the fire.

tretiens où l' amour-propre est sans cesse en mouvement pour faire effet tout de suite, et selon le goût du moment et du cercle où l' on se trouve.

Il me semble reconnu[1] que Paris est la ville du monde où l' esprit et le goût de la conversation sont le plus généralement répandus ; et ce qu' on appelle le mal du pays,[2] ce regret indéfinissable de la patrie, qui est indépendant des amis mêmes qu' on y a laissés, s' applique[3] particulièrement à ce plaisir de causer, que les Français ne retrouvent nulle part au même degré que chez eux. Volney raconte que les Français émigrés *voulaient* pendant la révolution, établir une colonie et défricher les terres en Amérique ; mais de temps en temps ils *quittaient* toutes leurs occupations pour aller, *disaient*-ils, *causer à la ville ;* et cette ville la Nouvelle-Orléans, *était* à six cents lieues de leur demeure. Dans toutes les classes en France on sent le besoin de causer ; la parole[4] n' y est pas seulement, comme ailleurs, un moyen de se communiquer ses idées, ses sentiments et ses affaires, mais c' est un instrument dont on aime à jouer et qui ranime les esprits, comme la musique chez quelques peuples, et les liqueurs fortes chez quelques autres.

Le genre de bien-être[5] que fait éprouver une conversation animée ne consiste pas précisément dans le sujet de cette conversation ; les idées ni les connaissances qu' on y peut développer n' en sont pas le principal intérêt ; c' est une certaine manière d' agir les uns sur les autres, de se faire plaisir[6] réciproquement et avec rapidité, de parler aussitôt qu' on pense, de jouir à l' instant de soi-même,[7] d' être applaudi sans travail, de manifester son esprit dans toutes les nuances[8] par l' accent, le geste, le regard ; enfin de produire à volonté, comme[9] une sorte d' électricité qui fait jaillir des étincelles,

---

1. *Reconnu*, acknowledged.
2. *Le mal du pays*, (the sickness for one's country,) home sickness.
3. *S' applique*, applies.
4. *La parole*, speech.
5. *Bien être*, (well-being,) enjoyment.
6. *De se faire plaisir*, of pleasing each other.
7. *De soi-même*, with one's self.
8. *Dans toutes les nuances*, in all its shades.
9. *Comme*, as it were.

soulage les uns[1] de l'excès même de leur vivacité, et réveille les autres d'une apathie pénible.

HENRI DE GUISE.

59. Tout ce que Henri de Guise avait de brillantes qualités, et même de vices, concourait à en[2] faire un chef de parti. Sa taille était haute, sa démarche aussi aisée qu'imposante, ses traits[3] réguliers brillaient, dès sa première jeunesse, d'une beauté virile ; il déployait autant de vigueur que d'adresse dans tous les exercises. Quoique consommé dans l'art de feindre, ses yeux pleins de feu semblaient déclarer avec franchise ou la haine, ou l'amitié ; lors même qu'il excitait des discordes, il avait le maintien d'un conciliateur, la supériorité d'un arbitre. Il faisait pardonner[4] son orgueil par un enjouement[5] plein de grâce. En s'établissant[6] le vengeur de la religion, il affectait de ne montrer que celle d'un soldat, d'un chevalier ; il s'avouait vindicatif, et préconisait[7] la vengeance comme l'attribut des belles âmes. Ce meurtrier de Coligny portait légèrement le poids de son crime ; il n'était plus de sommeil pour celui qui avait offensé le duc de Guise ; sa mémoire paraissait aussi grande pour les services que pour les injures. Ses dons quoique semés par une ambition savante, paraissaient toujours versés par une bonté facile ; son élocution avait de l'éclat et de la force ; la profondeur de ses passions, la vivacité de ses pensées, lui faisaient rejeter, soit[8] les ornements pédantesques, soit[9] les puérils jeux d'esprit qui corrompaient alors toute éloquence. Il écoutait bien, et cependant ne prenait jamais conseil que de lui-même.

---

1. *Les uns*, some.
2. *En*, of him.
3. *Traits*, lineaments.
4. *Il faisait pardonner*, he caused (one) to pardon.
5. *Enjouement*, playfulness.
6. *En s'établissant*, in establishing himself.
7. *Préconisait*, extolled.
8. *Soit*, whether it were.
9. *Soit*, or.

LES RUINES DE PALMYRE.

60. Le soleil venait de se coucher;[1] un bandeau rougeâtre marquait encore sa trace à l' horizon lointain des monts de la Syrie: la pleine lune, à l' orient, s' élevait[2] sur un fond bleuâtre[3] aux planes rives de l' Euphrate; le ciel était pur, l' air calme et serein; l' éclat mourant du jour tempérait l' horreur des ténèbres; la fraîcheur naissante de la nuit calmait les feux de la terre embrasée; les pâtres avaient retiré[4] leurs chameaux; l' œil n' apercevait plus aucun mouvement sur la plaine monotone et grisâtre; un vaste silence régnait sur le désert; seulement, à de longs intervalles, l'on entendait les lugubres cris de quelques oiseaux de nuit et de quelques chacals. L' ombre croissait, et déjà, dans le crépuscule, mes regards ne distinguaient plus que les fantômes blanchâtres des colonnes et des murs.

Cette Syrie, me disais-je, aujourd' hui presque dépeuplée, comptait autrefois cent villes puissantes. Ses campagnes étaient couvertes de villages, de bourgs et de hameaux. De toutes parts l' on ne voyait que champs cultivés, que chemins fréquentés, qu' habitations pressées. Ah! que sont devenus[5] ces âges d' abondance et de vie? Que sont devenues tant de brillantes créations de la main de l' homme? Où sont-ils ces remparts de Ninive, ces murs de Babylone, ces palais de Persépolis, ces temples de Balbek et de Jérusalem? Où sont ces flottes de Tyr, ces chantiers d' Anrad, ces ateliers de Sidon, et cette multitude de matelots, de pilotes, de marchands, de soldats, et ces laboureurs, et ces moissons, et ces troupeaux, et toute cette création d' êtres vivants dont s' enorgueillissait[6] la surface de la terre? Hélas! je l' ai parcourue, cette terre

---

1. *Venait de se coucher*, had just set. See Les. 137.
2. *S' élevait*, was rising.
3. *Un fond bleuâtre*, a bluish groundwork.
4. *Avaient retiré*, had withdrawn. The Pluperfect is formed in French as in English. See Les. 125.
5. *Que sont devenus*, what has become of. See Les. 65.
6. *S' enorgueillissait* (prided itself,) was proud.

ravagée! j'ai visité ces lieux, le théâtre de tant de splendeur, et je n'ai vu qu'abandon et que solitude. J'ai cherché les anciens peuples et leurs ouvrages, et je n'en ai vu que la trace, semblable à celle que le pied du passant laisse sur la poussière. Les temples se sont écroulés,[1] les palais sont renversés, les ports sont comblés, les villes sont détruites, et la terre, nue d'habitants, n'est plus qu'un lieu désolé de sépulcres.

FLORE.

61. Presidez aux jeux de nos enfants, charmante fille de l'Aurore, aimable Flore; c'est vous qui couvrez de roses les champs, vous versez les fleurs à pleine corbeille[2] dans nos vallons et sur nos forêts; le Zéphyr amoureux suit, haletant après vous, et vous poussant de son[3] haleine chaude et humide. Déjà on aperçoit sur la terre les traces de votre passage dans les cieux; à travers les rais lointains de la pluie, les landes apparaissent toutes jaunes de genêts[4] fleuris; les prairies brumeuses de bassinets[5] dorés, et les corniches des vieilles tours, de giroflées[6] safranées. Au milieu du jour le plus nébuleux, on croit que les rayons du soleil luisent au loin sur les croupes[7] des collines, au fond des vallées, au sommet des antiques monuments; des lisières[8] de violettes et de primevères[9] parfument les haies, et le lilas[10] couvre de ses grappes[11] pourprées les murs du château lointain. Aimables enfants, sortez dans les campagnes, Flore vous appelle au sein des prairies; tout vous y invite, les bois, les eaux, les rocs arides; chaque site vous présente ses plantes, et chaque plante ses fleurs. Jouissez du

---

1. *Se sont écroulés*, have fallen to nothing.
2. *A pleine corbeille*, with full basket.
3. *Son* for *sa*, before a silent *h*. See Less. 68.
4. *Genêts*, broom.
5. *Bassinets*, buttercups.
6. *Giroflées*, gillyflowers.
7. *Les croupes*, the tops.
8. *Lisières*, borders.
9. *Primevères*, primroses.
10. *Lilas*, lilacs.
11. *Grappes*, clusters.

mois[1] qui vous les donne ; Avril est votre frère, il est à l'aurore[2] de l'année, comme vous à celle de la vie ; connaissez ses dons riants comme votre âge. Les prairies seront votre école, les fleurs vos alphabets, et Flore votre institutrice.

LES PRISONS.

62. Jetez les yeux sur ces tristes murailles où la liberté humaine est renfermée et chargée de fers, où quelquefois l'innocence est confondue avec le crime, et où l'on fait l'essai de tous les supplices avant le dernier : approchez, et si le bruit horrible des fers, si des ténèbres effrayantes, des gémissements sourds[3] et lointains, en vous glaçant le cœur, ne vous font reculer d'effroi, entrez dans le séjour de la douleur, osez descendre un moment dans ces noirs cachots où la lumière du jour ne pénètre jamais ; et sous des traits défigurés contemplez vos semblables, meurtris[4] de leurs fers, à demi couverts de quelques lambeaux,[5] infectés d'un air qui ne se renouvelle jamais et semble s'imbiber du venin du crime ; rongés vivants des mêmes insectes qui dévorent les cadavres dans leurs tombeaux, nourris à peine de quelques substances grossières distribuées avec épargne ;[6] sans cesse consternés des maux de leurs malheureux compagnons, et des menaces d'un impitoyable gardien ;[7] moins effrayés du supplice que tourmentés de son attente,[8] dans ce long martyre de tous leurs sens, ils appellent à leur secours une mort plus douce que leur vie infortunée.

Si ces hommes sont coupables, ils sont encore dignes de pitié, et le magistrat qui diffère leur jugement est manifestement injuste à leur égard. Mais si ces hommes sont innocents, ô douleur ! ô pitié ! à cette idée, l'humanité pousse du fond

---

1. *Jouissez du mois*, enjoy the month.
2. *A l'aurore*, in the morning.
3. *Des gémissements sourds*, hollow groans.
4. *Meurtris*, bruised.
5. *Lambeaux*, rags.
6. *Avec épargne*, with parsimony.
7. *Gardien*, keeper.
8. *Attente*, expectation.

du cœur un cri terrible et tendre. Quoi! cet homme né libre gémit sous le poids des fers! Cet homme, à qui la lumière et l' air du ciel étaient destinés, respire à peine dans un cachot; ce père de famille est arraché avec violence des bras de son épouse et de ses enfants! Le deuil,[1] le désespoir et la faim se sont emparés de sa tranquille habitation; ces bras si nécessaires à l' état sont indignement liés; un cœur pur et sans reproche est dans des lieux souillés de remords; l' innocence, en un mot, est dans le séjour du crime; c' est là qu' on ne peut s' empêcher de gémir profondément sur les malheurs de l' humaine condition; c' est là qu' en jetant les yeux vers la Providence, on dit avec autant d' amertume que d' étonnement; O homme! quelle est ta destinée! souffrir et mourir, voilà donc les deux grands termes de ta carrière!

À PHILOMÈLE.

63. Pourquoi, plaintive Philomèle,
Songer[2] encore à vos malheurs,
Quand pour apaiser vos douleurs
Toute cherche à vous marquer son zèle?

L' univers, à votre retour,
Semble renaître pour vous plaire.
Les Dryades à votre amour
Prêtent leur ombre solitaire.

Loin de vous l' Aquilon fougueux
Souffle sa piquante froidure;
La terre reprend sa verdure;
Le ciel brille de ses plus beaux feux.

---

1. *Le deuil*, mourning.
2. *Songer;* this infinitive depends on something understood, as *(do you continue) to think?*

Pour vous l' amante de Céphale[1]
Enrichit Flore de ses pleurs ;[2]
Le Zéphyr cueille sur les fleurs
Les parfums que la terre exhale.

Pour entendre vos doux accents
Les oiseaux cessent leur ramage,
Et le chasseur le plus sauvage
Respecte vos jours innocents.

Cependant votre âme attendrie
Par un douloureux souvenir,
Des malheurs d' une sœur chérie
Semble toujours s' entretenir.[3]

Hélas ! que mes tristes pensées
M' offrent des maux bien plus cuisants !
Vous pleurez des peines passées,
Je pleure des ennuis présents !

Et, quand la nature attentive
Cherche à calmer vos déplaisirs,[4]
Il faut même que je me prive
De la douceur de mes soupirs.

VUE DU LIBAN.

64. Le Liban dont le nom doit s' étendre à toute le chaîne du Kesraouan et du pays des Druses présente tout le spectacle des grandes montagnes. On y trouve à chaque pas ces scènes où la nature deploie[5] tantôt de l' agrément ou de la grandeur, tantôt de la bizarrerie, toujours de la variété. Arrive-t-on par

1. The lover of Cephalus was Aurora.
2. Her tears are the morning dews.
3. *S' entretenir*, to dwell upon.
4. *Déplaisirs*, sorrows.
5. *Déploie*, displays; (inf. *déployer*.) See Less. 79.

la mer, descend-on sur le rivage, la hauteur et la rapidité[1] de ce rampart qui semble fermer la terre, le gigantesque[2] des masses qui s' élancent dans les nues, inspirent l' étonnement et le respect. Si l' observateur curieux se transporte ensuite jusqu' à ces sommets qui bornent la vue, l' immensité de l' espace qu' il découvre devient un autre sujet de son admiration.

Mais, pour jouir entièrement de la majesté de ce spectacle, il faut se placer sur la cime[3] même du Liban ou du Sannin. Là de toutes parts, s' étend un horizon sans bornes ; là, par[4] un temps clair, la vue s' égare[5] et sur le désert qui confine au golfe Persique, et sur la mer qui baigne l' Europe, l' âme croit embrasser le monde. Tantôt les regards, errant sur la chaîne successive des montagnes, portent l' esprit en un clin d' œil d' Antioche à Jérusalem ; tantôt se rapprochant[6] de tout ce qui les environne, ils sondent la lointaine profondeur du rivage ; enfin l' attention, fixée par des objets distincts, observe avec détail les rochers, les bois, les torrents, les coteaux, les villages et les villes. On prend un plaisir secret à trouver petits ces objets qu' on a vu si grands. On regarde avec complaisance la vallée couverte de nuées orageuses, et l' on sourit d' entendre sous ses pas ce tonnerre qu' on a entendu si long-temps sur sa tête ; on aime à voir à ses pieds ces sommets jadis menaçants, devenus dans leur abaissement semblables aux sillons d' un champ, ou aux gradins[7] d' un amphithéâtre ; l' on est flatté d' être devenu le point le plus élevé de tant de choses, et l' orgueil les fait regarder avec plus de complaisance.

Lorsque le voyageur parcourt l' intérieur de ces montagnes, l' aspérité des chemins, la rapidité des pentes, la profondeur des précipices commencent par l' effrayer. Bientôt l'adresse des mulets qui le portent le rassure, et il examine à son aise les incidents pittoresques qui se succèdent[8] pour le distraire. Là, comme dans les Alpes, il marche des journées entières pour arriver dans un lieu qui dès le départ est en vue.

---

1. *Rapidité*, steepness.
2. *Gigantesque*, gigantic size.
3. *Cime*, summit.
4. *Par*, during.
5. *S' égare*, wanders.
6. *Se rapprochant*, drawing nearer.
7. *Gradins*, seats.
8. *Se succèdent*, succeed each other.

En plusieurs lieux les eaux, trouvant des couches inclinées, ont miné la terre intermédiaire,[1] et ont formé des cavernes; ailleurs, elles ont pratiqué des cours souterrains, où coulent des ruisseaux pendant une partie de l' année. Quelquefois ces incidents pittoresques deviennent tragiques; on a vu par des dégels et des tremblements de terre,[2] des rochers perdre leur équilibre, se renverser sur les maisons voisines et en écraser les habitants.

L'APOLLON DU BELVÉDÈRE.[3]

65. De toutes les statues antiques qui ont échappé à la fureur des barbares et à la puissance du temps, celle d' Apollon est sans contredit la plus sublime. L' artiste a composé cet ouvrage sur l' idéal et n' a employé de[4] matière que ce qu' il lui en a fallu pour exécuter et représenter son idée. Autant la description qu' Homère a donnée d' Apollon surpasse les descriptions, qu' en ont faites après lui les autres poètes, autant cette figure l' emporte[5] sur toutes les figures de ce même dieu. Sa taille est au-dessus de celle de l' homme et son attitude respire la majesté. Un éternel printemps, tel que celui qui règne dans les champs fortunés de l' Elysée, revêt[6] son beau corps d' une aimable jeunesse, et brille avec douceur sur la fine structure de ses membres. Pour sentir tout le mérite de ce chef-d' œuvre de l' art, il faut tâcher de pénétrer dans l' empire des beautés incorporelles, et devenir pour ainsi dire créateur d' une nature céleste, car on ne trouve rien ici de mortel. Ce corps n' est ni échauffé par des veines ni agité par des nerfs; un esprit céleste circule comme une douce vapeur dans tous les contours[7] de cette figure admirable. Ce dieu a poursuivi Py-

---

1. *Intermediaire*, intermediate.
2. *Par des dégels*, etc., by thaws and earthquakes.
3. *L' Apollon du Belvédère*, the Apollo Belvidere.
4. *N' a employé de*, etc., has employed only the material which (there has been necessary to him of it) was necessary.
5. *L' emporte*, has the superiority.
6. *Revêt*, inf. *revêtir*. See page 378.
7. *Contours*, outlines.

thon, contre lequel il a tendu pour la première fois son arc redoutable; dans sa course rapide il l' a atteint,[1] et lui a porté le coup mortel.[2] De la hauteur de sa joie son auguste regard pénètre comme dans l' infini et s' étend bien au-delà de la victoire. Le dédain siège[3] sur ses lèvres, l' indignation qu' il respire gonfle ses narines, et monte jusqu' à ses sourcils; mais une paix éternelle, inaltérable, est empreinte sur son front et son œil est plein de douceur

---

RACINE ET VOLTAIRE.

66. Tous deux ont possédé ce mérite si rare de l' élégance continue et de l' harmonie, sans lequel, dans une langue formée il n' y a point d' écrivain; mais l' élégance de Racine est plus égale; celle de Voltaire est plus brillante. L' un plaît davantage au goût, l' autre à l' imagination. Dans l' un le travail sans se faire sentir, a effacé jusqu' aux imperfections les plus légères; dans l' autre, la facilité se fait apercevoir à la fois et dans les beautés et dans les fautes. Le premier a corrigé son style sans en refroidir l' intérêt; l' autre y a laissé des taches, sans en obscurcir l' éclat. Ici, les effets tiennent[4] plus souvent à la phrase poétique; là, ils appartiennent plus à un trait isolé,[5] à un vers saillant.[6] L' art de Racine consiste plus dans le rapprochement[7] nouveau des expressions; celui de Voltaire, dans de nouveaux rapports[8] d' idées. L' un ne se permet rien de ce qui peut nuire à la perfection, l' autre ne se refuse rien de ce qui peut ajouter à l' ornement. Racine à l' exemple de Despréaux a étudié tous les effets de l' harmonie, toutes les formes du vers, toutes les manières de le varier. Voltaire sensible surtout à cet accord si nécessaire entre le rythme et la

1. *Atteint*, hit.
2. *A porté le coup mortel*, has given the mortal blow.
3. *Siège*, sits. See Less. 103.
4. *Tiennent à*, depend upon.
5. *Un trait isolé*, an isolated trait.
6. *Un vers saillant*, a prominent verse.
7. *Rapprochement*, combination.
8. *Rapports*, relations.

pensée, semble regarder le reste comme un art subordonné qu' il rencontre plutôt qu' il ne le cherche.[1] L' un s' attache plus à finir le tissu[2] de son style, l' autre à en relever[3] les couleurs. Dans l' un, le dialogue est plus lié ; dans l' autre, il est plus rapide. Dans Racine, il y a plus de justesse ; dans Voltaire, plus de mouvements. Le premier l' emporte pour[4] la profondeur de la vérité, le second pour la véhémence et l' énergie. Ici les beautés sont plus sévères, plus irréprochables ; là, elles sont plus variées, plus séduisantes. On admire dans Racine cette perfection toujours plus étonnante à mesure[5] qu' elle est plus examinée ; on adore dans Voltaire cette magie qui donne de l' attrait[6] même à ses défauts.

LA VIE CHAMPÊTRE.

67. Nous avons tous un goût naturel pour la vie champêtre. Loin du fracas des villes et des jouissances factices que leur vaine et tumultueuse société peut offrir, avec quel plaisir vivement ressenti[7] nous allons y respirer l' air de la santé, de la liberté, de la paix !

Une scène se prépare plus intéressante mille fois que toutes celles que l' art invente à grands frais pour vous amuser ou vous distraire. Le silence de la nuit n' est encore interrompu que[8] par le chant plaintif et tendre du rossignol, ou le zéphyr léger qui murmure dans le feuillage, ou le bruit confus du ruisseau qui roule dans la prairie ses eaux étincelantes. Voyez-vous ces collines se dépouiller[9] par degrés du voile de pourpre qui les recèle, ces moissons mollement agitées se balancer au loin sous des nuances incertaines, ces châteaux, ces bois, ces chaumières, bizarrement groupés, s' élever du sein des vapeurs,

---

1. *Qu' il rencontre*, etc., which he hits upon rather than seeks.
2. *Le tissu*, etc., the web of his style.
3. *Relever*, to relieve.
4. *L' emporte pour*, excels in.
5. *A mesure*, in proportion.
6. *Attrait*, attraction.
7. *Vivement ressenti*, vividly felt.
8. *N' est encore*, etc., is as yet interrupted only.
9. *Se dépouiller*, disrobe themselves.

ou se dessiner[1] en traits ondoyants dans le vague azuré des airs?

Nous ne remarquons pas assez l'influence prodigieuse que la nature conserve encore sur nos âmes, malgré l'étonnante variété de nos goûts, et la profonde dépravation de nos penchants. Je ne sais,[2] mais il me semble qu'à la campagne notre sensibilité devient et[3] moins orgueilleuse et plus vive; que nous y aimons nos amis avec plus de franchise, nos femmes avec plus de tendresse; que les jeux de nos enfants nous y intéressent davantage; que nous y parlons de nos ennemis avec moins d'aigreur,[4] de la fortune avec plus d'indifférence. Est-ce en respirant la vapeur embaumée[5] du soir, en se promenant[6] à la lueur tranquille et douce de l'astre des nuits, qu'on peut ourdir une trame[7] perfide, ou méditer de tristes vengeances? Ce berceau que vos mains ont planté, où le chèvre feuille, le jasmin et la rose entrelacent leurs tiges odorantes, ne l'avez-vous orné avec tant de soin que pour vous y livrer aux rêves pénibles de l'ambition? Dans cette solitude champêtre qu'ont habitée vos pères, dans cet asile des mœurs, de la confiance et de la paix, que vous importent[8] les vains discours des hommes, et leurs lâches intrigues, et leur haine impuissante, et leurs promesses trompeuses? Quelle impression peut encore faire sur votre âme le récit importun de leurs erreurs ou de leurs crimes? Au déclin d'un jour orageux, ainsi gronde la foudre dans le nuage flottant sur les bords enflammés de l'horizon, ainsi retentit le torrent qui ravage au loin une terre agreste et sauvage.

1. *Se dessiner*, mark themselves out.
2. *Savoir* may take for negative *ne*, without *pas*. See Less. 101.
3. *Et*, both.
4. *Aigreur*, acrimony.
5. *Embaumée*, balmy.
6. *Se promenant*, walking.
7. *Ourdir une trame*, form a plot.
8. *Que vous importent*, what signify to you.

L'ASPECT DES PYRAMIDES D'EGYPTE.

68. La main du temps, et plus encore celle des hommes qui ont ravagé tous les monuments de l'antiquité n'ont rien pu[1] jusqu'ici contre les pyramides. La solidité de leur construction, et l'énormité de leur masse les ont garanties de toute atteinte, et semblent leur assurer une durée éternelle. Les voyageurs en parlent tous avec enthousiasme, et cet enthousiasme n'est point exagéré; l'on commence à voir ces montagnes factices[2] dix-huit lieues avant d'y arriver. Elles semblent s'éloigner à mesure qu'on s'en approche; on en est encore à une lieue, et déjà elles dominent[3] tellement sur la tête, qu'on croit être à leur pied; enfin, l'on y touche, et rien ne peut exprimer la variété des sensations qu'on y éprouve; la hauteur de leur sommet, la rapidité de leur pente, l'ampleur de leur surface, le poids de leur assiette, la mémoire des temps qu'elles rappellent, le calcul du travail qu'elles ont coûté, l'idée que ces immenses rochers sont l'ouvrage de l'homme, si petit et si faible, qui rampe à leur pied, tout saisit à la fois le cœur et l'esprit d'étonnement, de terreur, d'humiliation, d'admiration, de respect. Mais, il faut avouer, un autre sentiment succède à ce premier transport; après avoir pris une si grande opinion de la puissance de l'homme, quand on vient à méditer l'objet de son emploi, on ne jette plus qu'un œil de regret[4] sur son ouvrage; on s'afflige de penser que, pour construire un vain tombeau, il a fallu tourmenter vingt ans une nation entière; on gémit sur la foule d'injustices et de vexations qu'ont dû coûter[5] les corvées[6] onéreuses et du transport, et de la coupe, et de l'entassement[7] de tant de matériaux.

On s'indigne contre l'extravagance des despotes qui ont commandé ces barbares ouvrages; ce sentiment revient plus

1. *N'ont rien pu*, have had no power.
2. *Factices*, artificial.
3. *Dominent*, rise up.
4. *Qu'un œil*, etc., only an eye of regret.
5. *Ont dû coûter*, must have cost.
6. *Les corvées*, (statute service) tasks
7. *De la coupe*, etc., of the cutting and heaping.

d' une fois en parcourant les monuments de l' Egypte; ces labyrinthes, ces temples, ces pyramides, dans leur massive structure, attestent bien moins le génie d' un peuple opulent et ami des arts, que la servitude d' une nation tourmentée par la caprice de ses maîtres.

The Simple Perfect may be formed in French from the past participle,* by changing,

In the first conjugation,† e final into

ai, a, âmes, âtes, èrent.

In the second and fourth, i and u final, as also, is and it final of all past participles, into

is, it, îmes, îtes, irent.

In the third, u final into

us, ut, ûmes, ûtes, urent, as,

Past Part.	SIMPLE PERFECT.				
Parlé,	*Je parlai,*	*il parla,*	*nous parlâmes,*		
Spoken,	*I spoke,*	*he spoke,*	*we spoke,*		
	vous parlâtes,	*ils parlèrent,*			
	you spoke,	*they spoke.*			
Fini,	*Je finis,*	*il finit,*	*nous finîmes,*		
Finished,	*I finished,*	*he finished,*	*we finished,*		
	vous finîtes,	*ils finirent,*			
	you finished,	*they finished.*			
Vendu,	*Je vendis,*	*il vendit,*	*nous vendîmes,*		
Sold,	*I sold,*	*he sold,*	*we sold,*		
	vous vendîtes,	*ils vendirent,*			
	you sold,	*they sold.*			
Mis,	*Je mis,*	*il mit,*	*nous mîmes,*	*vous mîtes,*	*ils mirent,*
Put,	*I put,*	*he put,*	*we put,*	*you put,*	*they put.*

Verbs ending in *aindre*, *eindre*, *oindre*, and *uire*, form this tense by

---

* The past participles may be found in the Dictionary at the end of the volume. They may also be formed as in Less. 62.

† Verbs whose infinitive end in *er*, are of the first conjugation; in *ir*, second; in *oir*, third; in *re*, fourth.

dropping *ez* of the second person indicative present, and making the verb terminate in *is*, *it*, etc., as,

Vous traduisez,	*Je traduisis*,	*il traduisit*,	*nous traduisîmes*,
You translate,	*I translated*,	*he translated*,	*we translated*,
	Vous traduisîtes,	*ils traduisirent*,	
	You translated,	*they translated.*	

For more on this tense, see Lessons 133 and 134.

L'HONNÊTE MATELOT.

69. Un marchand turc avait perdu sa bourse, qui contenait deux cents pièces d'or. Il *s'adressa*[1] au crieur public, à qui il *ordonna* de déclarer qu'il voulait donner la moitié de la somme à celui qui l'avait trouvée. Elle était tombée entre les mains d'un matelot, qui *aima* mieux faire un gain légitime, en se bornant au salaire proposé, que de se rendre coupable de vol; car, par un article du coran, celui qui conserve une chose perdue et criée publiquement est déclaré voleur. Il confesse donc au crieur qu'il a trouvé la bourse, et offre à la rendre en recevant la moitié de qu'elle contenait. Le marchand *parut*[2] aussitôt, mais charmé de retrouver son argent, il souhaitait se dégager de sa promesse. Ne pouvant le faire sans quelque prétexte, il *eut* recours au mensonge. Avec les deux cents pièces d'or, il prétendait qu'il y avait dans la bourse une très-belle émeraude, qu'il *redemanda* au matelot, qui *prit*[3] le ciel et le prophète à témoin qu'il n'avait point trouvé d'émeraude. Cependant il *fut*[4] conduit devant le cadi, avec une accusation de vol. Soit injustice ou négligence,

1. *S'adressa*, simp. perf. from *s'adresser*.
2. *Parut*, simp. perf. from *paraître;* all verbs in *aître*, *oître*, have this perfect like the third conjugation-part. *paru*, *je parus*, *il parut*, etc. See Less. 138.
3. *Prit*, simp. perf. of *prendre*, fourth conjugation-part. *pris*, *je pris*, *il prit*, etc.
4. *Fut*, simp. perf. of *être*, irregular, *je fus*, *il fut*, *nous fûmes*, *vous fûtes*, *ils furent*. See Less. 136.

le juge *déchargea*[1] à la vérité[2] le matelot du crime de vol; mais, lui reprochant d'avoir perdu par sa négligence un bijou précieux, il le *força* de rendre les deux cents pièces d'or au marchand, sans en retirer la récompense promise. Une sentence si dure ruinant tout à-la-fois[3] l'espérance et l'honneur du pauvre matelot, il en *porta* sa plainte au visir, qui la jugea digne de son attention. Toutes les parties furent assignées devant lui. Après avoir entendu le marchand, il *demanda* au crieur ce qu'il avait reçu ordre de publier. Celui-ci ayant déclaré qu'on ne lui avait parlé que de deux cents pièces d'or, le marchand se *hâta* d'ajouter, que, s'il n'avait pas nommé l'émeraude, c'était dans la crainte de faire connaître la valeur de ce bijou. D'un autre côté, le matelot *fit*[4] serment qu'il n'avait trouvé dans la bourse que les deux cents pièces d'or. Enfin, le visir *rendit* cette sentence: "Puisque le marchand a perdu une émeraude avec deux cents pièces d'or, et que le matelot jure que dans la bourse qu'il a trouvée il n'y avait point d'émeraude, il est manifeste que la bourse et l'or que le matelot a trouvés ne sont point ce que le marchand a perdu: c'est un autre qui a fait cette perte. Le marchand peut continuer donc à faire crier son or et son émeraude. Quant au matelot, il gardera[a] pendant quarante jours l'or qu'il a trouvé; et si celui qui l'a perdu ne se présente pas dans cet espace, il en peut jouir légitimement, comme d'un bien qui est à lui.[5]

TOILETTE DE BAL.

70. Le premier jour de mon arrivée à Paris on m'arracha deux dents; le lendemain on me mit deux mille papillotes;[6] et le huitième. . . . Ah! ce fut là le vrai supplice . . . on me mena au bal. J'étais charmée d'aller au bal. Hélas! je ne

---

1. *Déchargea*, for *e* before the final *a*, see Less. 88.
2. *A la vérité*, it is true.
3. *Tout à-la-fois*, all at once.
4. *Fit*, simp. perf. of *faire*, fourth con. See Less. 136.
5. *Est à lui*, belongs to him.
6. *Papillotes*, papers (for the hair.)

a Future of *garder*; see Less. 89, page 168.

le connaissais pas : on m' avait seulement parlé de danses et de collations, et j' attendais le jour du bal avec impatience. Enfin il arrive, et l' on me dit que l' on va m' habiller en[1] bergère. L' habit était bien choisi ; il me paraissait commode pour danser. Mais ils ont à Paris une drôle d' idée[2] des bergères ; vous allez voir. D' abord on commence par m' établir sur la tête une énorme toque ; puis on attache cette toque avec des épingles longues comme le bras, ensuite on met là-dessus un grand chapeau et par-dessus le chapeau de la gaze[3] et des rubans, et par-dessus les rubans une demi-douzaine de plumes dont la plus petite avait au moins deux pieds de hauteur. J' étais accablée sous le faix ; je ne pouvais ni remuer ni tourner la tête. Ensuite on me para d' un habit tout couvert de guirlandes, et l' on me dit : " Prenez garde[4] d' ôter votre rouge, de vous décoiffer et de chiffonner votre habit, et divertissez-vous bien." Je pouvais à peine marcher. On m' établit sur une banquette, où j' attendis long-temps. J' avais l' air si triste que personne ne s' avisait de me prier. A la fin pourtant je fus priée, mais la place était prise, et je revins[5] à ma banquette. Au bal les demoiselles qui courent le mieux sont celles qui dansent le plus. J' ai trouvé là des demoiselles qui étaient bien pis[6] qu' impolies ; elles étaient cruelles ; elles me regardaient de la tête aux pieds avec une mine . . . une vilaine mine, je vous assure, et puis elles riaient entre elles et aux grands éclats[7] . . . J' étais sans doute ridicule, mais j' avais l' air timide et mal à mon aise. Ne valait-il pas mieux[8] me plaindre et m' excuser ? La place était toujours prise, et bientôt je fus entièrement délaissée par tous les danseurs. Il faisait dans la salle un chaud si insupportable, que, quoique immobile sur ma banquette, j' étais en nage. Et voilà ce qu' ils appellent un grand plaisir, une fête.

---

1. *En*, (in character of) as.
2. *Une drôle d' idée*, a droll idea.
3. *De la gaze*, some gauze.
4. *Prenez garde de*, beware of
5. Perf. of *Revenir*, is *Je revins*, *il revint*, *nous revînmes*, *vous revîntes*, *ils revinrent*. See Less. 136.
6. *Bien pis*, much worse.
7. *Aux grands éclats*, with great bursts.
8. *Ne valait*, etc., was it not better.

LE CHIEN D'AUBRY DE MONT DIDIER.

71. Sous le règne de Charles cinq roi de France, un nommé Aubry de Mont-Didier, passant seul dans la forêt de Bondy, fut assassiné et enterré au pied d'un arbre. Son chien resta plusieurs jours sur sa fosse et ne la quitta que pressé[1] par la faim: il vient à Paris chez un ami intime de son malheureux maître, et par ses tristes hurlements semble lui annoncer la perte qu'il a faite. Après avoir mangé il recommence ses cris, va à la porte, tourne la tête pour voir si on le suit, revient à cet ami de son maître, le tire par l'habit, comme pour lui marquer de venir avec lui. La singularité des mouvements de ce chien, sa venue sans son maître qu'il ne quittait jamais, ce maître qui tout d'un coup a disparu, tout cela fit qu'on suivit ce chien. Dès qu'on fut au pied de l'arbre, il redoubla ses cris en grattant la terre, comme pour faire signe de chercher en cet endroit, on y fouilla et on y trouva le corps de cet infortuné Aubry. Quelque temps après, ce chien aperçut[2] par hasard l'assassin, que tous les historiens nomment le chevalier Macaire; il lui saute à la gorge, et on a bien de la peine à lui faire lâcher prise:[3] chaque fois qu'il le rencontre, il l'attaque et le poursuit avec fureur; l'acharnement de ce chien, qui n'en veut qu'à[4] cet homme, commence à paraître extraordinaire. On se rappelle l'affection qu'il avait marquée pour son maître, et en même temps plusieurs occasions où ce chevalier Macaire avait donné des preuves de haine et d'envie contre Aubry de Mont-Didier: quelques circonstances augmentèrent les soupçons. Le roi instruit de tous les discours qu'on tenait, fait venir ce chien, qui paraît tranquille jusqu'au moment qu'apercevant Macaire, au milieu d'une vingtaine de courtisans, il aboie et cherche à se jeter sur lui.

1. *Que pressé*, etc. only when pressed.
2. *Aperçut*, simp. perf. of *apercevoir*, third con.-part. *aperçu*, *j'aperçus*, *il aperçut*, etc.
3. *Lâcher prise*, loose his hold.
4. *N'en veut que*, has a grudge only. See Less. 123, p. 260.

Dans ce temps-là on ordonnait[1] un duel entre l' accusateur et l' accusé, lorsque les preuves n' étaient pas convaincantes: on nommait ces sortes de combats jugement de Dieu, parce qu' on était persuadé que le ciel fait plutôt un miracle que de laisser succomber l' innocence. Le roi, frappé de tous les indices qui se réunissaient contre Macaire, ordonna le duel entre le chevalier et le chien. Le champ clos[2] fut marqué dans l' île Notre-Dame, qui n' était alors qu' un terrain vide et inhabité.

Macaire était armé d' un gros bâton, le chien avait un tonneau pour sa retraite et les relancements. On le lâche, aussitôt il court, tourne autour de son adversaire, évite les coups, le menace tantôt d' un côté, tantôt d' un autre, le fatigue, et enfin s' élance, le saisit à la gorge et l' oblige, par la douleur des morsures, à faire l' aveu de son crime en présence du roi et de toute sa cour.

THE SECOND PERSON SINGULAR of French verbs, with *tu*, *thou*, for the subject, is formed in all the moods and tenses, by adding an *s* to the third person singular when it ends in a vowel, and when it ends in a consonant, by dropping that consonant and making it end in *s*.

Except that in the imperfect of the subjunctive, it is formed by adding an *s* to the first person singular; and in the imperative, it is the same as the first person singular of the indicative present. But when the imperative ends in *e*, and is followed by *en* or *y* for its object, it takes an *s* after the *e*. As, *Thou hast*, *tu as*. *Thou art*, *tu es*. *Thou speakest*, *tu parles*, etc. For more on this tense, see Less. 144.

LA GÉNÉROSITÉ.

72. UN honnête père de famille, chargé de biens et d' années, voulut régler d' avance[3] sa succession entre ses trois fils, et leur partager ses biens, le fruit de ses travaux et de son industrie. Après en avoir fait trois portions égales, et avoir

1. *Ordonnait*, used to order.
2. *Clos*, (past part. of *clore*,) inclosed.
3. *D' avance*, beforehand.

assigné à chacun son lot: "Il me reste," ajouta-t-il, "un diamant de grand prix; je le destine à celui de vous qui saura mieux le mériter par quelque action noble et généreuse, et je vous donne trois mois pour vous mettre en état de l' obtenir." Aussitôt les trois fils se dispersent, mais ils se rassemblent au temps prescrit. Ils se présentent devant leur juge, et voici ce que raconte l' aîné: "Mon père, durant mon absence, un étranger s' est trouvé[1] dans des circonstances qui l' ont obligé de me confier toute sa fortune; il n' avait de moi aucune sûreté par écrit, et n' était en état de produire aucune preuve du dépôt; mais je le lui ai remis fidèlement. Cette fidélité n' est-elle pas quelque chose de louable?" "Tu as fait, mon fils," lui répondit le vieillard, "ce que tu devais faire. Ton action est une action de justice, ce n' est point une action de générosité." Le second fils plaida sa cause à son tour, à peu près[2] en ces termes: "Je me suis trouvé pendant mon voyage sur le bord d' un lac; un enfant venait imprudemment de s' y laisser tomber; il allait se noyer;[3] je l' en[4] ai tiré et lui ai sauvé la vie, aux yeux des habitants du village que baignent les eaux de ce lac; ils peuvent attester la vérité du fait." "A la bonne heure," interrompit le père, "mais il n' y a point encore de noblesse dans cette action; il n' y a que[5] de l' humanité." Enfin, le dernier des trois frères prit la parole. "Mon père," dit-il, j' ai trouvé mon ennemi mortel, qui, s' étant égaré[6] la nuit, s' était endormi, sans le savoir, sur le penchant d' un abîme; le moindre mouvement, au moment de son réveil, ne pouvait manquer de le précipiter; sa vie était entre mes mains; j' ai pris soin de l' éveiller avec les précautions convenables, et l' ai tiré de cet endroit fatal." "Ah! mon fils, s' écria le bon père avec transport, et en l' embrassant tendrement, "c' est à toi, sans contredit[7], que le diamant est dû."

---

1. *S' est trouvé*, found himself, comp. perf. of *trouver*, reflective verbs always have *être* for their auxiliary. See Less. 85.
2. *A peu près*, nearly.
3. *Allait se noyer*, was going to be drowned.
4. *En*, from it.
5. *Il n' y a que*, etc., there is only humanity.
6. *S' étant égaré*, etc., having lost his way in the night, had fallen asleep.
7. *Sans contredit*, (without controversy,) undoubtedly.

UNE BELLE NUIT

DANS LES DESERTS DU NOUVEAU MONDE.

73. Une heure après le coucher du soleil, la lune se montra au-dessus des arbres; à l' horizon opposé, une brise embaumée qu' elle amenait de l' orient avec elle, semblait la précéder, comme sa fraîche haleine, dans les forêts. La reine de la nuit monta peu-à-peu dans le ciel: tantôt elle suivait paisiblement sa course azurée, tantôt elle reposait sur des groupes de nues, qui ressemblaient à la cime des hautes montagnes couronnées de neige. Ces nues ployant[1] et déployant leur voiles, se déroulaient en zônes diaphanes[2] de satin blanc, se dispersaient en légers flocons d' écume, ou formaient dans les cieux des bancs d' une ouate éblouissante, si doux à l' œil, qu' on croyait ressentir leur mollesse et leur élasticité.

La scène sur la terre n' était pas moins ravissante; le jour bleuâtre et velouté[3] de la lune descendait dans les intervalles des arbres, et poussait des gerbes[4] de lumière jusque dans l' épaisseur des plus profondes ténèbres. La rivière qui coulait à mes pieds, tour-à-tour[5] se perdait dans le bois, tour-à-tour reparaissait toute brillante des constellations de la nuit, qu' elle répétait dans son sein. Dans une vaste prairie, de l' autre côté de cette rivière, la clarté de la lune dormait sans mouvement sur les gazons. Des bouleaux[6] agités par les brises, et dispersés çà et là dans la savanne, formaient des îles d' ombres flottantes, sur une mer immobile de lumière. Après, tout était silence et repos, hors la chute de quelques feuilles, le passage brusque d' un vent subit, les gémissements rares et interrompus de la hulotte; mais au loin, par intervalles, on entendait les roulements solemnels de la cataracte de Niagara qui,

1. *Ployant*, etc. folding and unfolding.
2. *Diaphanes*, transparent.
3. *Velouté*, velvet-like.
4. *Gerbes*, etc. (sheaves) pencils of rays.
5. *Tour-à-tour*, by turns.
6. *Bouleaux*, birches.

dans le calme de la nuit, se prolongeaient[1] de désert en désert, et expiraient à travers[2] les forêts solitaires.

La grandeur, l'étonnante mélancolie de ce tableau, ne peuvent s'exprimer dans les langues humaines : les plus belles nuits en Europe ne peuvent en donner une idée. En vain, dans nos champs cultivés, l'imagination cherche à s'étendre ; elle rencontre de toutes parts les habitations des hommes ; mais dans ces pays déserts, l'âme se plaît à s'enfoncer dans un océan de forêts, à errer aux bords[3] des lacs immenses, à planer[4] sur le gouffre des cataractes, et pour ainsi dire, à se trouver seule devant Dieu.

CARACTÉRE DES FRANÇAIS.

74. De tous les peuples le Français est celui dont le caractère a dans tous les temps éprouvé le moins d'altération. On retrouve les Français d'aujourd'hui dans ceux des croisades, et en remontant[5] jusqu'aux Gaulois on y remarque encore beaucoup de ressemblance. Cette nation a toujours été vive, gaie, brave, généreuse, sincère, présomptueuse, inconstante, avantageuse[6], inconsidérée. Ses vertus partent du cœur, ses vices ne tiennent qu'à[7] l'esprit, et ses bonnes qualités corrigeant ou balançant les mauvaises, toutes concourent peut-être également à rendre le Français de tous les peuples le plus sociable.

Le grand défaut du Français est d'être toujours jeune, et presque jamais homme ; par là il est souvent plus aimable, et rarement sûr ;[8] il n'a presque point d'âge mûr, et passe de la jeunesse à la caducité. Nos talents s'annoncent de bonne heure ; on les néglige long-temps par dissipation, et à peine commence-t-on à vouloir en faire usage, que leur temps est

---

1. *Se prolongeaint*, (prolonged them selves,) were prolonged.
2. *A travers*, across.
3. *Aux bords*, by the side.
4. *A planer*, to float.
5. *En remontant*, (in reascending,) on going back.
6. *Avantageuse*, assuming.
7. *Ne tiennent que*, belong only.
8. *Sûr*, to be depended on.

passé ; il y a peu d' hommes parmi eux qui puissent s' appuyer de l' expérience.

Il est le seul peuple dont les mœurs peuvent se dépraver, sans que le cœur se corrompe et que le courage s' altère ;[1] qui allie les qualités héroïques avec le plaisir, le luxe, et la mollesse ; ses vertus ont peu de consistance, ses vices n' ont point de racine. Le caractère d' Alcibiade n' est pas rare en France. Le dérèglement[2] des mœurs et de l' imagination ne donne point atteinte[3] à la franchise et à la bonté naturelle du Français. L' amour-propre[4] contribue à le rendre aimable : plus il croit plaire, plus il a de penchant à aimer. La frivolité qui nuit au développement de ses talents et de ses vertus, le préserve en même temps des crimes noirs et réfléchis :[5] la perfidie lui est étrangère, et il est emprunté[6] dans l' intrigue. Si l' on a quelque fois vu chez lui des crimes odieux, ils ont disparu plutôt par le caractère national que par la sévérité des lois.

BONHEUR DES FAMILLES

DANS L' AMERIQUE SEPTENTRIONALE.

75. Les mœurs sont ce qu' elles doivent être chez un peuple nouveau, chez un peuple cultivateur,[7] chez un peuple qui n' est ni poli ni corrompu par le séjour des grandes cités. Il règne généralement de l' économie, de la propreté, du bon ordre dans les familles. La galanterie et le jeu, ces passions de l' opulence oisive, altèrent[8] rarement cette heureuse tranquillité. Les femmes sont encore ce qu' elles doivent être, douces, modestes, compatissantes, et secourables ; elles ont ces vertus qui perpétuent l' empire de leurs charmes. Les hommes sont occupés de leurs premiers devoirs, du soin et du progrès

1. *S' altère*, (alters for the worse,) degenerating.
2. *Le dérèglement*, the disorder.
3. *Atteinte*, (assault.) detriment.
4. *L' amour-propre*, self-love.
5. *Réfléchis*, deliberate.
6. *Emprunté*, (borrowed,) out of character.
7. *Cultivateur*, agricultural.
8. *Altèrent*, corrupt.

de leurs plantations, qui seront le soutien de leur postérité. Un sentiment de bienveillance[1] unit toutes les familles. Rien ne contribue à cette union, comme une certaine égalité d'aisance,[2] comme la sécurité qui naît[3] de la propriété, comme l'espérance et la facilité communes d'augmenter ces possessions, comme l'indépendance réciproque où tous les hommes sont pour leurs besoins, jointe au besoin mutuel de société pour leurs plaisirs. A la place du luxe qui traîne la misère à sa suite, au lieu de ce contraste affligeant et hideux, un bien-être[4] universel, réparti sagement par la première distribution des terres, par le cours de l'industrie, a mis dans tous les cœurs le désir de se plaire[5] mutuellement; désir plus satisfaisant, sans doute, que la secrète envie de nuire, qui est inséparable d'une extrême inégalité dans les fortunes et dans les conditions. On ne s'y voit jamais[6] sans plaisir, quand on n'est, ni dans un état d'éloignement réciproque qui conduit à l'indifférence, ni dans un état de rivalité, qui est près de la haine. On se rapproche, on se rassemble; on mène enfin dans les colonies cette vie champêtre, qui fut la première destination de l'homme, la plus convenable à la santé, à la fécondité. On y jouit peut-être de tout le bonheur compatible avec la fragilité de la condition humaine. On n'y voit pas ces grâces, ces talents, ces jouissances recherchées[7], dont l'apprêt et les frais usent et fatiguent tous les ressorts[8] de l'âme, amènent les vapeurs de la mélancolie après les soupirs de la volupté; mais les plaisirs domestiques, l'attachement réciproque des parents et des enfants, l'amour conjugal, cet amour si pur, si délicieux pour qui sait le goûter et mépriser les autres amours. C'est là[9] le spectacle enchanteur qu'offre partout l'Amérique septentrionale; c'est dans les bois de la Floride et de la Virginie, c'est dans les forêts même du Canada,

1. *Bienveillance*, goodwill.
2. *Aisance*, competency.
3. *Naît*, etc., springs from property.
4. *Bien-être*, well-being.
5. *Se plaire*, to please each other.
6. *On ne*, etc., people never see each other.
7. *Recherchées*, far sought.
8. *Ressorts*, (springs,) energies.
9. *C'est là*, etc., that is the enchanting spectacle.

qu' on peut aimer toute sa vie ce qu' on aima pour la première fois, l' innocence et la vertu, qui ne laissent[1] jamais périr la beauté toute entière.

CHARLES XII.

76. CHARLES douze, roi de Suède, éprouva ce que la prospérité a de plus grand, et ce que l' adversité a de plus cruel, sans avoir été amolli par l' une, ni ébranlé un moment par l' autre. Presque toutes ses actions, jusqu' à celles de sa vie privée et unie,[2] ont été bien loin au-delà du vraisemblable[3]. Il a porté toutes les vertus des héros à un excès où elles sont aussi dangereuses que les vices opposés. Sa fermeté, devenue opiniâtreté, fit ses malheurs dans l' Ukraine, et le retint[4] cinq ans en Turquie ; sa libéralité, dégénérant en profusion, a ruiné la Suède : son courage, poussé jusqu' à la témérité, a causé sa mort : sa justice a été quelquefois jusqu' à la cruauté : et, dans les dernières années, le maintien de son autorité approchait de la tyrannie. Ses grandes qualités ont fait le malheur de son pays. Il n' attaqua jamais personne ; mais il ne fut pas aussi prudent qu' implacable dans ses vengeances. Il a été le premier qui ait[5] eu l' ambition d' être conquérant sans avoir l' envie d' agrandir ses états ; il voulait gagner des empires pour les donner. Sa passion pour la gloire, pour la guerre, et pour la vengeance, l' empêcha d' être bon politique, qualité sans laquelle on n' a jamais vu de conquérant. Avant la bataille, et après la victoire, il n' avait que de la modestie ; après la défaite, que de la fermeté ; dur pour les autres comme pour lui-même, comptant pour rien la peine et la vie de ses sujets, aussi bien que la sienne : homme unique

---

1. *Ne laissent*, etc., do not let beauty ever perish entirely.
2. *Unie*, uniform.
3. *Au-delà du vraisemblable*, above the probable.
4. *Retint*, simp. perf. of *retenir*. See Less. 136, page 296.
5. *Ait*, the subjunctive is here used, because preceded by *premier*, and a relative. See Less. 91, page 174.

plutôt que grand homme, admirable plutôt qu' à imiter.[1] Sa vie doit apprendre aux rois combien un gouvernement pacifique et heureux est au-dessus de tant de gloire.

LE SINGE.

77. Un vieux singe malin étant mort, son ombre descendit dans la sombre demeure de Pluton, où elle demanda à retourner parmi les vivants. Pluton voulait la renvoyer dans le corps d' un âne pesant et stupide, pour lui ôter sa souplesse, sa vivacité et sa malice; mais elle fit tant de tours plaisants et badins,[2] que l' inflexible roi des enfers ne put s' empêcher de rire, et lui laissa le choix d' une condition. Elle demanda à entrer dans le corps d' un perroquet.[3] "Au moins, disait-elle, je conserverai[a] par là quelque ressemblance avec les hommes que j' ai si long-temps imités. Etant singe, je faisais des gestes comme eux, et étant perroquet, je parlerai[b] avec eux dans les plus agréables conversations.

A peine l' âme du singe fut-elle introduite dans ce nouveau corps, qu' une vieille femme causeuse[4] l' acheta. Il fit ses délices; elle le mit dans une belle cage. Il faisait bonne chère, et discourait toute la journée avec la vieille radoteuse,[5] qui ne parlait pas plus sensément que lui. Il joignait à son nouveau talent d' étourdir tout le monde, je ne sais quoi de son ancienne profession. Il remuait sa tête ridiculement, il faisait craquer[6] son bec, il agitait ses ailes de cent façons, et faisait de ses pattes plusieurs tours qui sentaient[7] encore les grimaces de Fagotin. La vieille prenait à toute heure ses lunettes pour l' admirer; elle était bien fâchée d' être un peu sourde, et de perdre quelquefois des paroles de son perroquet, à qui elle trouvait plus d' esprit qu' à personne. Ce perroquet gâté devint bavard,[8]

---

1. *A imiter*, (to imitate,) to be imitated.
2. *Badins*, waggish.
3. *Perroquet*, a parrot.
4. *Causeuse*, talkative.
5. *Radoteuse*, dotard.
6. *Il faisait craquer*, he chattered.
7. *Qui sentaient*, etc., which still savored of the grimaces of Pug.
8. *Bavard*, etc., prating, tiresome and senseless.

a Future of *conserver*: Less. 89.
b Future of *parler*; Less. 89.

importun et fou. Il se tourmenta si fort dans sa cage, et but[1] tant de vin avec la vieille, qu' il en mourut:

Le voilà revenu devant Pluton, qui voulut cette fois le faire passer dans le corps d' un poisson, pour le rendre muet. Mais il fit encore une farce devant le roi des ombres, et les princes ne résistent guère[2] aux demandes des mauvais plaisants[3] qui les flattent. Il alla donc dans le corps d' un homme: mais comme le dieu eut honte[4] de l' envoyer dans le corps d' un homme sage et vertueux, il le destina au corps d' un harangueur ennuyeux et importun, qui mentait, qui se vantait sans cesse, qui faisait des gestes ridicules, qui se moquait[5] de tout le monde, qui interrompait les conversations les plus polies et les plus solides, pour dire des riens, ou les sottises[6] les plus grossières. Mercure, qui le reconnut en ce nouvel état, lui dit en riant: "Ho! ho! je te reconnais; tu n' es qu' un composé[7] du singe et du perroquet que j' ai vus autrefois. D' un joli singe et d' un bon perroquet, on ne fait qu' un sot homme."

RÉFLEXIONS MORALES.

78. Il semble que la nature, qui a si sagement disposé les organes de notre corps pour nous rendre heureux, nous ait[8] aussi donné l' orgueil pour nous épargner la douleur de connaître nos imperfections.

Bien écouter et bien répondre est une des plus grandes perfections qu' on puisse avoir dans la conversation.

Les hommes seront toujours ce qu' il plaira[a] aux femmes; si vous voulez donc qu' ils deviennent grands et vertueux, apprenez aux femmes ce que c' est que[9] grandeur d' âme et vertu.

Quelque difficile qu' il soit de discerner les limites qui sépa-

---

1. *But*, perf. of *boire*.
2. *Ne guère*, seldom.
3. *Plaisants*, jesters.
4. *Eut honte*, was ashamed.
5. *Se moquait*, ridiculed.
6. *Sottises*, silliness.
7. *Composé*, compound.
8. *Ait*, subjunctive after *il semble*. See page 353.
9. *Ce que c' est que*, what is.

[a] Future of *plaire*; Less. 89.

rent l' empire de la foi de celui de la raison, le philosophe n' en confond pas les objets.

Il y a peu d' écrivains pour qui l' on n' ait à rougir ; il n' y a presque pas un livre où il n' y ait des mensonges à effacer.

La majesté des Ecritures m' étonne ; la saintété de l' Evangile parle à mon cœur. Se peut-il[1] qu' un livre, à la fois si sublime et si sage, soit l' ouvrage des hommes ! Se peut-il[1] que celui dont il fait l' histoire ne soit[2] qu' un homme lui-même ?

Puisque nous ne pouvons pas répondre du temps qui suit, nous devons régler tellement le présent que nous n' ayons pas besoin de l' avenir pour le réparer.

PIERRE LE GRAND.

79. Pierre-le-Grand fut regretté en Russie de tous ceux qu' il avait formés ; et la génération qui suivit celle des partisans des anciennes mœurs, le regarda bientôt comme son père. Quand les étrangers ont vu que tous ses établissements étaient durables, ilt ont eu pour lui une admiration constante, et ils ont avoué qu' il avait été inspiré plutôt par une sagesse extraordinaire, que par l' envie de faire des choses étonnantes. L' Europe a reconnu qu' il avait aimé la gloire, mais qu' il l' avait mise[3] à faire du bien ; que ses défauts n' avaient jamais affaibli ses grandes qualités ; qu' en lui l' homme eut ses taches,[4] et que le monarque fut toujours grand. Il a forcé la nature en tout, dans ses sujets, dans lui-même, et sur la terre et sur les eaux ; mais il l' a forcée pour l' embellir. Les arts, qu' il a transplantés de ses mains dans des pays dont plusieurs[5] alors étaient sauvages, ont, en fructifiant, rendu témoignage à son génie et éternisé sa mémoire ; ils paraissent aujourd' hui originaires des pays mêmes où il les a portés. Loi, police, politique, discipline mili-

---

1. *Se peut-il*, can it be.
2. *Ne soit que*, can be only.
3. *Il l' avait mise*, he had placed it (i. e. glory) in doing good.
4. *Taches*, (blemishes) defects.
5. *Dont plusieurs*, many of which were then savage.

taire, marine, commerce, manufacture, sciences, beaux-arts, tout s' est perfectionné[1] selon ses vues ; et par une singularité dont il n' est point d' exemple, ce sont quatre femmes, montées après lui sur le trône, qui ont maintenu tout ce qu' il acheva, et ont perfectionné tout ce qu' il entreprit.

C' est aux historiens nationaux d' entrer dans tous les détails des fondations, des lois, des guerres, et des entreprises de Pierre-le-grand. Il suffit à un étranger d' avoir essayé de montrer ce que fut le grand homme qui apprit de Charles XII à le vaincre, qui sortit deux fois de ses états pour les mieux gouverner, qui travailla de ses mains à presque tous les arts nécessaires, pour en donner l' exemple[2] à son peuple, et qui fut le fondateur et le père de son empire.

LES DEUX AMIS.

80. Les deux classes de l' école de Westminster ne sont séparées que par un rideau, qu' un écolier déchira un jour par hasard. Comme cet enfant était d'un naturel doux[3] et timide, il tremblait de la tête aux pieds, dans la crainte d' être châtié, parce que son maître était rigide. Un de ses camarades le tranquillisa, en lui promettant de se charger de la faute et de subir la punition, ce que réellement il fit. Les deux amis, qui étaient devenus[4] hommes, lorsque la guerre civile d' Angleterre éclata,[5] embrassèrent des intérêts opposés : l' un suivit le parti du parlement, et l' autre le parti du roi, avec cette différence, que celui qui avait déchiré le rideau tâcha de s' avancer dans les emplois civils, et celui qui en avait subi la peine, dans les militaires.

Après des succès et des malheurs variés, les républicains remportèrent un avantage décisif dans le nord de l' Angleterre, firent prisonniers tous les officiers considérables de l' armée de

---

1. *S' est perfectionné*, has been perfected.
2. *Pour en donner*, etc., to give an example of them to his people.
3. *Naturel doux*, a gentle nature.
4. *Etaient devenus*, had become.
5. *Eclata*, broke out.

Charles, et nommèrent peu après des juges pour faire le procès[1] à ces rebelles, ainsi qu' on les appelait alors. L' écolier timide, qui est un de ces magistrats, entend prononcer parmi les noms des criminels celui de son généreux ami, qu' il n' a pas vu depuis le collége ; il le considère avec toute l' attention possible, croit le reconnaître, s' assure par des questions sages qu' il ne se trompe pas, et sans se découvrir lui-même, prend avec un grand empressement[2] le chemin de Londres. Il y employa si heureusement son crédit auprès de Cromwell,[3] qu' il préserva son ami du triste sort qu' éprouvèrent[4] ses infortunés complices.

CHARLES XII.

Un jour que Charles XII dictait des lettres pour la Suède à un secrétaire, une bombe tomba sur la maison, perça le toit, et vint éclater près de la chambre même du roi ; la moitié du plancher tomba en pièces ; le cabinet où le roi dictait étant pratiqué en partie dans une grosse muraille, ne souffrit point de l' ébranlement, et, par un bonheur étonnant, nul des éclats[5] qui sautaient en l' air n' entra dans ce cabinet dont la porte était ouverte. Au bruit de la bombe et au fracas de la maison qui semblait tomber, la plume échappa des mains du secrétaire : " Qu' y a-t-il donc[6] ?" lui dit le roi d' un air tranquille ; " pourquoi n' écrivez-vous pas ?" Celui-ci ne put répondre que ces mots : " Eh ! sire, la bombe !" He bien ! " reprit le roi, qu' a de commun[7] la bombe avec la lettre que je vous dicte ? Continuez."

---

1. *Faire le procès*, to conduct the trial.
2. *Avec un grand empressement*, with great haste.
3. *Auprès de Cromwell*, with Cromwell.
4. *Eprouvèrent*, experienced.
5. *Eclats*, fragments.
6. *Qu' y a-t-il donc*, (what is there then) what is the matter ?
7. *Qu' a de commun*, what in common has, etc.

BEAU TRAIT DE DÉSINTÉRESSEMENT.

81. Dans la dernière guerre d'Allemagne un capitaine de cavalerie est commandé pour aller au fourrage. Il part à la tête de sa compagnie, et se rend dans le quartier qui lui était assigné. C' était un vallon solitaire, où l' on ne voyait guère que des bois. Il y aperçoit une pauvre cabane; il y frappe; il en sort[1] un vieux Hernouten à barbe blanche.[2] Mon père, lui dit l' officier, montrez-moi un champ où je puisse faire fourrager[3] mes cavaliers. Tout-à-l' heure,[4] reprit l' Hernouten.

Ce bon homme se met à leur tête, et remonte avec eux le vallon. Après un quart d' heure de marche, ils trouvent un beau champ d' orge: Voilà ce qu' il nous faut, dit le capitaine. Attendez un moment, lui dit son conducteur, vous serez content. Ils continuent à marcher, et ils arrivent à un quart de lieue plus loin, à un autre champ d' orge. La troupe aussitôt met pied à terre, fauche[5] le grain, le met en trousse[6], et remonte à cheval. L' officier de cavalerie dit alors à son guide: Mon père, vous nous avez fait aller trop loin sans nécessité; le premier champ valait mieux que celui-ci. Cela est vrai, monsieur, reprit le bon vieillard, mais il n' était pas à moi.[7]

LE FANTÔME.

Une dame étant allée voir une de ses amies à la campagne, on lui dit qu' un fantôme avait coutume de se promener toutes les nuits dans l' un des appartements du château, et que depuis bien du temps, personne n' osait y habiter. Comme elle n' était

---

1. *Il en sort*, there comes out of it.
2. *A barbe blanche.* See Less. 77, page 139.
3. *Fourrager*, to forage.
4. *Tout-à-l' heure*, presently.
5. *Fauche*, reap.
6. *En trousse*, on the croup.
7. *N'était pas à moi*, was not mine. See Less. 126, page 268.

ni superstitieuse, ni crédule, elle eut la curiosité de s' en convaincre par elle-même, et voulut absolument coucher dans cet appartment. Au milieu de la nuit, elle entendit ouvrir sa porte, elle parla, mais le spectre ne lui répondit rien. Il marchait pesamment et s' avançait en poussant[1] des gémissements. Une table qui était au pied du lit fut renversée, et ses rideaux s' entr' ouvrirent avec bruit. Un instant après, le guéridon[2] qui était dans la ruelle,[3] fut culbuté,[4] et le fantôme s' approcha de la dame ; elle de son côté, peu troublée, allongeait les deux mains pour sentir s' il avait une forme palpable. En tâtonnant[5] ainsi, elle lui saisit les deux oreilles. Les oreilles étaient longues et velues[6] ; ce qui lui donnait beaucoup à penser. Elle n' osait retirer une de ses mains pour toucher le reste du corps, de peur de le laisser s'échapper, et elle persista jusqu' à l' aurore dans cette pénible attitude. Enfin, au point du jour, elle reconnut l' auteur de tant d' alarmes pour un gros chien assez pacifique, qui n' aimant point à coucher à l'air, avait coutume de venir chercher de l' abri dans ce lieu, dont la serrure ne fermait pas.

LE BESOIN D'AIMER.

82. Le visir Azamet avait plu dans sa jeunesse au sultan Mahmoud qui l' éleva aux premières dignités de l' empire : dès qu' Azamet fut en place[7] il voulut réformer les abus ; mais les grands et les imans[8] le perdirent[9] dans l' esprit du prince, et même du peuple. Au moment de sa disgrâce, il entendit s' élever contre lui le cri de la haine universelle.

Privé de ses biens, et sans amis, Azamet se retira dans les rochers du Khorazan : là il vivait seul dans une jolie cabane

1. *En poussant*, uttering some moanings.
2. *Le guéridon*, stand.
3. *Ruelle*, (the space between the bed and the wall) bed-side.
4. *Culbuté*, upset.
5. *En tâtonnant*, in feeling.
6. *Velues*, hairy.
7. *En place*, in office.
8. *Imans*, priests (of Mahomet.)
9. *Le perdirent*, ruined him.

qu' il avait construite, et il cultivait un petit terrain au bord d' un ruisseau.

Il y avait deux ans qu' il vivait dans cette solitude, lorsque le sage Usbeck découvrit sa retraite. Les conseils vertueux d' Usbeck n' avaient pas peu contribué à la perte du visir. Le sage, qui n' avait point oublié son ami dans sa disgrâce, partit pour le Khorazan.

Usbeck n' était plus qu' à[1] une parasange de la cabane du ministre, lorsqu' il le rencontra : ils se reconnurent, ils s' embrassèrent : le sage versait des larmes ; le visage d' Azamet était riant, son front était serein, et la joie était dans ses yeux : Béni soit le prophète qui donne de la force aux malheureux, dit Usbeck ; celui qui possédait une belle maison dans les riches plaines de Ghilem est content d' habiter une cabane dans les rochers du Khorazan ; ô Azamet ! ta vertu t' a suivi dans ces déserts, mais a-t-elle pu te consoler de vivre seul ? il faut des compagnons à ceux mêmes qui n' ont point d' amis ; quelle solitude n' est pas un tombeau ?

Ils approchaient cependant de la cabane d' Azamet, où il n' était pas rentré depuis le matin : ils entendirent le hennissement d' un jeune cheval qui venait en bondissant à leur rencontre[2] ; quand il fut auprès du visir, il le caressa et marcha devant lui en sautant et en hennissant.

83. Usbeck vit[3] accourir d' une prairie voisine deux belles génisses,[4] qui passèrent et repassèrent devant Azamet, et semblaient lui offrir leur lait, et présenter leurs têtes à son joug. Elles se mirent à sa suite. A quelques pas de là, deux chèvres suivies de deux chevreaux descendirent d' un rocher : elles témoignèrent par leurs cabrioles[5], la joie de revoir leur maître, qu' elles accompagnèrent en badinant autour de lui.

Bientôt, du fond d' un petit verger couvert de jeunes arbres, sortirent quatre ou cinq moutons ; ils bêlaient, ils bondissaient

1. *N' était plus qu' à*, etc., was only within a parasang.
2. *A leur rencontre*, (to their meeting) to meet them.
3. *Vit*, saw, simp. perf. of *voir*. See Less. 136.
4. *Génisses*, heifers.
5. *Cabrioles*, capers.

et léchaient les mains d' Azamet qui les leur tendait en souriant : en même temps, quelques pigeons vinrent[1] se poser sur sa tête et sur ses épaules : il entrait dans le petit jardin qui environnait sa cabane, lorsqu' un coq, en chantant, et plusieurs poules en caquetant accoururent[2] augmenter son cortége.[3]

Mais les démonstrations de joie et d' amour dans tous ces animaux n' égalaient point celles de deux jeunes chiens blancs qui attendaient Azamet à sa porte ; ils ne venaient point au devant de lui, et semblaient vouloir lui montrer qu' ils gardaient fidèlement sa demeure qu' il leur avait confiée ; mais au moment qu' il entrait, ils l' accablèrent des plus vives caresses ; ils rampaient autour de lui, il se jetaient à ses pieds, ils les léchaient : leur regards étaient passionnés, le langage de leur passion était un murmure doux et tendre : à la moindre caresse que leur rendait leur maître, ils s' élançaient,[4] ils faisaient de longs circuits autour de la cabane, en courant et en aboyant de toute leur force ; l' excès du plaisir leur donnait de la folie, ils revenaient bien vite en haletant et en suffoquant, s' étendre encore aux pieds d' Azamet. Usbeck souriait à ce spectacle : eh bien ! lui dit le visir, tu me vois tel que j' ai été dès mon enfance, l' ami des êtres sensibles : j' ai voulu faire le bonheur des hommes, ils se sont opposés[5] à mes desseins, je rends ces animaux heureux, et je jouis de[6] leur reconnaissance ; tu vois qu' enfermé dans les rochers du Khorazan, j' ai des compagnons, et que ma solitude n' est pas un tombeau : je vis encore, j' aime, et je suis aimé.

1. *Vinrent*, perf. of *venir*. See Less. 136.
2. *Accoururent*, perf. of *accourir*.
3. *Cortége*, train.
4. *Ils s' élançaient*, they darted forward.
5. *Ils se sont opposés*, etc., they opposed my designs. See Less. 85.
6. *Je jouis de*, etc., I enjoy their gratitude.

UN HOMME HEUREUX.

84. Auguste, de retour[1] de ses voyages, est rentré[2] dans sa vallée natale. Il a borné ses désirs : il a pris une compagne simple et modeste parmi les filles de cette vallée ; ses vœux ne s' étendent pas au-delà de l' Ilfis et de l' Emma, qui baignent la contrée. Les premiers rayons du soleil naissant viennent embellir sa demeure ; les soins de l' agriculture et ceux de l' éducation des enfants pauvres du village, occupent ses instants et sont le but de sa vie. Toute sa philosophie est dans sa modération et dans sa simplicité. Il fait le bien,[3] il vit obscur, il est heureux. L' agitation inquiète des hommes qui ont vécu dans la sphère des cours, dans le tourbillon politique, dans la licence des camps, lui est étrangère. Il n' égare point[4] son esprit dans de vastes projets ; il n' entretient pas des relations lointaines. Il ne rattache[5] point ses craintes ou ses espérances aux récits souvent infidèles, tracés par des plumes vénales dans les lieux où dominent l' intrigue, l' ambition et tous les vices. Peu lui importent les crimes des ministres des rois et des puissants de la terre ; il ne daigne pas s' informer où ils existent ; leurs noms mêmes, lui sont inconnus ; jamais il n' a dû courber[6] en leur présence un front humilié. Il embrasse d' un seul coup-d' œil son petit domaine, qui suffit à ses besoins. La colline sur laquelle est bâtie son humble cabane, produit le blé qui nourrit sa famille. Au bas de la colline est le temple où il remercie le Père commun de tous les biens qu' il en a reçus. Dans la maison du pasteur du lieu, il goûte les plaisirs d' une société douce et innocente. Auprès du temple et du presbytère[7] est le gazon touffu sous lequel reposent les cendres de ses pères, qui attendent les siennes. Aucune impression douloureuse ne vient troubler la paix profonde dont il jouit. Son

1. *De retour*, on his return.
2. *Est rentré*, entered again. *Rentrer* takes *être* for its auxiliary. See Less. 110, page 223.
3. *Fait le bien*, he does good.
4. *Il n' égare point*, he does not lead his spirit astray.
5. *Rattache*, attach.
6. *N' a dû*, has not been obliged.
7. *Presbytère*, parsonage,

cœur est calme comme la surface d' un beau lac argenté dont[1] le souffle d' aucun vent n' agite les eaux.

MILTON COMPOSANT LE PARADIS PERDU.

85. MILTON, libre et oublié, poursuivit avec ardeur la composition de son sublime ouvrage. Il avait alors cinquante-six-ans; il était aveugle, et tourmenté de la goutte. Une vie étroite et pauvre, de nombreux ennemis, le sentiment amer de ses illusions démenties,[2] le poids humiliant de la disgrâce publique, la tristesse de l' âme et les souffrances du corps, tout accablait Milton; mais un génie sublime habitait en lui. Dans ses journées rarement interrompues, dans les longues veilles de ses nuits, il méditait des vers sur un sujet depuis si longtemps déposé dans son âme, et qu' avaient mûri,[3] pour ainsi dire, tous les évènements et toutes les passions de sa vie. Séparé de la terre par la perte du jour[4] et par la haine des hommes, il n' appartenait plus qu' à ce monde mystérieux dont il racontait les merveilles. "Donne[5] des yeux à mon âme," disait-il à sa muse. Il voyait en lui-même, dans le vaste champ de ses souvenirs et de ses pensées. Les fureurs du fanatisme, l' enthousiasme de la révolte, les tristes joies des partis vainqueurs, les haines profondes de la guerre civile, avaient de toutes parts assailli et exercé son génie. Les chaires des églises d' Angleterre, les salles de Westminster, toutes pleines de séditions et de bruyantes menaces,[6] lui avaient fait entendre ce cri de guerre contre la puissance, qu' il aimait à répéter dans ses chants, et dont il armait l' enfer contre la monarchie du Ciel. La religion indépendante des Puritains, leurs extases mystiques, leur ardente piété sans foi positive,

1. *Dont*, etc, of which the breath of no wind agitates the waters.
2. *Démenties*, disappointed.
3. *Qu' avaient mûri*, etc., which all the events and all the passions of his life had matured.
4. *Perte du jour*, loss of sight.
5. *Donne*, imperative, second person singular.
6. *Bruyantes menaces*, noisy threats.

leurs interprétations arbitraires de l' Ecriture, avaient achevé d' ôter tout frein à son imagination, et lui donnaient quelque chose d' impétueux et d' illimité, comme les rêves du fanatisme.

A tant de sources d' originalité il faut joindre cette féconde imitation de la poésie antique, qui nourrissait la verve[1] de Milton. Homère après la Bible, avait toujours été sa première lecture ; il le savait presque par cœur, et l' étudiait sans cesse. Aveugle et solitaire, ses heures étaient partagées entre la composition poétique et le ressouvenir toujours entretenu[2] des grandes beautés d' Isaïe, d' Homère, de Platon, d' Euripide. Il avait[3] fait apprendre à ses filles à lire le grec et l' hébreu, et l' on sait que l' une d' elles, long-temps après récitait de mémoire des vers d' Homère qu' elle avait ainsi retenus sans les comprendre. Chaque jour, Milton en se levant, se faisait[4] lire un chapitre de la Bible hébraïque ; puis il travaillait à son poème, dont il dictait les vers à sa femme, ou quelquefois à un ami, à un étranger qui le visitait. La musique était une de ses distractions[5] ; il touchait[6] de l' orgue, et chantait avec goût. Au milieu de cette vie simple et occupée, le *Paradis Perdu*, si long-temps médité, s' acheva promptement.

LE BONHEUR.

86. Les gens du monde plaçent d' ordinaire le bonheur dans les richesses et dans la vie tumultueuse des villes ; les sages, au contraire, se sont accordés[7] dans tous les temps et dans tous les pays à ne trouver la véritable félicité que dans la médiocrité et le séjour de la campagne. Quels motifs assez puissants ont pu déterminer cette dernière opinion si souvent démentie[8] par les propos[9] de la société, et lui donner un crédit

1. *Verve*, rapture.
2. *Entretenu*, kept up.
3. *Il avait*, etc., he had made his daughters learn.
4. *Se faisait lire*, had read to him.
5. *Distractions*, diversions.
6. *Touchait*, etc., he played on the organ.
7. *Se sont accordés*, have agreed.
8. *Démentie*, contradicted.
9. *Propos*, discourse.

assez grand pour contrebalancer les préjugés de la mode ou les frivoles impressions du jeune âge ? Je vois déjà l' observateur superficiel traiter ces motifs de[1] chimère par la seule raison qu' ils échappent à ses regards distraits. Combien[2] pourtant ils sont réels et dignes d' être appréciés par un cœur tendre et un esprit doué de quelque solidité ! Approchez, incrédules, et pour revenir[3] de vos futiles préventions, faites un moment la comparaison du riche citadin avec l' homme des champs qui borne ses vœux à la jouissance paisible de son modique héritage, tandis que tous les moments de l' opulence sont remplis par des occupations qui ne lui laissent ni repos ni vrais plaisirs. La médiocrité, exempte des embarras du luxe, à l' abri[4] de l' envie, permet au cœur de se livrer à tous ses louables penchants, à l' esprit de cultiver toutes ses facultés. La bienfaisance, qui s' exerce[5] à si peu de frais, laisse au fond de l' âme des jouissances bien préférables à celles de la fortune. La flatterie ne dresse[6] pas autour de la demeure de l' homme des champs les embûches[7] dont elle environne les palais. La médiocrité jouit surtout de ce rare privilége de pouvoir choisir le genre de vie le plus conforme à ses goûts, sans craindre les importuns ou les censeurs.

Malgré tous ces avantages, il est peu de personnes qui sachent jouir de la médiocrité ; le mérite seul peut s' y plaire[8] ; le vulgaire aime bien mieux dissiper dans les villes son patrimoine, ruiner sa santé, compromettre son avenir, et puiser[9] à la source des plaisirs frivoles une satiété prématurée, que de se préparer des jouissances paisibles et impérissables, par l' étude et la réflexion. Quel étrange aveuglement ! Comment[10] ne cesse-t-il pas au seul aspect d' une riante campagne ? Qui ne sent sous un beau ciel son cœur s' épanouir,[11] son esprit s' élever, tout

---

1. *Traiter—de*, call.
2. *Combien*, etc., how real are they.
3. *Revenir*, etc., to recover from your shallow prejudices.
4. *A l' abri*, (in shelter) sheltered.
5. *S' exerce*, is exercised.
6. *Dresse*, (set up) prepare.
7. *Embûches*, stratagems.
8. *S' y plaire*, please itself therein.
9. *Puiser*, etc., to drain at the source of frivolous pleasures.
10. *Comment*, why.
11. *S' épanouir*, to become expanded.

son être animé d'une vie nouvelle? La jeunesse y trouve les objets en harmonie avec la naïveté de ses sentiments, et la vieillesse s'y repose des peines inséparables d'une longue carrière. Ce n'est enfin qu'à la campagne et au sein de la médiocrité, que l'on jouit du présent, et que l'on peut contempler l'avenir sans crainte, et le passé sans regret.

LE SONGE.

87. Un jour je me retirais chez moi, l'esprit rempli d'observations chagrines;[1] et après avoir fait la satire de tous les états, de toutes les conditions et de moi-même, je tombai dans un sommeil profond; j'eus un songe. Je me crus[2] transporté dans ma solitude, et loin des défauts qui m'avaient blessé; je me promenais avec une joie tranquille dans la forêt qui protège ma cabane contre les vents d'Arabie, je me dérobais[3] sous ses ombrages aux folies des hommes.

Le soleil venait de[4] s'élever sur l'horizon, ses rayons doraient la verdure interposée entre lui et moi, et donnaient de la transparence au feuillage. J'entendais les chants d'une multitude d'oiseaux; j'étais attentif à tous leurs accents; j'en observais la diversité, ainsi que celle[5] de leurs formes, de leur vols, et de leurs plumages. Le rossignol, le merle, le corbeau, la fauvette,[6] le geai,[7] l'alouette,[8] l'aigle, la tourterelle, chantaient, sifflaient, croussaient, criaient, roucoulaient, sautaient, voltigeaient, volaient, ou planaient.

Le ciel me donna tout-à-coup l'intelligence de leurs différents langages; j'entendais l'aigle qui raillait le hibou sur la vue; la tourterelle parlait fort mal des mœurs de l'épervier, qui n'avait que du mépris pour sa faiblesse; le merle faisait

1. *Chagrines*, gloomy.
2. *Crus*, believed; perf. of *croire*.
3. *Je me dérobais*, etc., I stole away beneath its shade, from the follies of men.
4. *Venait de*, etc., had just arisen. See Less. 137.
5. *Ainsi que celle*, as well as that.
6. *La fauvette*, the linnet.
7. *Le geai*, the jay.
8. *L'alouette*, the lark.

des plaisanteries sur le cri de l' aigle ; le geai et la pie disaient des injures ;[1] ils reprochaient au corbeau sa mine triste, et trouvaient au moineau l' air commun.

Je vis descendre du ciel une figure fort extraordinaire ; c' était un jeune homme dont le corps avait la couleur d' une neige, parsemée de feuilles de roses ; il avait de grandes ailes bleues dont les extrémités étaient dorées ; ses cheveux étaient noirs comme l' ébène ; ses yeux étaient de la couleur de ses cheveux. Il se posa sur un platane qui s' élevait au-dessus des cèdres de la forêt ; il appela par leurs noms les différentes espèces d' oiseaux que je vis s' abattre autour de lui sur les rameaux des cèdres ; il leur ordonna le silence, et il leur dit. Ecoutez ce que j' ai à vous révéler de la part du Grand-Etre. Vous êtes tous égaux en mérite, vous êtes différents en qualité parce que vous êtes destinés à des fonctions différentes.

L' aigle est né pour la guerre ; son cri, expression de la force, ne peut avoir de l' harmonie ; pour donner au rossignol et à la fauvette leur voix douce et légère, il a fallu[2] leur donner des organes délicats ; la tourterelle, née pour l' amour, se tient sous les ombrages, où rien n' interrompt en elle le plaisir d' aimer. Restez ce que vous êtes, sans regrets, et sans orgueil, cédez différemment[3] aux impulsions de la nature, et voyez dans vos espèces des différences et non des défauts.

A ces mots, je vis les oiseaux se disperser dans la forêt, et le génie s' élever aux cieux, en jetant sur moi un regard plein d' expression. Je m' éveillai, et je me dis : Je ne dois jamais plus exiger dans le cadi la douceur du courtisan, dans l' iman la franchise du guerrier, dans le marchand le désintéressement du sage, dans le sage l' activité de l' ambitieux ! c' est moi que tu es venu instruire, ô céleste génie ! tes leçons seront à jamais gravées dans mon cœur, et par mes lèvres elles seront répétées aux hommes.

O mes frères ! nous partons ensemble pour voyager, les uns

---

1. *Disaient des injures*, uttered abuses.
2. *Il a fallu*, it has been necessary.
3. *Cédez différemment*, yield in different ways.

au nord, lés autres au midi; il ne nous faut ni[1] les mêmes vêtements, ni les mêmes provisions. Nous vivons dans une famille dont le chef nous a donné des biens de différente nature. A quoi servent[2] à celui qui taille les arbres du verger, les instruments du labourage?

UNE NUIT SUR UNE MONTAGNE DANS L'AFRIQUE MÉRIDIONALE.

88. Il faut que je vous raconte une de mes excursions. J'étais sorti de grand matin,[3] et j'avais été me promener[4] dans des montagnes à seize milles du cap. Mon cheval et moi nous commencions à juger qu'il était temps de retourner au logis, lorsque le brouillard nous enveloppa complètement. Je ne sais si vous avez jamais eu l'occasion de remarquer les effets que produit le brouillard, soit en changeant les formes des montagnes, soit en grossissant le volume des objets, ou en les cachant entièrement, soit en les laissant entrevoir[5] sous les apparences les plus bizarres et les plus fantastiques, tellement que le voyageur, trompé à chaque instant, perd toute confiance dans le rapport de ses sens.

Je me trouvais sur le sommet d'une colline dont les flancs étaient raides et escarpés. Il n'y avait pour descendre qu'un sentier très-rapide, qui était mon unique ressource. Je le cherchai aussi long-temps que je pus voir ma boussole,[6] et, quoique souvent trompé, je ne continuai pas moins mon chemin par-dessus les rochers et à travers les marécages,[7] jusqu'au coucher du soleil, qui dans ce pays-ci, est bientôt suivi de l'obscurité. Pendant quelques instants, les nuages entr'ouverts

---

1. *Il ne nous faut ni*, (there is necessary to us,) we need neither.
2. *A quoi servent*, (to what serve,) of what use.
3. *J'étais sorti de grand matin*, I had gone out early in the morning.
4. *Me promener*, to ride; this verb signifies *to go* (in any way) *for exercise or amusement*.
5. *Les laissant entrevoir*, letting them be seen in part.
6. *Boussole*, compass.
7. *A travers les marécages*, across the swamps.

laissaient apercevoir les derniers rayons du soleil, et c' est de ce côté que se dirigea mon cheval; il semblait avoir quelque espoir, et galopait avec ardeur. Enfin, arrivé sur le plateau des falaises[1] qui bordaient la plaine, il s' arrêta tout-à-coup, et son espérance et la mienne s' évanouirent en même temps. Nous n' avions pas d' autre perspective que de passer la nuit sur la montagne. Fatigué et mouillé, et de plus affamé (je n' avais rien pris depuis mon déjeuner,) je descendis de cheval au pied d' un rocher qui m' abrita de la pluie. Il n' y avait[2] pas long-temps que j' occupais ce poste, lorsque j' entendis le cri sauvage et prolongé du chacal et le court hurlement du loup. Ils avaient senti mon cheval, et s' approchaient toujours.[3] Je n' avais point d' armes; je ramassai quelques cailloux, j' en frottai continuellement deux l' un contre l' autre pour produire du feu, et je criai de toutes mes forces. Trois ou quatre loups vinrent tout près de moi; mais je crois que la faim la plus pressante n' étouffe jamais, chez ces animaux, la crainte que leur inspire la voix de l' homme. C' est en cela que mon cheval semblait placer toute sa confiance; il se serrait[4] contre moi, portant le nez au vent; il sentait les bêtes féroces à quelques pas, et il semblait me regarder comme son compagnon d' infortune; il me mordait la main, frottait son museau glacé contre mon visage; ce qui du moins m' empêcha de m' endormir.

89. J' entendais le bruit sourd et monotone de la mer qui battait au pied des énormes falaises; les brouillards m' environnaient de toutes parts, et la lune, perçant un moment leur épaisseur, me fit voir une scène dont je ne peux pas oublier l' aspect sauvage et désolé. L' explosion lointaine du canon de la retraite[5] m' avait annoncé neuf heures. Chaque fois que les brouillards semblaient s' éclaircir, je fixais mes yeux sur le point de l' horizon où devaient se montrer les premières lueurs

1. *Sur le plateau des falaises*, on the table-ground of the cliffs.
2. *Il n' y avait*, etc., I had not long occupied that post.
3. *S' approchaient toujours*, were constantly approaching.
4. *Se serrait*, pressed.
5. *Canon de la retraite*, cannon (a signal) of retiring.

du jour; mais mon attente fut souvent déçue.[1] La lune, qui paraissait emportée sur les nuages comme un frêle esquif, tantôt suspendu au sommet de la vague, tantôt entraîné au fond de l' abîme, répandait une clarté pâle et hideuse sur les rochers grisâtres épars alentour. Quelquefois un voile épais de nuages la cachait à mes yeux, et de nouveau plongé dans l' obscurité, j' écoutais le battement sourd et monotone du ressac.[2] Le hurlement du loup et le cri perçant du chacal m' annoncèrent que la nuit allait[3] bientôt finir; car les animaux sauvages, après avoir rôdé dans le voisinage des habitations, regagnaient leurs retraites. Enfin j' entendis le canon du matin, et jamais aucun son ne fut plus agréable à mon oreille. Les nuages s' éclaircirent, le soleil se leva, les gouttes de pluie brillèrent comme des diamants sur les buissons et les fleurs, et la scène, auparavant sombre et désolée devint[4] en un moment resplendissante de lumière et de beauté. Je montai à cheval, et gravissant[5] un des sommets les plus élevés, je reconnus que j' étais loin du point que j' avais cherché. Mais maintenant, il était jour; les brouillards, suspendus en voiles légers sur les flancs des montagnes, ne m' en dérobaient plus la vue, mais ajoutaient à leur beauté. Ils couvraient le fond de la vallée comme un lac paisible dont la surface semblait réfléchir la voûte du ciel. Est-il étonnant, pensai-je alors, que l' on ait adoré le soleil!

Cette dernière aventure n' était pas précisément agréable, mais j' ai du plaisir à ces promenades solitaires. Les fleurs des champs, les vertes bruyères[6] avec leurs bouquets de pourpre, les oiseaux au[7] plumage éclatant, les lézards craintifs et diversement nuancés qui se glissent entre les fentes des rochers; le caméléon noir dans l' ombre, mais qui reflète la verdure brillante du buisson où il grimpe lentement; tous ces objets sont pour moi une société délicieuse. La vague écumante qui se

1. *Mon attente*, etc., my expectation was many times deceived.
2. *Du ressac*, of the surf.
3. *Allait*, etc., was going to end soon.
4. *Devint*, became; perf. of *devenir*.
5. *Gravissant*, climbing.
6. *Les vertes bruyères*, etc., the green heath, with its clusters of purple.
7. *Les oiseaux*, etc., the birds with brilliant plumage.

brise à mes pieds, les masses de nuages qui volent au-dessus de ma tête, ont pour moi un langage muet, mais éloquent.

Vaines[1] rêveries que tout cela, dites-vous ; mais il y a des moments où je fuis la société pour m' abandonner à ces songes, pour rappeler les vives impressions de mon enfance, dont le souvenir est encore plus réel pour moi que les choses du présent. C' est la scène du matin avec sa lumière brillante et ses ombres[2] fortement dessinées, auprès de laquelle tout ce qui suit paraît effacé, terne[3] et sans vie.

ORAGE D'ÉTÉ.

90. On voit à l' horizon de deux points opposés
Des nuages monter dans les airs embrasés ;[4]
On les voit s' épaissir, s' élever et s' étendre.
D' un tonnerre éloigné le bruit s' est fait entendre ;
Les flots en ont frémi,[5] l' air en est ébranlé,
Et le long du vallon le feuillage a tremblé.
Les monts ont prolongé le lugubre murmure
Dont le son lent[6] et sourd attriste la nature.
Il succède à ce bruit un calme plein d' horreur,
Et la terre en silence attend dans la terreur ;
Des monts et des rochers le vaste amphithéâtre
Disparaît tout-à-coup sous un voile grisâtre ;
Le nuage élargi les couvre de ses flancs ;
Il pèse sur les airs tranquilles et brûlants.
Mais des traits enflammés ont sillonné la nue,
Et la foudre, en grondant,[7] roule dans l' étendue ;
Elle redouble, vole, éclate dans les airs ;
Leur nuit est plus profonde, et de vastes éclairs

---

1. *Vaines*, etc., vain reveries all that you say.
2. *Et ses ombres*, and its strongly marked shadows.
3. *Terne*, dull.
4. *Les airs embrasés*, the burning.
5. *Frémi*, trembled.
6. *Lent*, slow.
7. *En grondant*, muttering.

En[1] font sortir sans cesse un jour pâle et livide.
Du couchant[2] ténébreux s' élance un vent rapide
Qui tourne sur la plaine, et rasant[3] les sillons,
Enlève un sable noir qu' il roule en tourbillons.
Helas ! d' un ciel en feu les globules glacés
Ecrasent, en tombant, les épis renversés ;
Le tonnerre et les vents déchirent les nuages ;
Le fermier de ses champs contemple les ravages,
Et presse dans ses bras ses enfants effrayés.
La foudre éclate, tombe, et des monts foudroyés[4]
Descendent à grand bruit[5] les graviers et les ondes.
Qui courent en torrent sur les plaines fécondes.
O récolte ! ô moisson ! tout périt sans retour :
L' ouvrage de l' année est détruit dans un jour.

LA FEUILLE.

De ta tige détachée,
Pauvre feuille desséchée,
Où vas-tu ?—Je n' en sais rien.
L' orage a brisé le chêne,
Qui seul était mon soutien.
De son inconstante haleine
Le zéphyr ou l' aquilon
Depuis ce jour me promène[6]
De la forêt à la plaine,
De la montagne au vallon.
Je vais où le vent me mène,
Sans me plaindre ou m' effrayer ;
Je vais où va toute chose,
Où va la feuille de rose
Et la feuille de laurier.

---

1. *En*, from it, (i. e. the night.)
2. *Couchant*, the west.
3. *Rasant*, smoothing.
4. *Foudroyés*, thunderstruck.
5. *A grand bruit*, with great noise.
6. *Me promène*, takes me about.

L'ABENAKI.

91. Pendant les dernières guerres de l'Amérique, une troupe de sauvages Abénakis défit[1] un détachement anglais ; les vaincus ne purent[2] échapper à des ennemis plus légers qu'eux à la course, et acharnés[3] à les poursuivre ; ils furent traités avec une barbarie dont il y a peu d'exemples, même dans ces contrées.

Un jeune officier anglais, pressé par deux sauvages qui l'abordaient[4] la hache levée, n'espérait plus se dérober à la mort. Il songea seulement à vendre chèrement sa vie. Dans le même temps, un vieux sauvage, armé d'un arc, s'approche de lui et se dispose à le percer d'une flèche ; mais après l'avoir ajusté, tout d'un coup il abaisse son arc, et court se jeter entre le jeune officier et les deux barbares qui allaient[5] le massacrer ; ceux-ci se retirèrent avec respect.

Le vieillard prit l'anglais par la main, le rassura par ses caresses, et le conduisit à sa cabane, où il le traita toujours avec une douceur qui ne se démentit jamais ;[6] il en fit moins son esclave que son compagnon ; il lui apprit la langue des Abénakis, et les arts grossiers en usage chez ces peuples. Ils vivaient fort contents l'un de l'autre.[7] Une seule chose donnait de l'inquiétude au jeune anglais : quelquefois le vieillard fixait les yeux sur lui, et après l'avoir regardé, il laissait tomber des larmes.

Cependant, au retour du printemps, les sauvages reprirent[8] les armes, et se mirent en campagne.

Le vieillard qui était encore assez robuste pour supporter les fatigues de la guerre, partit avec eux, accompagné de son prisonnier.

---

1. *Défit*, perf. of *défaire*.
2. *Purent*, perf. of *pouvoir*.
3. *Acharnés*, relentless.
4. *L'abordaient*, etc., were approaching him with lifted hatchet.
5. *Allaient*, were going.
6. *Ne se démentit jamais*, never failed.
7. *L'un de l'autre*, with each other.
8. *Reprirent*, from *reprendre*.

Les Abénakis firent une marche de plus de deux cents lieues à travers les forêts ; enfin, ils arrivèrent à une plaine où ils découvrirent un camp d' anglais. Le vieux sauvage le fit voir[1] au jeune homme en observant sa contenance.

Voilà[2] tes frères, lui dit-il, les voilà qui nous attendent pour nous combattre. Ecoute ; je t' ai sauvé la vie, je t' ai appris à faire un canot, un arc, des flèches, à surprendre l' orignal[3] dans la forêt, à manier la hache et à enlever la chevelure à l' ennemi. Qu' étais-tu, lorsque je t' ai conduit dans ma cabane ? tes mains étaient celles d' un enfant, elles ne servaient ni à te nourrir, ni à te défendre ; ton âme était dans la nuit, tu ne savais rien ; tu me dois tout ; seras-tu assez ingrat pour te réunir à tes frères et pour lever la hache contre nous ?

92. L' anglais protesta qu' il aimait mieux perdre mille fois la vie, que de verser le sang d' un Abénaki.

Le sauvage mit les deux mains sur son visage en baissant la tête ; et après avoir été quelque temps dans cette attitude, il regarda le jeune anglais, et lui dit d' un ton mêlé de tendresse ; As-tu un père ? Il vivait encore,[4] dit le jeune homme, lorsque j' ai quitté ma patrie. Oh ! qu' il est[5] matheureux ! s' écrie le sauvage ; et, après un moment de silence, il ajouta ; Sais-tu que j' ai été père ? Je ne le suis plus.[6] J' ai vu mon fils tomber dans le combat, il était à mon côté, je l' ai vu mourir en homme ;[7] il était couvert de blessures quand il est tombé.[8] Mais je l' ai vengé ! Il prononça ces mots avec force. Tout son corps tremblait. Il était presque étouffé des gémissements qu' il ne voulait pas laisser échapper. Ses yeux étaient égarés,[9] ses larmes ne coulaient pas. Il se calma peu à peu, et se tournant vers l' orient où le soleil allait[10] se lever, il dit au jeune anglais : Vois-tu ce beau ciel resplendis-

1. *Le fit voir*, etc., (made see it to the young man,) pointed it out to the young man.
2. *Voilà*, etc., there are thy brethren, said he, there are they, etc.
3. *L' orignal*, the elk.
4. *Il vivait encore*, he was still living.
5. *Qu' il est*, etc., how unhappy he is !
6. *Je ne le suis plus*, I am (it) so no more.
7. *En homme*, as a man.
8. *Est tombé*, fell ; *tomber* commonly takes *être* for its auxiliary.
9. *Egarés*, wandering.
10. *Allait*, etc., was going to rise.

sant de lumière? As-tu du plaisir à le regarder? Oui, dit l'anglais, j'ai du plaisir à regarder ce beau ciel. Eh bien!—je n'en ai plus, dit le sauvage, en versant un torrent de larmes. Un moment après, il montre au jeune homme un manglier qui était en fleurs. Vois-tu ce bel arbre, lui dit-il? as-tu du plaisir à le regarder? Oui, j'ai du plaisir à le regarder. Je n'en ai plus, reprit le sauvage avec précipitation; et il ajouta tout de suite. Pars,[1] va[2] dans ton pays, afin que ton père ait encore du plaisir à voir le soleil qui se lève, et les fleurs du printemps.

A. M. DE COULANGES.

93. Je m'en vais vous mander[3] la chose la plus étonnante, la plus surprenante, la plus merveilleuse, la plus miraculeuse, la plus triomphante, la plus étourdissante, la plus inouïe, la plus singulière, la plus extraordinaire, la plus incroyable, la plus imprévue, la plus grande, la plus petite, la plus rare, la plus commune, la plus éclatante, la plus secrète jusqu'aujourd'hui, la plus digne d'envie; enfin une chose dont on ne trouve qu'un exemple dans les siècles passés, encore cet exemple n'est-il pas juste;[4] une chose que nous ne pouvons croire à Paris, comment la peut-on croire à Lyons? une chose qui fait crier miséricorde à tout le monde; une chose qui comble de joie madame de Rohan et madame de Hauteville; une chose enfin qui se fera[5] dimanche; où ceux qui la verront croiront avoir la berlue;[6] une chose qui se fera dimanche, et qui ne sera peut-être pas faite lundi. Je ne puis me résoudre à vous la dire, devinez-la; je vous la donne en trois.[7] Jetez-vous votre langue aux chiens?

---

1. *Pars*, imperative of *partir*.
2. *Va*, imperative of *aller*.
3. *Nous mander*, to write you.
4. *N'est-il pas juste*, is not exact.
5. *Se fera*, will take place.
6. *Avoir la berlue*, that they have dimness of sight.
7. *Je vous le donne en trois*, (I give it to you in three,) I give you three guesses.

Hé bien! il faut donc vous le dire: M. de Lauzun épouse dimanche au Louvre, devinez qui. Je vous le donne en quatre, je vous le donne en dix, je vous le donne en cent. Madame de Coulanges dit: Voilà qui est bien difficile à deviner! c'est madame de la Vallière. Point du tout, vous êtes bien provinciale! Ah, vraiment nous sommes bien bêtes! dites vous, c'est mademoiselle Colbert—Encore moins. C'est assurément mademoiselle de Créqui. Vous n'y êtes pas. Il faut donc à la fin vous le dire. Il épouse dimanche, au Louvre, avec la permission du roi, mademoiselle . . . mademoiselle . . . de, devinez le nom; il épouse dimanche Mademoiselle, fille de feu[1] Monsieur; Mademoiselle, petite-fille de Henri IV.; mademoiselle d'Eu, mademoiselle de Dombes, mademoiselle de Montpensier; mademoiselle d'Orléans; Mademoiselle cousine germaine du roi; Mademoiselle, destinée au trône; Mademoiselle le seul parti de France,[2] digne de Monsieur.

Voilà un beau sujet de discourir. Si vous criez, si vous êtes hors de vous-mêmes, si vous dites que nous avons menti, que cela est faux, qu'on se moque de vous, que voilà une belle raillerie,[3] que cela est bien fade à imaginer; si enfin vous nous dites des injures, nous trouverons que vous avez raison; nous en avons fait autant que vous; adieu. Les lettres qui seront portées par cet ordinaire,[4] vous feront voir si nous disons vrai ou non.

LE CHIEN DE BRISQUET.

94. Le chien de Brisquet? . . . Hélas! ce n'est qu'un chien; mais c'est un chien, un véritable chien, dont l'histoire ne contient ni descriptions inutiles, ni discours aux périodes

1. *De feu*, of the late.
2. *Le seul parti*, the only match.
3. *Voilà une belle raillerie*, that is a fine jest.
4. *Ordinaire*, mail.

sonores,[1] ni combinaisons dramatiques, ni artifices de mots ; son histoire, c' est tout bonnement l' histoire du chien de Brisquet, —et cette histoire,—la voici.[2]

Monseigneur,—en notre forêt de Lyons, vers le hameau de la Goupillière, tout près d' un grand puits-fontaine, il y avait un bonhomme, bûcheron[3] de son état, qui s' appelait Brisquet, ou autrement le fendeur à la bonne hache,[4] et qui vivait pauvrement du produit de ses fagots, avec sa femme qui s' appelait Brisquette. Le bon Dieu leur avait donné deux jolis petits enfants, un garçon de sept ans qui était brun, et qui s' appelait Biscotin, et une blondine[5] de six ans, qui s' appelait Biscotine. Outre cela, ils avaient un chien à poil frisé, noir partout le corps, si ce n' est[6] au museau qu' il avait couleur de feu ; et c' était bien le meilleur chien du pays pour son attachement à ses maîtres.

On l' appelait la Bichonne, peut-être parce que c' était une chienne.

Vous souvenez-vous du temps où il vint tant de loups dans la forêt de Lyons ? C' était dans l' année des grandes neiges, que les pauvres gens eurent si grand' peine[7] à vivre. Ce fut une terrible désolation dans le pays. Brisquet qui allait toujours à sa besogne,[8] et qui ne craignait pas les loups, à cause de sa bonne hache, dit un matin à Brisquette ; " Femme, je vous prie de ne laisser sortir ni Biscotin, ni Biscotine, tant que M. le grand-louvetier[9] ne sera pas venu. Ils ont assez de quoi[10] marcher entre la butte et l' étang, depuis que j' ai planté des piquets le long de l' étang pour les préserver d' accident. Je vous prie aussi, Brisquette, de ne pas laisser sortir la Bichonne, qui ne demande qu' à trotter." Brisquet disait tous les matins la même chose à Brisquette. Un soir, il n' arriva pas à l' heure ordinaire. Brisquette venait sur le pas de la

1. *Aux périodes sonores*, with sounding periods.
2. *La voici*, this is it.
3. *Bûcheron*, wood-cutter.
4. *A la bonne hache*, with the good ax.
5. *Blondine*, one of fair complexion.
6. *Si ce n' est*, etc., except at the snout.
7. *Grande* sometimes omits the final *e* before a consonant.
8. *Besogne*, work.
9. *Louvetier*, (public,) wolf-hunter.
10. *Assez de quoi*, sufficient space.

porte, rentrait, ressortait, et disait en se croisant les mains: "Mon Dieu, qu' il est attardé!" . . . Et puis elle sortait encore, en criant; "Eh! Brisquet!" Et la Bichonne lui sautait jusqu' aux épaules, comme pour lui dire: N' irai-je pas? Paix! lui dit Brisquette. "Ecoute, Biscotine, va jusqu' à la butte, pour voir si ton père ne revient pas. Et toi, Biscotin, suis[1] le chemin le long de l' étang; en prenant bien garde[2] s' il n' y a pas de piquets qui manquent, et crie fort: Brisquet! Brisquet! . . . Paix! la Bichonne!" Les enfants allèrent, allèrent, et quand ils se furent rejoints[3] à l' endroit où le sentier de l' étang vient couper celui de la butte; "Mordienne, dit Biscotin, je retrouverai notre pauvre père, ou les loups m' y mangeront." "Pardienne," dit Biscotine, "ils m' y mangeront bien aussi."

95. Pendant ce temps-là, Brisquet était revenu par le grand chemin de Puchay, en passant à la Croix-aux-Anes, sur l' abbaye de Mortemer, parce qu' il avait une hottée de cotrets[4] à fournir chez Jean Paquier. "As-tu vu nos enfants?" lui dit Brisquette. "Nos enfants?" dit Brisquet, "nos enfants? Mon Dieu! sont-ils sortis?" "Je les ai envoyés à ta rencontre,[5] jusqu' à la butte et à l' étang, mais tu as pris par un autre chemin." Brisquet ne posa pas[6] sa bonne hache. Il se mit à courir du côté de la butte. La Bichonne était déjà bien loin. Elle était si loin, que Brisquet la perdit bientôt de vue. Et il avait beau[7] crier: "Biscotin, Biscotine!" on ne lui répondait pas. Alors, il se prit[8] à pleurer, parce qu' il s' imagina que ses enfants étaient perdus. Après avoir couru long-temps, long-temps, il lui sembla reconnaître la voix de la Bichonne. Il marcha droit dans le fourré,[9] à l' endroit où il l' avait entendue, et il y entra sa bonne hache levée. La

1. *Suis*, imperative of *suivre*.
2. *En prenant bien garde*, taking good care.
3. *Se furent rejoints*, had rejoined each other.
4. *Hottée de cotrets*, a basket-full of fagots.
5. *A ta rencontre*, (to thy meeting,) to meet thee.
6. *Ne posa pas*, did not put away.
7. *Il avait beau crier*, it was in vain for him to cry. See Less. 136, p. 297.
8. *Se prit*, etc., he began to weep.
9. *Fourré*, thicket.

Bichonne était arrivée là, au moment où Biscotin et Biscotine allaient être dévorés par un gros loup. Elle s' était jetée[1] devant en aboyant, pour que ses abois avertissent Brisquet. Brisquet, d' un coup de sa bonne hache, renversa le loup roide mort,[2] mais il était trop tard pour la Bichonne : elle ne vivait déjà plus.

Brisquet, Biscotin et Biscotine rejoignirent Brisquette. C' était une grande joie, et cependant tout le monde pleura.

Brisquet enterra le Bichonne au fond de son petit enclos sous une grosse pierre, sur laquelle le maître d' école écrivit en latin :

C' est ici qu' est la Bichonne,
Le pauvre chien de Brisquet.

Et c' est depuis ce temps-là qu' on dit en commun proverbe ; Malheureux comme le chien à Brisquet, qui n' alla qu' une fois au bois, et que le loup mangea.

LES CHÂTEAUX EN ESPAGNE,[3]

96. Alnascar à la mort de son père, se trouva possesseur de cent dragmes d' argent. Il se consulta long-temps lui-même sur l' usage qu' il devait en faire[4] ; il se détermina enfin à les employer en verres, en bouteilles et autres pièces de verrerie, qu' il alla chercher chez un marchand en gros.[5] Il mit le tout dans un panier, et choisit une fort petite boutique, où il s' assit,[6] le panier devant lui, et le dos appuyé contre le mur, il attendit des acheteurs. Dans cette attitude, les yeux attachés sur son panier, il se mit à rêver, et dans sa rêverie, il prononça tout haut les paroles suivantes : " Ce panier me coûte cent dragmes, et c' est tout ce que j' ai au monde. J' en ferai bien deux cents

---

1. *S' était jetée*, had cast herself.
2. *Roide mort*, (stiff dead,) stone dead.
3. *Les châteaux en Espagne*, castles in Spain, (equivalent to the English) castles in the air.
4. *Devait en faire*, should make of them.
5. *Marchand en gros*, a wholesale merchant.
6. *S' assit*, perf. of *s' asseoir*.

dragmes en le vendant en détail,[1] et de ces deux cents dragmes que j' emploierai encore en verrerie, j' en ferai quatre cents. Ainsi j' amasserai, par la suite du temps,[2] quatre mille dragmes. De quatre mille dragmes j' irai aisément jusqu' à huit. Quand j' en aurai dix mille, je laisserai aussitôt la verrerie pour me faire joaillier. Je ferai commerce de diamants, de perles, et de toutes sortes de pierreries. Possédant alors des richesses à souhait,[3] j' achèterai une belle maison, de grandes terres, des esclaves, des chiens, des chevaux ; je ferai bonne chère,[4] et du bruit dans le monde. Je ferai venir chez moi tout ce qui se trouvera dans la ville de joueurs d' instruments, de chanteurs, et de danseurs. Je n' en demeurerai pas là,[5] et j' amasserai, s' il plaît à Dieu, jusqu' à cent mille dragmes.

Lorsque je me verrai riche de cent mille dragmes, je m' estimerai autant qu' un prince, et j' enverrai demander en mariage la fille du grand-visir, en faisant représenter à ce ministre que j' aurai entendu dire des merveilles de la beauté, de la sagesse, de l' esprit, et de toutes les autres qualités de sa fille ; et enfin que je lui donnerai mille pièces d' or le jour de notre mariage. Dès que j' aurai épousé la fille du grand-visir, je lui achèterai dix beaux esclaves noirs. Je m' habillerai comme un prince ; et monté sur un beau cheval, je marcherai par la ville, accompagné d' esclaves devant et derrière moi, et me rendrai à l' hôtel du visir aux yeux des grands et des petits qui me feront de profondes révérences.

97. En descendant chez le visir au pied de son escalier, je monterai au milieu de mes gens rangés en deux files à droite et à gauche ; et le grand-visir, en me recevant comme son gendre, me cèdera sa place, et se mettra au-dessous de moi pour me faire plus d' honneur. Si cela arrive, comme je l' espère, deux de mes gens auront chacun une bourse de mille pièces d' or que je leur aurai fait apporter. J' en prendrai une, et la

---

1. *En détail*, at retail.
2. *Par la suite*, etc., in process of time.
3. *A souhait*, according to my wishes.
4. *Je ferai bonne chère*, (good cheer) I will fare well.
5. *Je n' en demeurerai pas là*, I will not stop there.

lui présentant: "Voilà," lui dirai-je, les mille pièces d'or que j'ai promises." En lui offrant l'autre: "Tenez," ajouterai-je, "je vous en donne encore autant, pour vous marquer que je suis homme de parole,[1] et que je donne plus que je ne promets."[2]

Après une action comme celle-là, on ne parlera dans le monde que de ma générosité. Je reviendrai chez moi avec la même pompe. Enfin, il n'y aura pas de maison mieux réglée que la mienne. Lorsque je serai chez moi avec ma femme, je serai assis à la place d'honneur, où j'affecterai un air grave, sans tourner la tête à droite ou à gauche. Je parlerai peu; et pendant que ma femme, belle comme la pleine lune, demeurera debout devant moi avec tous ses atours, je ne ferai semblant de la voir. Ses femmes qui seront autour d'elle, me diront: Notre cher seigneur et maître, voilà votre épouse; elle est bien mortifiée de ce que[3] vous ne daignez pas seulement la regarder; elle est fatiguée d'être si long-temps debout; dites-lui au moins de s'asseoir." Je ne répondrai rien à ce discours, ce qui augmentera leur surprise et leur douleur. Elles se jetteront à mes pieds, et alors fatigué de leurs prières, je leur lancerai un regard terrible, en les repoussant du pied si vigoureusement, qu'elles iront tomber bien loin au-delà du sofa.

Alnascar était tellement absorbé dans ses visions chimériques, qu'il représenta l'action avec son pied, comme si elle eût été réelle, et par malheur il en frappa[4] si rudement son panier plein de verrerie, qu'il le jeta du haut de sa boutique dans la rue, de manière que toute la verrerie fut brisée en mille morceaux.

---

1. *Je suis homme de parole*, I am (a man of my word) as good as my word.
2. *Plus que je ne ne promets*, more than I promise; for the use of *ne* see Less. 45.
3. *De ce que*, etc., that you do not deign even to look at her.
4. *Il en frappa*, he struck with it, (i. e., with his foot.)

DIEU ET SA PUISSANCE.

C' EST Dieu qui du néant a tiré l' univers ;
C' est lui qui sur la terre a répandu les mers ;
Qui de l' air étendit les humides contrées ;[1]
Qui sema de brillants les voûtes azurées,
Qui fit naître la guerre[2] entre les éléments,
Et qui régla des cieux[3] les divers mouvements.
La terre à son pouvoir rend un muet hommage ;
Les rois sont ses sujets, le monde est son partage
Si l' onde est agitée, il la peut affermir ;
S' il querelle les vents, ils n' osent plus frémir ;
S' il commande au soleil, il arrête sa course ;
Il est maître de tout, comme il en est la source.

LE GASCON INDUSTRIEUX.

98. UN gascon se trouvait au port de la Brille, prêt à s' embarquer dans un paquebot qui allait partir pour l' Angleterre. Il y mit sa valise, qui n' était pas des plus pesantes, et entra dans un cabaret[4] pour se rafraîchir. Il s' y arrêta un peu trop, car le paquebot partit sans lui par un vent favorable. Ce ne fut qu' une demi-heure après qu' il apprit son départ. Mais ayant fait de grands projets de fortune, qui devaient s' exécuter[5] en Angleterre, il loua le canot d' un patron du port, qui à force de voiles lui promit d' atteindre le paquebot. A peine notre gascon fut-il en pleine mer, qu' une violente averse survint qui le perça jusqu' aux os. Il essuya[6] la tempête avec une con-

1. *Humides contrées*, moist regions.
2. *Fit naître la guerre*, made wars arise.
3. *Des cieux*, etc., the various movements of the heavens.
4. *Cabaret*, tavern.
5. *Qui devaient s' exécuter*, which were (to execute themselves) to be executed.
6. *Il essuya*, he endured.

stance plus que stoïque. Enfin il atteignit le paquebot. Semblable à un écureuil il grimpa l' échelle de corde. Il faisait une nuit noire et la barque disparut dans l' ombre. Voici le compliment que fit le gascon en entrant dans la cahute : "Dieu vous garde, Messieurs ; cadédis,[1] il faut être bon nageur pour vous atteindre ; mais vous ne pouviez m' échapper, et je nageais dans cette confiance-là." La hardiesse du gascon tout trempé d' eau en imposa[2] à l' équipage, et l' on admira l'habileté et le courage d' un tel nageur. Un lord surtout, qui était parmi les voyageurs, se récria sur son talent. Il se proposa de faire l' acquisition du personnage, pour le mettre aux prises[3] avec le more[4] d' un autre lord, qui passait pour le premier nageur du monde, et qui avait vaincu tous ceux qui avaient voulu lui disputer cette gloire.

99. Ces sortes de divertissements donnent lieu en Angleterre à beaucoup de paris. A peine notre lord fut-il arrivé à Londres, qu' il défia[5] le lord, maître du more nageur. Il fit un pari de mille guinées en faveur du gascon nageur, qui n' avait jamais mis le pied dans l' eau, pas même pour se baigner. Le jour est pris pour cette expédition. Le gascon est lui-même le trompette de la victoire qu' il se flatte de remporter. Déjà le more et lui se trouvaient[6] sur le bord de la Tamise, l' un et l' autre dans un équipage leste,[7] prêts à se jeter dans l' eau, et une foule de spectateurs oisifs s' étaient assemblés, qui pariaient en particulier, les uns pour le more, les autres pour le gascon. Le gascon avait à côté de lui une caisse de liège[8] qu' il attacha sur son dos. Le more lui demanda l' usage qu' il en prétendait faire. Sandis,[9] reprit-il, je n' y ai mis que quelques bouteilles de vin, une demi-douzaine de saucissons et une miche de pain. J' allais vous demander où vous portiez vos vivres. Car pour moi je vais nager tout droit par la Ta-

1 *Cadédis*, a Gascon exclamation.
2. *En imposa*, imposed.
3. *Le mettre aux prises*, to put him in strife.
4. *More*, a Moor.
5. *Défia*, challenged.
6. *Se trouvaient*, (found themselves) were.
7. *Leste*, light.
8. *Liège*, cork.
9. *Sandis*, (a Gascon exclamation.)

mise dans la mer, et à travers le canal dans l'Océan jusqu'à Cadiz, et, selon moi, on ne s'arrêtera point en route, parce qu'après-demain je dois être de retour à Brille. Mais demain en arrivant au cheval blanc[1] à Cadiz, je vais commander un bon repas, qui sera prêt à votre arrivée. Le more le regarda avec des yeux où se peignaient l'étonnement et la surprise, et le gascon parlant d'un ton très-résolu, qui semblait promettre, qu'il pouvait tenir plus qu'il ne disait, épouvantait totalement le more. Je ne veux point me commettre avec cet homme-là, dit-il à son maître, pour aller me perdre infailliblement. Ainsi il laissa perdre le pari à son maître, et ne voulut point nager avec le gascon, nonobstant les reproches dont on l'accabla.

L'ARABE ET SON CHEVAL.

100. Un arabe et sa tribu avaient attaqué dans le désert la caravane de Damas; la victoire était complète, et les Arabes étaient déjà occupés à charger leur riche butin, quand les cavaliers du pacha d'Acre, qui venaient à la rencontre[2] de cette caravane, fondirent à l'improviste[3] sur les Arabes victorieux, en tuèrent un grand nombre, firent les autres prisonniers, et, les ayant attachés avec des cordes, les emmenèrent à Acre pour en faire présent au pacha. Abou-el-Marsch, c'est le nom de cet arabe, avait reçu une balle dans le bras pendant le combat; comme sa blessure n'était pas mortelle, les Turcs l'avaient attaché sur un chameau, et s'étant emparés[4] du cheval, emmenaient le cheval et le cavalier. Le soir du jour où ils devaient entrer à Acre, ils campèrent avec leurs prisonniers dans les montagnes de Jaffa; l'arabe blessé avait les jambes liées ensemble par une courroie de cuir, et était étendu

1. *Au cheval blanc*, at the (sign of the) white horse.
2. *A la rencontre*, (to the meeting) to meet.
3. *A l'improviste*, on a sudden.
4. *S'étant emparés*, having possessed themselves.

près de la tente où couchaient les Turcs. Pendant la nuit, tenu éveillé[1] par la douleur de sa blessure, il entendit hennir son cheval parmi les autres chevaux entravés[2] autour des tentes, selon l' usage des Orientaux ; il reconnut sa voix, et ne pouvant résister au désir d' aller parler encore une fois au compagnon de sa vie, il se traîna péniblement sur la terre, à l' aide de ses mains et de ses genoux, et parvint[3] jusqu' à son coursier. " Pauvre ami, lui dit-il, que feras-tu parmi les Turcs ? Tu seras emprisonné sous les voûtes d' un kan avec les chevaux d' un aga ou d' un pacha ; les femmes et les enfants ne t' apporteront plus le lait du chameau, l' orge ou le doura dans le creux de la main[4] ; tu ne courras plus libre dans le désert, comme le vent d' Egypte, tu ne fendras plus du poitrail l' eau du Jourdain qui rafraîchissait ton poil aussi blanc que ton écume ; qu' au moins, si je suis esclave, tu restes[5] libre ! Tiens, va, retourne à la tente que tu connais ; va dire à ma femme qu' Abou-el-Marsch ne reviendra plus, et passe ta tête entre les rideaux de la tente pour lécher la main de mes petits enfants." En parlant ainsi, Abou-el-Marsch avait rongé avec ses dents la corde de poil de chèvre qui sert d' entraves aux chevaux arabes, et l' animal était libre ; mais voyant son maître blessé et enchaîné à ses pieds, le fidèle et intelligent coursier comprit, avec son instinct, ce qu' aucune langue ne pouvait lui expliquer ; il baissa la tête, flaira son maître, et le saisissant avec les dents par la ceinture de cuir qu' il avait autour du corps, il partit au galop, et l' emporta jusqu' à ses tentes. En arrivant et en jetant son maître sur le sable aux pieds de sa femme et de ses enfants, le cheval expira de fatigue. Toute la tribu l' a pleuré ; les poètes l' ont chanté, et son nom est constamment dans la bouche des Arabes de Jéricho.

---

1. *Tenu éveillé*, kept awake.
2. *Entravés*, fettered.
3. *Parvint*, perf. of *parvenir*.
4. *Le creux de la main*, in the hollow of the hand.
5. *Que—tu restes*, may you remain.

THE CONDITIONAL MOOD is translated with *should* or *would* in English, and is formed by changing RAI of the first person singular of the future into the following terminations.

RAIS, RAIT, RIONS, RIEZ, RAIENT.

Thus, *j' aurai*, I shall have, makes

j' aurais,	*tu aurais*,	*il aurait*,
I should have,	thou shouldst have,	he should have,
nous aurions,	*vous auriez*,	*ils auraient*,
we should have,	you should have,	they should have.

je serai, I shall be, makes

je serais,	*tu serais*,	*il serait*,
I should be,	thou shouldst be,	he should be,
nous serions,	*vous seriez*,	*ils seraient*,
we should be,	you should be,	they should be.

j' irai, I shall go, makes

j' irais,	*tu irais*,	*il irait*,
I would go,	thou wouldst go,	he would go,
nous irions,	*vous iriez*,	*ils iraient*,
we would go,	you would go,	they would go.

je trouverai, I shall find, makes

je trouverais,	*tu trouverais*,	*il trouverait*,
I should find,	thou wouldst find,	he would find,
nous trouverions,	*vous trouveriez*,	*ils trouveraient*,
we should find,	you would find,	they would find.

MA MAISON, MES AMIS,

MES PLAISIRS A LA CAMPAGNE SI J'ETAIS RICHE.

101. JE n' irais pas me bâtir une ville à la campagne, et mettre au fond d' une province les Tuileries devant mon appartement. Sur le penchant de quelque colline bien ombragée, j' aurais une petite maison rustique, une maison blanche avec des contrevents verts ; et quoiqu' une couverture de chaume soit en toute saison la meilleure, je préfèrerais magnifiquement,[1] non la triste ardoise, mais la tuile, parce qu' elle a l' air plus

1 *Magnifiquement*, (magnificently,) for elegance.

propre et plus gai que le chaume, qu' on[1] ne couvre pas autrement les maisons dans mon pays, et que cela me rappellerait un peu l' heureux temps de ma jeunesse. J' aurais pour cour une basse-cour, et pour écurie un étable avec des vaches, pour avoir du laitage que j' aime beaucoup. J' aurais un potager pour jardin, et pour parc un joli verger. Les fruits, à la discrétion des promeneurs, ne seraient ni comptés[2] ni cueillis par mon jardinier, et mon avare magnificence n' étalerait point aux yeux des espaliers superbes auquels à peine on oserait toucher. Or, cette petite prodigalité serait peu coûteuse, parce que j' aurais choisi mon asile dans quelque province éloignée où règnent l' abondance et la pauvreté.

Là je rassemblerais une société plus choisie que nombreuse. L' exercice et la vie active nous feraient un nouvel estomac et de nouveaux goûts. Tous nos repas seraient des festins, où l' abondance plairait plus que la délicatesse. La gaieté, les travaux rustiques, les folâtres jeux,[3] sont les premiers cuisiniers du monde, et les ragoûts fins sont bien ridicules à des gens en haleine[4] depuis le lever du soleil. Le service n' aurait pas plus d' ordre que d' élégance ; la salle à manger[5] serait partout, dans le jardin, dans un bateau, sous un arbre, quelquefois au loin, près d' une source vive, sur l' herbe verdoyante et fraîche, sous des touffes d' aunes et de coudriers ; une longue procession de gais convives porterait en chantant l' apprêt du festin ; on aurait le gazon pour table et pour chaises ; les bords de la fontaine serviraient de buffet,[6] et le dessert pendrait aux arbres. Point d' importuns laquais épiant nos discours, critiquant tout bas[7] nos maintiens, comptant nos morceaux d' un œil avide, s' amusant à nous faire attendre à boire, et murmurant d' un trop long dîner. Nous serions nos valets, pour être nos maîtres ; chacun serait servi par tous ; le temps passerait sans le compter, le repas serait le repos et durerait autant

---

1. *Qu' on*, because they, etc.
2. *Ni comptés*, neither counted nor gathered.
3. *Les travaux rustiques, les folâtres jeux*, rural labors, sportive games.
4. *En haleine*, (in breath) in exercise.
5. *Salle à manger*, dining-room.
6. *Buffet*, side-board.
7. *Tout bas*, (softly) unheard.

que l' ardeur du jour. S' il passait près de nous quelque paysan retournant au travail, ses outils sur l' épaule, je lui réjouirais le cœur par quelques bons propos, par quelques coups[1] de bon vin qui lui feraient porter plus gaiement sa misère ; et moi j' aurais aussi le plaisir de me sentir émouvoir un peu les entrailles,[2] et de me dire en secret : " Je suis encore homme."

Si quelque fête champêtre rassemblait les habitants du lieu, j' y serais des premiers avec ma troupe. Si quelques mariages, plus bénis du ciel que ceux des villes, se faisaient à mon voisinage, on saurait que j' aime la joie, et j' y serais invité. Je porterais à ces bonnes gens quelques dons simples comme eux, qui contribueraient à la fête, et j' y trouverais en échange des biens d' un prix inestimable, des biens si peu connus de mes égaux, la franchise et le vrai plaisir. Je souperais gaiement au bout de leur longue table ; j' y ferais chorus au refrain[3] d' une vieille chanson rustique, et je danserais dans leur grange de mielleur cœur qu' au bal de l' Opéra.

ESPRIT ET BON SENS.

102. Le président de Montesquieu et lord Chesterfield se rencontrèrent faisant l' un et l' autre le voyage d' Italie. Ces hommes étaient faits pour se lier[4] promptement ; aussi la liaison entre eux fut-elle bientôt faite. Ils allaient toujours disputant sur les prérogatives des deux nations. Le lord accordait au président que les Français ont plus d' esprit que les Anglais, mais qu' en revanche[5] ils n' ont pas le sens commun. Le président convenait du fait ; seulement, selon lui il n' y avait pas comparaison à faire entre l' esprit et le bon sens. Il y avait déjà plusieurs jours que la dispute durait ; ils étaient à Venise.

---

1. *Coups*, draughts.
2. *Entrailles*, feelings.
3. *Au refrain*, etc., to the burden of an ancient rural song.
4. *Se lier*, to become attached to each other.
5. *En revanche*, in return.

Le président se répandait[1] beaucoup, allait partout, voyait tout, interrogeait, causait, et le soir tenait régistre des observations qu' il avait faites. Il y avait une heure ou deux qu' il était rentré et qu' il était à son occupation ordinaire, lorsqu' un inconnu se fit annoncer. C' était un français assez mal vêtu, qui lui dit : Monsieur, je suis votre compatriote. Il y a vingt ans que je vis ici[2] ; mais j' ai toujours gardé de l' amitié pour les Français et je me suis cru quelquefois trop heureux de trouver l' occasion de les servir, comme je l' ai aujourd' hui avec vous. On peut tout faire dans ce pays, excepté se mêler des affaires d' Etat. Un mot inconsidéré sur le gouvernement coûte la tête, et vous en avez déjà dit plus de mille. Les inquisiteurs d' état ont les yeux ouverts sur votre conduite ; on vous épie, on suit tous vos pas, on tient note de tous vos projets ; on ne doute point que vous n' écriviez.[3] Je sais de source certaine qu' on doit peut-être aujourd' hui, peut-être demain faire chez vous une visite. Voyez, Monsieur, si en effet vous avez écrit, et songez qu' une ligne innocente mal interprétée, vous coûterait la vie. Voilà tout ce que j' ai à vous dire, j' ai l' honneur de vous saluer. Si vous me rencontrez dans les rues, je vous demande, pour toute récompense d' un service que je crois de quelque importance, de ne pas me reconnaître, et si par hasard il était trop tard pour vous sauver, de ne pas me dénoncer.[4] " " Cela dit, mon homme disparut et laissa le président de Montesquieu dans la plus grande consternation.

103. Son premier mouvement fut d' aller bien vite à son secrétaire, de prendre les papiers et de les jeter dans le feu. A peine cela fut-il fait que lord Chesterfield rentra. Il n' eut pas de peine à reconnaître le trouble terrible de son ami ; il s' informa de ce qui pouvait lui être arrivé. Le président lui rend compte de l' ordre qu' il avait donné de tenir prête sa

---

1. *Se répandait*, went much into society.
2. *Il y a vingt ans que je vis ici*, I have lived here twenty years. See Less. 61.
3. *Que vous n' écriviez*, that you are writing ; for the use of *ne*, see Less. 91.
4. *De ne pas me dénoncer*, not to inform against me ; for *ne* and *pas* before the verb, see Less. 74, page 132.

chaise de poste pour trois heures du matin ; car son dessein était de s' éloigner sans délai d' un séjour où, un moment de plus ou de moins pouvait lui être si funeste. Lord Chesterfield l' écouta tranquillement, et lui dit ; " Voilà qui est bien,[1] mon cher président ; mais remettons-nous[2] pour un instant, et examinons ensemble votre aventure à tête reposée.[3] Vous vous moquez, lui dit le président. Il est impossible que ma tête se repose où elle ne tient qu' à un fil. Mais qu' est-ce que cet homme qui vient si généreusement s' exposer au plus grand péril, pour vous en garantir ? Cela n' est pas naturel. Français tant qu' il vous plaira,[4] l' amour de la patrie ne fait point faire de ces démarches périlleuses, et surtout en faveur d' un inconnu. Cet homme n' est pas votre ami ? Non. Il était mal vêtu ? Oui, fort mal. Vous a-t-il demandé de l' argent, un petit écu pour prix de son avis ? Oh ! pas une obole. Cela est encore plus extraordinaire ; mais d' où sait-il tout ce qu' il vous a dit ? Ma foi, je n' en sais rien. Des inquisiteurs, d' eux-mêmes. Outre que ce conseil est le plus secret qu' il y ait au monde, cet homme n' est pas fait pour en approcher. Mais c' est peut-être un des espions qu' ils emploient. A d' autres ! On prendra pour espion un étranger, et cet espion sera vêtu comme un gueux, en faisant une profession assez vile pour être bien payée, et cet espion trahira ses maîtres pour vous, au hasard d' être étranglé si l' on vous prend et que vous le dénonciez, si vous vous sauvez et que l' on soupçonne qu' il vous ait averti ! Chanson que tout cela,[5] mon ami. Mais qu' est-ce donc que ce peut être ? Je le cherche, mais inutilement."

104. Après avoir l' un et l' autre épuisé toutes les conjectures possibles, et le président persistant à déloger au plus vite, et cela pour le plus sûr, lord Chesterfield, après s' être un peu promené, s' être frotté le front comme un homme à qui il vient une pensée profonde, s' arrêta tout court et dit : " Prési-

1. *Voilà qui est bien*, that is well.
2. *Remettons-nous*, let us sit down.
3. *A tête reposée*, (with quiet head) calmly.
4. *Français* etc., Frenchman as much as you please.
5. *Chanson que tout cela*, (a song all that) that is all nothing.

dent, attendez, mon ami ; il me vient une idée, mais .... si .... par hasard .... cet homme ... Eh bien ! cet homme ? Si cet homme ... oui, cela pourrait bien être, cela est même,[1] je n' en doute plus. Mais qu' est-ce que cet homme ? Si vous le savez, dépêchez-vous vite de me l' apprendre. Si je le sais ! Oh ! oui, je crois le savoir à présent ... Si cet homme vous avait été envoyé par ... Epargnez, s' il vous plaît ! Par un homme qui est malin quelquefois, par un certain lord Chesterfield, qui aurait voulu vous prouver par expérience, qu' une once de sens commun vaut mieux[2] que cent livres d' esprit, car avec du sens commun ... Ah ! scélérat, s' écria le président, quel tour[3] vous m' avez joué ! Et mon manuscrit ! mon manuscrit que j' ai brûlé !" Le président ne put jamais pardonner au lord cette plaisanterie. Il avait ordonné de tenir sa chaise prête, il monta dedans et partit la nuit même, sans dire adieu à son compagnon de voyage. Moi, je me serais jeté à son cou, je l' aurais embrassé cent fois, et je lui aurais dit. Ah ! mon ami, vous m' avez prouvé qu' il y a en Angleterre des gens d' esprit, et je trouverai peut-être l' occasion une autre fois de vous convaincre, qu' il y a en France des gens de bon sens.

LE BLANC ET LE NOIR.

105. Tout le monde, dans la province du Candahar, connaît l' aventure du jeune Rustan. Il était fils unique d' un mirza du pays ; c' est comme qui dirait marquis parmi nous, ou baron chez les Allemands. Le mirza son père avait un bien honnête.[4] On devait marier le jeune Rustan à une demoiselle, ou mirzasse de sa sorte. Les deux familles le désiraient passionnément. Il devait faire la consolation de ses parents, rendre sa femme heureuse et l' être[5] avec elle.

---

1. *Cela est même*, that is the very thing.
2. *Vaut mieux*, is worth more.
3. *Quel tour*, what a trick.
4. *Un bien honnête*, a handsome property.
5. *L' être*, to be so.

Mais par malheur, il avait vu la princesse de Cachemire à la foire de Cabul, qui est la foire la plus considérable du monde, et incomparablement plus fréquentée que celle de Bassora et d'Astracan; et voici pourquoi[1] le vieux prince de Cachemire était venu à la foire avec sa fille.

Il avait perdu les deux plus rares pièces de son trésor; l'une était un diamant gros comme le pouce, sur lequel sa fille était gravée par un art que les Indiens possédaient alors, et qui s'est perdu depuis. L'autre était un javelot qui allait où l'on voulait; ce qui n'est pas une chose bien extraordinaire parmi nous, mais qui l'était à Cachemire.

Un faquir[2] de son altesse lui vola ces deux bijoux; il les porta à la princesse. Gardez soigneusement ces deux pièces, lui dit-il, votre destinée en dépend. Il partit alors, et on ne le revit[3] plus. Le duc de Cachemire au désespoir, résolut d'aller voir à la foire de Cabul, si parmi tous les marchands qui s'y rendent des quatres coins du monde, il ne trouverait pas son diamant et son arme. Il menait sa fille avec lui dans tous ses voyages. Elle porta son diamant bien enfermé dans sa ceinture, mais pour le javelot qu'elle ne pouvait si bien cacher, elle l'avait enfermé soigneusement à Cachemire, dans son grand coffre de la Chine.

Rustan et elle se virent[4] à Cabul; ils s'aimèrent avec toute la bonne foi de leur âge, et toute la tendresse de leur pays. La princesse, pour gage de son amour, lui donna son diamant, et Rustan lui promit à son départ de l'aller voir secrètement à Cachemire.

Le jeune mirza avait deux favoris qui lui servaient de secrétaires, d'écuyers, de maîtres d'hôtel[5] et de valets de chambre. L'un s'appelait Topaze; il était beau, bien fait, blanc comme une circassienne, doux et serviable comme un arménien, sage comme de Guèbre. L'autre se nommait Ebène; c'était un nègre fort joli, plus empressé, plus industrieux que Topaze et

1. *Et voici pourquoi*, and this is why.
2. *Un faquir*, (a Persian monk.) a dervise.
3. *Revit*, perf. of *revoir*.
4. *Se virent* saw each other.
5. *Maîtres d'hôtel*, stewards.

qui ne trouvait rien de difficile. Il leur communiqua le projet de son voyage. Topaze tâcha de l'en détourner avec le zèle circonspect d'un serviteur qui ne voulait pas lui déplaire ; il lui représenta tout ce qu'il hasardait. Comment laisser[1] deux familles au désespoir ? Comment mettre le couteau dans le cœur de ses parents ? Il ébranla Rustan ; mais Ebène le raffermit et leva tous ses scrupules.[2]

106. Le jeune homme manquait d'argent pour un si long voyage. Le sage Topaze ne lui en aurait pas fait prêter ; Ebène y pourvut.[3] Il prit adroitement le diamant de son maître, en fit faire un faux[4] tout semblable qu'il remit à sa place, et donna le véritable en gage à un arménien pour quelques milliers de roupies.

Quand le marquis eut ses roupies, tout fut prêt pour le départ. On chargea un éléphant de son bagage, on monta à cheval. Topaze dit à son maître : J'ai pris la liberté de vous faire des remontrances sur votre entreprise ; mais, après avoir remontré, il faut obéir. Je suis à vous,[5] je vous aime, je vous suivrai jusqu'au bout du monde ; mais consultons en chemin l'oracle qui est à deux parasanges d'ici. Rustan y consentit. L'oracle répondit : *Si tu vas à l'Orient, tu seras à l'Occident.* Rustan ne comprit rien à cette réponse. Topaze soutint qu'elle ne contenait rien de bon. Ebène, toujours complaisant, lui persuada qu'elle était très-favorable.

Il y avait encore un autre oracle dans Cabul ; ils allèrent. L'oracle de Cabul répondit en ces mots : *Si tu possèdes, tu ne possèderas pas ; si tu es vainqueur, tu ne vaincras pas ; si tu es Rustan, tu ne le seras pas.* Cet oracle parut encore plus inintelligible que l'autre. Prenez garde à vous,[6] disait Topaze. Ne redoutez rien, disait Ebène, et ce ministre, comme

1. *Comment laisser*, etc., how could he leave ; *laisser* depends on some verb understood.
2. *Et leva tous ses scrupules*, and remove all his scruples.
3. *Pourvut*, provided ; perf. of *pourvoir*. See page 381.
4. *En fit faire un faux*, had a counterfeit one made.
5. *Je suis à vous*, I belong to you.
6. *Prenez garde à vous*, take heed to yourself.

on peut le croire, avait toujours raison auprès de son maître, dont il encourageait la passion et l' espérance.

Au sortir de Cabul, on marcha par une grande forêt, on s' assit sur l' herbe pour manger, on laissa les chevaux paître. On se préparait à décharger l' éléphant qui portait le dîner et le service, lorsqu' on aperçut que Topaze et Ebène n' étaient plus avec la petite caravane. On les appelle ; la forêt retentit des noms d' Ebène et de Topaze. Les valets les cherchent de tous côtés, et remplissent la forêt de leurs cris ; ils reviennent sans avoir rien[1] vu, sans qu' on leur ait répondu. Nous n' avons trouvé, dirent-ils à Rustan, qu' un vautour[2] qui se battait avec un aigle, et qui lui ôtait toutes ses plumes. Le récit de ce combat piqua la curiosité de Rustan ; il alla à pied sur le lieu ; il n' aperçut ni vautour ni aigle, mais il vit son éléphant, encore tout chargé de son bagage qui était assailli par un gros rhinocéros, l' un frappait de sa corne, l' autre de sa trompe. Le rhinocéros lâcha prise[3] à la vue de Rustan ; on ramena son éléphant, mais on ne trouva plus les chevaux. Il arrive d' étranges choses dans les forêts quand on voyage, s' écria Rustan. Les valets étaient consternés, et le maître au désespoir d' avoir perdu à la fois ses chevaux, son cher nègre, et le sage Topaze, pour lequel il avait toujours eu de l' amitié, quoiqu' il ne fût jamais de son avis.

107. L' espérance d' être bientôt aux pieds de la belle princesse de Cachemire, le consolait, quand on rencontra un grand âne rayé,[4] à qui un rustre vigoureux et terrible donnait cent coups de bâton. Rien n' est si beau, ni si rare, ni si léger à la course que les ânes de cette espèce. Celui-ci répondait aux coups redoublés du vilain par des ruades[5] qui auraient pu déraciner un chêne. Le jeune mirza prit, comme de raison,[6] le parti de l' âne, qui était une créature charmante. Le rustre s' enfuit en disant à l' âne, tu me le paieras.[7] L' âne remercia

1. *Rien*, any thing.
2. *Qu' un vautour*, etc., only a vulture which was fighting, etc.
3. *Lâcha prise*, (let go his hold,) ceased from the fight.
4. *Rayé*, striped.
5. *Ruades*, kicks.
6. *Comme de raison*, as was right.
7. *Paieras*, from *payer*.

son libérateur en son langage, s' approcha, se laissa caresser et caressa. Rustan monte dessus après avoir dîné, et prend le chemin de Cachemire, avec ses domestiques, qui suivent les uns à pied, les autres montés sur l' éléphant.

A peine était-il sur son âne que cet animal tourne vers Cabul, au lieu de suivre la route de Cachemire. Son maître a beau tourner la bride,[1] donner des saccades, serrer les genoux,[2] appuyer des éperons, rendre la bride, tirer à lui, fouetter à droite et à gauche, l' animal opiniâtre courait toujours vers Cabul.

Rustan suait, se démenait, se désespérait, quand il rencontre un marchand de chameaux qui lui dit : Maître, vous avez là un âne bien malin qui vous mène où vous ne voulez pas aller. Si vous voulez me le céder, je vous donnerai quatre de mes chameaux à choisir. Rustan remercia la providence de lui avoir procuré un si bon marché ; Topaze avait grand tort,[3] dit-il, de me dire que mon voyage serait malheureux. Il monte sur le plus beau chameau, les trois autres suivent ; il rejoint sa caravane, et se voit dans le chemin de son bonheur.

108. A peine a-t-il marché quatre parasanges, qu' il est arrêté par un torrent profond, large et impétueux, qui roulait des rochers[4] blanchis d' écume. Les deux rivages étaient des précipices affreux, qui éblouissaient la vue et glaçaient le courage ; nul moyen de passer, nul d' aller à droite ou à gauche. Je commence à craindre, dit Rustan, que Topaze n' ait eu raison de blâmer mon voyage, et moi grand tort de l' entreprendre ; encore s' il était ici, il me pourrait donner quelques bons avis. Si j' avais Ebène, il me consolerait, et il trouverait des expédients ; mais tout me manque. Son embarras était augmenté par la consternation de sa troupe ; la nuit était noire, on la passa à se lamenter. Enfin la fatigue et l' abattement endormirent l' amoureux voyageur. Il se réveille au point du

1. *Son maître a beau tourner la bride*, it is in vain for his master to turn the bridle.
2. *Serrer les genoux*, to brace his knees ; i. e., to press them close to the animal's sides.
3. *Avait grand tort*, was very wrong.
4. *Des rochers*, from the rocks.

jour, et voit un beau pont de marbre élevé sur le torrent d' une rive à l' autre.

Ce furent des exclamations, des cris d' étonnement et de joie. Est-il possible ? Est-ce un songe ? Quel prodige ! quel enchantement ! oserons-nous passer ? Toute la troupe se mettait à genoux, se relevait, allait au pont, baisait la terre, regardait le ciel, étendait les mains, posait le pied en tremblant, allait, revenait, était en extase ; et Rustan disait : Pour le coup[1] le ciel me favorise ; Topaze ne savait ce qu' il disait ; les oracles étaient en ma faveur ; Ebène avait raison ; mais pourquoi n' est-il pas ici ?

A peine la troupe fut-elle au-delà du torrent, que voilà le pont qui s' abîme[2] dans l' eau avec un fracas épouvantable. Tant mieux ! Tant mieux ! s' écria Rustan ; Dieu soit loué, le Ciel soit béni ! Il ne veut pas que je retourne dans mon pays, où je n' aurais été qu' un simple gentilhomme, il veut que j' épouse ce que j' aime. Je serai prince de Cachemire ; c' est ainsi qu' en possédant ma maîtresse je ne possèderai pas mon petit marquisat à Candahar. Je serai Rustan, et je ne le serai pas, puisque je deviendrai un grand prince.

Voilà une grande partie de l' oracle expliquée nettement en ma faveur, le reste s' expliquera de même.[3] Je suis trop heureux ; mais pourquoi Ebène n' est-il pas auprès de moi ? Je le regrette mille fois plus que Topaze.

109. Il avança encore quelques parasanges avec la plus grande allégresse ; mais sur la fin du jour une enceinte de montagnes, plus raides qu' une contrescarpe,[4] et plus hautes que n' aurait été la tour de Babel, si elle avait été achevée, barra entièrement la caravane saisie de crainte.

Tout le monde[5] s' écria ; Dieu veut que nous périssions ici ; il n' a brisé le pont que pour nous ôter tout espoir de retour ; il n' a élevé la montagne que pour nous priver de tout moyen

---

1. *Pour le coup*, for this time.
2. *Que voilà le pont qui s' abîme*, when behold the bridge sinks down.
3. *S' expliquera de même*, will be explained in the same manner.
4. *Plus raides qu' une contrescarpe*, steeper than a counterscarp.
5. *Tout le monde*, they all.

d'avancer. O Rustan, ô malheureux marquis! nous ne verrons jamais Cachemire, nous ne rentrerons jamais dans la terre de Candahar.

La plus cuisante douleur, l'abattement le plus accablant succédaient dans l'âme de Rustan à la joie immodérée qu'il avait ressentie, aux espérances dont il s'était enivré. Il était bien loin d'interpréter les prophéties à son avantage. O ciel! ô dieu paternel! faut-il que j'aie perdu[1] mon ami Topaze!

Comme il prononçait ces paroles en poussant de profonds soupirs, et en versant des larmes au milieu de ses suivants désespérés, voilà la base de la montagne qui s'ouvre; une longue galerie en voûte éclairée de cent mille flambeaux se présente aux yeux éblouis; et Rustan de s'écrier,[2] et ses gens de se jeter à genoux, et de tomber d'étonnement à la renverse,[3] et de crier miracle et de dire: Rustan est le favori de Vitsnou, le bien aimé de Brama; il sera le maître du monde. Rustan le croyait, il était hors de lui, élevé au-dessus de lui-même. Ah! Ebène, mon cher Ebène! où êtes-vous? que n'êtes-vous témoin de toutes ces merveilles! Comment vous ai-je perdu? belle princesse de Cachemire, quand reverrai-je vos charmes? Il avance avec ses domestiques, son éléphant, ses chameaux sous la voûte de la montagne, au bout de laquelle il entre dans une prairie émaillée de fleurs et bordée de ruisseaux; au bout de la prairie ce sont des allées d'arbres à perte de vue; et au bout de ces allées, une rivière, le long de laquelle sont mille maisons de plaisance, avec des jardins délicieux. Il entend partout des concerts de voix et d'instruments; il voit des danses; il se hâte de passer un des ponts de la rivière; il demande au premier homme qu'il rencontre quel est ce beau pays.

110. Celui auquel il s'adressait lui répondit: Vous êtes dans la province de Cachemire; vous voyez les habitants dans la joie et dans les plaisirs; nous célébrons les noces de notre

---

1. *Faut-il que j'aie perdu*, must it be that I have lost.

2. *Et Rustan de s'écrier*, (began) to cry out.

3. *A la renverse*, backward.

belle princesse, qui va se marier avec le seigneur Barbabou à qui son père l' a promise ; que Dieu perpétue[1] leur félicité ! A ces paroles Rustan tomba évanoui, et le seigneur cachemirien crut qu' il était sujet à l' épilepsie ; il le fit porter[2] dans sa maison, où il fut long-tems sans connaissance. On alla chercher les deux plus habiles médecins du canton ; ils tâtèrent le pouls du malade qui, ayant repris un peu ses esprits, poussait des sanglots, roulait les yeux, et s' écriait de temps en temps ; Topaze, Topaze, vous aviez bien raison.[3]

L' un des médecins dit au seigneur cachemirien : Je vois à son accent que c' est un jeune homme de Candahar, à qui l' air de ce pays ne vaut rien ;[4] il faut le renvoyer chez lui ; je vois à ses yeux qu' il est devenu fou ; confiez-le-moi, je le remènerai dans sa patrie, et je le guérirai. L' autre médecin assura qu' il n' était malade que de chagrin, qu' il fallait le mener aux noces de la princesse, et le faire danser. Pendant qu' ils consultaient, le malade reprit ses forces ; les deux médecins furent congédiés, et Rustan demeura tête-à-tête[5] avec son hôte.

Seigneur, lui dit-il, je vous demande pardon de m' être évanoui devant vous, je sais que cela n' est pas poli ; je vous supplie de vouloir bien[6] accepter mon éléphant, en reconnaissance des bontés dont vous m' avez honoré. Il lui conta ensuite toutes ses aventures, en se gardant bien[7] de lui parler de l' objet de son voyage. Mais, au nom de Vitsnou et de Brama, lui dit-il, apprenez-moi quel est cet heureux Barbabou qui épouse la princesse de Cachemire, pourquoi son père l' a choisi pour gendre, et pourquoi la princesse l' a accepté pour son époux.

111. Seigneur, lui dit le cachemirien, la princesse n' a point du tout accepté Barbabou : au contraire, elle est dans les pleurs, tandis que toute la province célèbre avec joie son mariage ; elle

---

1. *Que Dieu perpétue*, may God make perpetuate.
2. *Il le fit porter*, he (made carry him,) had him carried.
3. *Vous aviez bien raison*, you were very right.
4. *Ne vaut rien*, (is good for nothing,) is not good.
5. *Tête-à-tête*, in private conversation.
6. *De vouloir bien*, to be pleased.
7. *En se gardant bien*, etc., taking good care not to speak to him, etc.

s' est enfermée dans la tour de son palais ; elle ne veut voir aucune des réjouissances qu' on fait pour elle. Rustan en entendant ces paroles, se sentit renaître[1] ; l' éclat de ses couleurs, que la douleur avait flétries, reparut sur son visage. Dites-moi, je vous prie, continua-t-il, pourquoi le prince de Cachemire s' obstine[2] à donner sa fille à un Barbabou dont elle ne veut pas.

Voici le fait, répondit le cachemirien. Savez-vous que notre auguste prince avait perdu un gros diamant et un javelot qui lui tenaient fort au cœur ?[3] Ah ! je le sais très bien, dit Rustan. Apprenez donc, dit l' hôte, que notre prince, au désespoir de n' avoir point de nouvelles de ses bijoux, après les avoir fait long-temps chercher par toute la terre, a promis sa fille à quiconque lui rapporterait l' un ou l' autre. Il est venu un seigneur Barbabou qui était muni[4] du diamant, et il épouse demain la princesse.

Rustan pâlit, bégaya[5] un compliment, prit congé de son hôte, et courut[6] sur son dromadaire à la ville capitale où se devait faire la cérémonie. Il arrive au palais du prince, il dit qu' il a des choses importantes à lui communiquer ; il demande une audience, on lui répond que le prince est occupé des préparatifs de la noce : c' est pour cela même, dit-il, que je veux lui parler.

Il presse tant qu' il est introduit. Monseigneur, dit-il, que Dieu couronne[7] tous vos jours de gloire et de magnificence ! votre gendre est un fripon.

Comment un fripon ! qu' osez-vous dire ! Est-ce ainsi qu' on parle à un duc de Cachemire du gendre qu' il a choisi ? Oui, un fripon, reprit Rustan ; et pour le prouver à votre altesse, c' est que voici votre diamant que je vous rapporte.

112. Le duc tout étonné confronta les deux diamants, et

---

1. *Se sentit renaître*, felt himself revive.
2. *S' obstine*, persists.
3. *Qui lui tenaient fort au cœur*, which were very near to his heart.
4. *Muni*, furnished with.
5. *Bégaya*, stammered out.
6. *Courut*, perf. of *courir*. See Less. 138.
7. *Que dieu couronne*, may God crown.

comme il ne s' y connaissait guère,[1] il ne put dire quel était le véritable.

Voilà deux diamants, dit-il, et je n' ai qu' une fille ; me voilà dans un étrange embarras. Il fit venir Barbabou, et lui demanda s' il ne l' avait point trompé. Barbabou jura qu'il avait acheté son diamant d' un arménien ; l' autre ne disait pas de qui il tenait le sien, mais il proposa un expédient, ce fut de le faire combattre contre son rival. Ce n' est pas assez que votre gendre donne un diamant, disait-il, il faut qu' il donne des preuves de valeur ; ne trouvez-vous pas bon que celui qui tuera l' autre, épouse la princesse ? Très-bon, répondit le prince, ce sera un fort beau spectacle pour la cour ; battez-vous vite tous deux ;[2] le vainqueur prendra les armes du vaincu, selon l' usage de Cachemire, et il épousera ma fille.

Les prétendants descendent aussitôt dans la cour. Il y avait sur l' escalier une pie et un corbeau. Le corbeau criait, battez-vous, battez-vous ; la pie, ne vous battez pas. Cela fit rire le prince : les deux rivaux y prirent garde à peine :[3] ils commencent le combat ; tous les courtisans faisaient un cercle autour d' eux. La princesse, se tenant toujours renfermée dans sa tour, ne voulut point assister à ce spectacle ; elle était bien loin de s' attendre à trouver son amant à Cachemire, et elle avait tant d' horreur pour Barbabou qu' elle ne voulait rien voir. Le combat se passa le mieux du monde ; Barbabou fut tué raide[4], et le peuple en fut charmé parce qu' il était laid, et que Rustan était fort joli : c' est toujours ce qui décide de la faveur publique !

Le vainqueur revêtit la cotte de mailles, l' écharpe et le casque du vaincu, et vint suivi de toute la cour, au son des fanfares, se présenter sous les fenêtres de sa maîtresse. Tout le monde criait : Belle princesse, venez voir[5] votre beau mari qui a tué son vilain rival. Ses femmes répétaient ces paroles. La prin-

1. *Comme il ne s' y connaissait guère*, as he was little of a judge in them, (i. e., in diamonds.)
2. *Tous deux*, both of you.
3. *Y prirent garde à peine*, hardly regarded it.
4. *Fut tué raide* (was killed stiff) was struck dead.
5. *Venez voir*, come and see.

cesse mit par malheur la tête à la fenêtre, et, voyant l' armure d' un homme qu' elle abhorrait, elle courut en désespérée à son coffre de la Chine, et tira le javelot fatal qui alla percer son cher Rustan au défaut[1] de la cuirasse ; il jeta un grand cri, et à ce cri la princesse crut[2] reconnaître la voix de son malheureux amant.

113. Elle descend échevelée, la mort dans les yeux et dans le cœur. Rustan était déjà tombé tout sanglant dans les bras de son père. Elle le voit : ô moment ! ô vue ! ô reconnaissance dont on ne peut exprimer ni la douleur, ni la tendresse, ni l' horreur ! Elle se jette sur lui, elle l' embrasse : Tu reçois, lui dit-elle, les premiers et les derniers baisers de ton amante et de ta meurtrière. Elle retire le dard de sa plaie, l' enfonce dans son cœur, et meurt sur l' amant qu' elle adore. Le père épouvanté, éperdu, prêt à mourir comme elle, tâche en vain de la rappeler à la vie ; elle n' était plus. Il maudit ce dard fatal, le brise en morceaux, jette au loin[3] ses deux diamants funestes ; et tandis qu' on prépare les funérailles de sa fille, au lieu de son mariage, il fait transporter dans son palais Rustan ensanglanté qui avait encore un reste de vie.

On le porte dans un lit ; la première chose qu' il voit aux deux côtés de ce lit de mort, c' est Topaze et Ebène. Sa surprise lui rendit un peu de force. Ah ! cruels, dit-il, pourquoi m' avez-vous abandonné ? Peut-être la princesse vivrait encore, si vous aviez été près du malheureux Rustan. Je ne vous ai pas abandonné un seul moment, dit Topaze. J' ai toujours été près de vous, dit Ebène.

Ah ! que dites-vous ? pourquoi insulter[4] à mes derniers moments ? répondit Rustan d' une voix languissante, vous pouvez m' en croire,[5] dit Topaze ; vous savez que je n' approuvai jamais ce fatal voyage dont je prévoyais les horribles suites : c' est moi qui étais l' aigle qui a combattu contre le vautour,

---

1. *Au défaut*, for want of.
2. *Crut*, perf. of *croire*.
3. *Au loin*, far (from him.)
4. *Pourquoi insulter*, why (will you) insult ?
5. *Vous pouvez m' en croire*, you may believe me (in it.)

et qu' il a déplumé ; j' étais l' éléphant qui emportait le bagage, pour vous forcer à retourner dans votre patrie ; j' étais l' âne rayé qui vous ramenait malgré vous chez votre père : c' est moi qui ai égaré vos chevaux ; c' est moi qui ai formé le torrent qui vous empêchait de passer ; c' est moi qui ai élevé la montagne qui vous fermait un chemin si funeste ; j' étais le médecin qui vous conseillait l' air natal ; j' étais la pie qui vous criait de ne point combattre.

114. Et moi, dit Ebène, j' étais le vautour qui a déplumé l' aigle, le rhinocéros qui donnait cent coups de cornes à l' éléphant, le vilain qui battait l' âne rayé, le marchand qui vous donnait des chameaux pour courir à votre perte ; j' ai bâti le pont sur lequel vous avez passé ; j' ai creusé la caverne que vous avez traversée ; je suis le médecin qui vous encourageait à marcher, le corbeau qui vous criait de vous battre.

Hélas ! souviens-toi[1] des oracles, dit Topaze : *Si tu vas à l' orient, tu seras à l' occident.* Oui, dit Ebène, on ensevelit ici les morts[2] le visage tourné à l' occident. L' oracle était clair, que ne l' as-tu compris ? *Tu as possédé, et tu ne possédais pas :* car tu avais le diamant, mais il était faux, et tu n' en savais rien. Tu es vainqueur, et tu meurs : tu es Rustan, et tu cesses de l' être : tout a été accompli.

Comme il parlait ainsi, quatre ailes blanches couvrirent le corps de Topaze, et quatre ailes noires celui d' Ebène. Que vois-je ? s' écria Rustan ; Topaze et Ebène répondirent ensemble : Tu vois tes deux génies. Eh ! Messieurs, leur dit le malheureux Rustan, de quoi[3] vous mêliez-vous ? et pourquoi deux génies pour un pauvre homme ? C' est la loi, dit Topaze ; chaque homme a ses deux génies, c' est Platon qui l' a dit le premier, et d' autres l' ont répété ensuite ; tu vois que rien n'est plus véritable : moi qui te parle, je suis ton bon génie, et ma charge était de veiller auprès de toi jusqu' au dernier moment de ta vie ; je m' en suis fidèlement acquitté.

---

1. *Souviens-toi*, remember thou.
2. *On ensevelit ici les morts*, etc., they bury here the dead with the face turned to the west.
3. *De quoi*, etc., wherefore did you intermeddle ?

Mais, dit le mourant, si ton emploi était de me servir, je suis donc d' un nature fort supérieure à la tienne : et puis, comment oses-tu dire que tu es mon bon génie, quand tu m'as laissé tromper dans tout ce que j' ai entrepris, et que[1] tu me laisses mourir moi et ma maîtresse misérablement ? Hélas ! c' était ta destinée, dit Topaze, et toi, Ebène, avec tes quatre ailes noires, tu es apparemment mon mauvais génie ?

Vous l' avez dit,[2] répondit Ebène. Mais tu étais donc aussi le mauvais génie de ma princesse ? Non, elle avait le sien, et je l' ai parfaitement secondé.

115. Il se réveille en sursaut,[3] tout en sueur, tout égaré ; il se tâte, il appelle, il crie, il sonne. Son valet de chambre Topaze accourut en bonnet de nuit,[4] et tout en bâillant. Suis-je mort, suis-je en vie ? s' écria Rustan ; la belle princesse de Cachemire en réchappera-t-elle ? . . . . Monseigneur rêve-t-il ? répondit froidement Topaze.

Ah ! s' écria Rustan, qu' est donc devenu ce barbare Ebène avec ses quatre ailes noires ? c' est lui qui me fait mourir d' une mort si cruelle. Monseigneur, je l' ai laissé là-haut qui ronfle ;[5] voulez-vous qu' on le fasse descendre ? Le scélérat ! il y a six mois entiers qu' il me persécute ; c' est lui qui me mena à cette fatale foire de Cabul ; c' est lui qui m' escamota le diamant que m' avait donné la princesse ; il est seul la cause de mon voyage, de la mort de ma princesse, et du coup de javelot dont je meurs à la fleur de mon âge.

Rassurez-vous, dit Topaze, vous n' avez jamais été à Cabul ; il n' y a point de princesse de Cachemire ; son père n' a jamais eu que deux garçons qui sont actuellement au collége. Vous n' avez jamais eu de diamant, la princesse ne peut être morte, puisqu' elle n' est pas née ; et vous vous portez à merveille.[6]

---

1. *Et que*, and when ; *que* is here used instead of a repetition of the *quand*, which begins the preceding clause. It is sometimes used, also, instead of *comme*, and *si* in the same way.

2. *Vous l' avez dit*, you have it (right.)

3. *Il se réveille en sursaut*, he (wakes with a start,) starts from his sleep.

4. *En bonnet de nuit*, in his night-cap.

5. *Je l' ai laissé*, etc., I left him snoring above.

6. *Vous vous portez à merveille*, you are admirably well.

Comment, il n'est pas vrai que tu m'assistais à la mort[1] dans le lit du prince de Cachemire ? Ne m'as-tu pas avoué que, pour me garantir de tant de malheurs, tu avais été aigle, éléphant, âne rayé, médecin et pie ? Monseigneur vous avez rêvé tout cela ; nos idées ne dépendent pas plus de nous dans le sommeil que dans la veille. Dieu a voulu que cette file d'idées vous ait passé par la tête, pour vous donner apparemment quelque instruction dont vous ferez votre profit.

Tu te moques de moi, reprit Rustan ; combien de temps ai-je dormi ? Monseigneur, vous n'avez encore dormi qu'une heure. Eh ! maudit raisonneur, comment veux-tu qu'en une heure de temps j'aie été à la foire de Cabul il y a six mois, que j'en sois revenu, que j'aie fait le voyage de Cachemire, et que nous soyons morts, Barbabou, la princesse et moi ? Monseigneur, il n'y a rien de plus aisé et de plus ordinaire, et vous auriez pu réellement faire le tour du monde, et avoir beaucoup plus d'aventures en bien moins de temps.

DE LA SENSIBILITÉ ET DE LA BONTÉ.

116. On parle sans cesse, dans notre siècle, de sensibilité ; c'est un grand mot ; et je soupçonne qu'on ne le répète si souvent, que parce qu'on ne l'entend pas. La bonté, au contraire, s'entend aisément ;[2] c'est un sentiment très-naturel ; et voilà sans doute pourquoi il n'est point à la mode[3] comme l'autre. Tout le monde veut être sensible ; mais personne ne se soucie d'être bon. C'est ce qui m'a fait naître l'idée de faire un parallèle entre la bonté et la sensibilité ; ces discussions morales peuvent avoir leur agrément[4] et leur prix, comme les discussions littéraires. Le cœur humain est aussi un livre classique qu'on ne saurait étudier[5] avec trop de discernement ; et

1. *M' assistais à la mort*, was present at my death.
2. *S' entend aisément*, is easily understood.
3. *A la mode*, in fashion.
4. *Agrément*, enjoyment.
5. *Ne saurait étudier*, cannot study.

peut-être est-il aussi utile de savoir si un sentiment est préférable à un autre, que de savoir si Corneille est au-dessus de Racine, ou Virgile au-dessus d' Homère.

Je consulte les oracles du siècle dernier, et ils me répondent que la sensibilité n' est autre chose que la faculté de sentir. Je ne suis pas beaucoup plus avancé ;[1] car cette faculté s' étend à tout le règne animal, et même au genre végétal. L' homme et l' insecte qui rampe sous ses pieds, ont la faculté de sentir. D' après cette définition, la sensibilité est dans les plantes, et la sensitive en est le plus parfait modèle. C' est en vain que j' ai recours aux anciens ; les anciens n' ont dans leurs langues aucun mot qui réponde au mot sensibilité ; c' est une invention moderne, et je vois même, que ce mot n' a été adopté parmi nous que depuis qu' on s' est mis à expliquer les sentiments par les sensations. Il faudra donc nous en rapporter[2] aux plus sages des sages de notre temps, pour la définition de ce mot nouveau. La sensibilité, disent-ils, est une disposition de l' âme, qui la rend facile à être émue, à être touchée. J' aime beaucoup mieux cette explication ; elle fait au moins sortir l' homme[3] du règne végétal ; elle l' abaisse moins à ses propres yeux.

117. La bonté, disent les moralistes, consiste en deux points : le premier, ne pas faire de mal à nos semblables ; le second, leur faire du bien. Cette définition n' est pas très-précise, mais elle est propre cependant à faire naître[4] des idées justes. On voit déjà qu' il y a quelque chose de plus réel dans la bonté que dans la sensibilité ; l' une est vertu, et l' autre n' est qu' une disposition à la vertu. La sensibilité est la faculté d' être ému ; mais comme on peut être ému en bien ou en mal, la sensibilité peut devenir une disposition généreuse ; mais elle peut devenir aussi une disposition dangereuse et nuisible. L' homme sensible peut être bon ; mais il est possible qu' il ne le soit pas toujours ; l' homme que la nature a

1. *Je ne suis pas beaucoup plus avancé,* I am not much better off.

2. *Nous en rapporter,* etc., to refer to the most wise, etc.

3 *Elle fait sortir l' homme,* (it makes to bring out man,) it takes out man.

4. *Propre à faire naître,* (proper to make arise,) fitted to give.

fait bon, le sera dans toutes les situations de la vie. L' homme sensible, pour faire le bien, a besoin d' être averti pas une émotion généreuse ; l' homme bon n' a qu' à se laisser faire ;[1] il ne s' égare jamais[2] en suivant son penchant.

La sensibilité peut développer toutes les qualités morales ; mais elle peut aussi réveiller toutes les passions ; l' homme, doué de sensibilité sentira plus vivement les images de la vertu ; mais il sera subjugué plus facilement par les images du vice ; par la raison qu' il est plus accessible à l' amour, il sera plus accessible à la haine ; il peut être le meilleur des hommes, mais il peut en devenir le plus méchant. Avec la sensibilité on peut faire des heureux ; on peut aussi faire verser des larmes ; l' homme qui est né bon, fera le bonheur de ceux qui l' entourent, sans faire jamais le malheur de personne. C' est le génie de la bonté qui a dicté aux hommes cette maxime chrétienne ; ne faites point aux autres ce que vous ne voulez pas qu' on vous fasse. Elle lui a dit plus encore ; faites à autrui le bien que vous voulez qu' on vous fasse à vous-même.

La sensibilité, il est vrai, peut faire naître[3] des affections plus vives que la bonté, mais lorsque ces affections se fixent sur un objet, elles deviennent souvent un sentiment exclusif. Tu seras pour moi l' univers, dit l' homme sensible à la femme qu' il adore, et il ne voit plus rien autre sur la terre. Je ne sais si je me trompe, mais il me semble qu' il y a dans la sensibilité quelque chose qui tient de[4] l' égoïsme ; il n' en est pas de même de la bonté, qui fait naître des affections plus douces, et pour qui rien n' est étranger ; elle s' étend à tous les êtres ; elle se montre partout où on a besoin d' elle ; elle ressemble en cela à la Providence, qui embrasse tout de son regard bienfaisant, qui visite l' homme dans sa douleur, et qui donne la pâture aux petits des oiseaux ; aussi on n' a jamais dit de Dieu qu' il était sensible ; et pour l' honorer dignement, les hommes l' ont surnommé l' être souverainement bon.

---

1. *Se laisser faire* (to let himself act) to act without care.
2. *Il ne s' égare jamais*, he never goes astray.
3. *Faire naître*, (make to spring up) produce.
4. *Tient de*, partakes of.

118. La sensibilité n'est pas toujours la même; elle suit les différentes périodes de la vie humaine; dans la jeunesse, elle est plus vive; sa vivacité se ralentit[1] dans l'âge mûr; elle s'éteint dans la vieillesse; l'inaltérable bonté ne change point; toujours la même, elle accompagne l'homme depuis le berceau jusqu'au cercueil,[2] cherchant toujours à essuyer les larmes, et semant les bienfaits sur son passage.

La sensibilité tient de fort près[3] aux passions, et elle a quelque chose du caractère qui les distingue; elle est quelquefois vive et brusque comme la colère, aveugle et capricieuse comme l'amour; elle se nourrit souvent de visions et de chimères; les sentiments qu'elle fait naître sont quelquefois incertains et changeants; plus ils sont violents,[4] moins ils sont durables. Il y a six mois[5] que je rencontrai un homme très-sensible, qui venait de perdre[6] sa femme; il me serait impossible de peindre sa douleur. Il avait fait tendre tous ses appartements en noir; il avait à côté de son lit le cœur de sa défunte, dans une urne funèbre; on ne pouvait l'arracher à ce triste spectacle, et tous ses amis étaient persuadés qu'une douleur si vive ne manquerait pas de le conduire au cercueil. Il s'est consolé comme la matrone d'Ephèse, il vient d'épouser[7] une seconde femme qui lui a fait oublier la première, et tous ses appartements, vêtus jadis de la couleur des tombeaux, sont aujourd'hui couleur de rose. La bonté ne met point tant d'ostentation à ses pleurs; elle n'a pas des chagrins[8] d'appareil, et des douleurs de théâtre; ses sentiments sont plus vrais, et son deuil dure beaucoup plus long-tems.

119. On peut aisément contrefaire le langage de la sensibilité; l'affection se prend quelquefois[9] pour le sentiment;

---

1. *Se ralentit*, it abates.
2. *Depuis le berceau jusqu'au cercueil*, from the cradle to the coffin.
3. *Tient de fort près*, is very nearly akin.
4. *Plus ils sont violents*, the more violent they are.
5. *Il y a six mois*, (it is six months) six months ago.
6. *Venait de perdre*, had just lost.
7. *Il vient d'épouser*, he has just espoused.
8. *Chagrins*, etc., stately sorrows and theatrical griefs.
9. *Se prend quelquefois*, is sometimes taken.

quelque formules de discours, quelques scènes adroitement préparées, peuvent en imposer à[1] la multitude. Quelqu' un a dit qu' avec de l' esprit on pouvait faire[2] de la sensibilité : on en fait même sans esprit. On ne rencontre que des gens qui affectent des sentiments qu' ils n' ont pas, et la sensiblomanie[3] doit faire tort à la sensibilité. Il n' est pas aussi facile d' imiter la bonté, qui a un langage plus simple, qui ne vise point à l' effet, et qui se montre plus encore dans les actions que dans de vaines paroles. Pour paraître sensible, il suffira quelquefois de faire de beaux discours; pour paraître bon, il faut l' être réellement; la sensibilité est une vertu passionnée qui n' agit que par boutade;[4] il suffit de se contraindre un moment pour la contrefaire; la bonté est un état habituel; il faudrait se contraindre toute la vie.

On m' accusera peut-être de sévérité; je ne me permets cependant aucune censure directe; je ne fais qu' exprimer un sentiment de préférence. Je dirai même que la sensibilité est à la bonté, ce que le génie est au sens commun; mais, comme le génie tout seul peut s' égarer, je lui préfère[5] la simple raison, qui ne s' égare point, et qui est d' un usage plus habituel. La réunion de ces deux qualités serait, sans doute, le chef-d' œuvre de la vertu. Si la providence daignait écouter ma prière, je les lui[6] demanderais toutes les deux; mais, s' il me fallait choisir, je choisirais la bonté.

HYMNE DE L' ENFANT À SON RÉVEIL.

120. O PERE qu' adore mon père ![7]
Toi qu' on ne nomme qu' à genoux,
Toi dont le nom terrible et doux
Fait courber le front de ma mère;

---

1. *Peuvent en imposer à*, can impose on.
2. *Pouvait faire*, could (make) i. e. feign.
3. *Sensiblomanie*, etc., the sensibility mania must injure sensibility.
4. *Par boutade*, by caprice.
5. *Je lui préfère*, I prefer to it.
6. *Je les lui*, etc., I would ask him for them both.
7. *Qu' adore mon père*, whom my father adores.

On dit que ce brillant soleil
N' est qu' un jouet de ta puissance,
Que sous tes pieds il se balance
Comme une lampe de vermeil.

On dit que c' est toi qui fais naître
Les petits oiseaux dans les champs,
Et qui donne[1] aux petits enfants
Une âme aussi pour te connaître.

On dit que c' est toi qui produis
Les fleurs dont le jardin se pare;
Et que sans toi, toujours avare,[2]
Le verger n' aurait point de fruits.

Aux dons[3] que ta bonté mesure
Tout l' univers est convié;
Nul insecte n' est oublié
A ce festin de la nature.

L' agneau broute le serpolet;
La chèvre s' attache au cytise;
La mouche, au bord du vase, puise
Les blanches gouttes de mon lait;

L' alouette a la graine amère
Que laisse[4] envoler le glaneur,
Le passereau suit le vanneur,
Et l' enfant s' attache à sa mère.

Et pour obtenir chaque don
Que chaque jour tu fais éclore,
A midi, le soir, à l' aurore,
Que faut-il? prononcer ton nom.

---

1. *Donne*, etc., givest to little children also a soul.
2. *Toujours avare*, etc., the orchard for ever penurious.
3. *Aux dons*, etc., to the gifts which thy goodness measures out is, etc.
4. *Que laisse*, etc., which the gleaner leaves.

O Dieu ! ma bouche balbutie[1]
Ce nom des anges redouté.
Un enfant même est écouté,
Dans le chœur qui te glorifie !

Ah ! puisqu' il entend de si loin
Les vœux que notre bouche adresse,
Je veux[2] lui demander sans cesse
Ce dont les autres ont besoin.

Mon Dieu, donne l' onde aux fontaines,
Donne la plume aux passereaux,
Et la laine aux petits agneaux,
Et l' ombre et la rosée aux plaines.

Donne aux malades la santé,
Au mendiant le pain qu' il pleure,[3]
A l' orphelin une demeure,
Au prisonnier la liberté.

Donne une famille nombreuse
Au père qui craint le Seigneur,
Donne à moi sagesse et bonheur,
Pour que ma mère soit heureuse !

LA PRINCESSE DE BABYLONE.

121. Le vieux Bélus, roi de Babylone, se croyait le premier homme de la terre, car tous ses courtisans le lui disaient,[4] et ses historiographes le lui prouvaient. Ce qui pouvait excuser en lui ce ridicule,[5] c' est qu' en effet ses prédécesseurs

1. *Balbutie*, etc., stammers that name feared by angels.
2. *Je veux*, etc., I will ask him unceasingly for that of which others have need.
3. *Qu' il pleure*, that he weeps for.
4. *Le lui disaient*, told him so.
5. *Ce ridicule*, this ridiculous notion.

avaient bâti Babylone, plus de trente mille ans avant lui, et qu'il l'avait embellie. On sait que son palais et son parc, situés à quelques parasanges de Babylone, s'étendaient entre l'Euphrate et le Tigre, qui baignaient ces rivages enchantés. Sa vaste maison de trois milles pas de façade,[1] s'élevait jusqu'aux nues. La plate-forme[2] était entourée d'une balustrade de marbre blanc, de cinquante pieds de hauteur, qui portait les statues colossales de tous les rois et de tous les grands hommes de l'empire. Cette plate-forme, composée de deux rangs de briques, couvertes d'une épaisse surface de plomb, d'une extrémité à l'autre, était chargée de douze pieds de terre;[3] et sur cette terre, on avait élevé des forêts d'oliviers, d'orangers, de citronniers, de palmiers, de girofliers, de cocotiers, de canneliers, qui formaient des allées impénétrables aux rayons du soleil.

Les eaux de l'Euphrate, élevées par des pompes dans cent colonnes creusées,[4] venaient dans ces jardins remplir de vastes bassins de marbre, et, retombant ensuite par d'autres canaux, allaient former dans le parc des cascades de six mille pieds de longueur, et cent mille jets d'eau dont la hauteur pouvait à peine être aperçue; elles retournaient ensuite dans l'Euphrate dont elles étaient parties.[5] Les jardins de Sémiramis, qui étonnèrent l'Asie plusieurs siècles après, n'étaient qu'une faible imitation de ces antiques merveilles; car, du temps de Sémiramis, tout commençait à dégénérer chez[6] les hommes et chez les femmes.

Mais ce qu'il y avait[7] de plus admirable à Babylone, ce qui éclipsait tout le reste, était la fille unique du roi, nommée Formosante. Aussi Bélus était plus fier de sa fille que de son royaume. Elle avait dix-huit ans; il lui fallait[8] un époux

---

1. *De façade*, of front.
2. *La plate-forme*, the flat roof.
3. *De douze pieds de terre*, (with twelve feet of earth) with earth to the depth of twelve feet.
4. *Cent colonnes creusées*, a hundred hollow columns.
5. *Dont elles étaient parties*, from which they had gone out.
6. *Chez*, among.
7. *Ce qu'il y avait*, etc., what there was more admirable.
8. *Il lui fallait*, there was necessary for her.

digne d' elle ; mais où le trouver ? Un ancien oracle avait ordonné que Formosante ne pourrait appartenir[1] qu' à celui qui tendrait l' arc de Nimrod. Ce Nimrod, le fort chasseur devant le Seigneur, avait laissé un arc de sept pieds babyloniques de haut, d' un bois d' ébène plus dur que le fer du Mont Caucase, qu' on travaille dans les forges de Derbent ; et nul mortel, depuis Nimrod, n' avait pu bander cet arc merveilleux.

122. Il était dit encore, que le bras qui aurait tendu[2] cet arc, tuerait le lion le plus terrible et le plus dangereux qui serait lâché[3] dans le cirque de Babylone. Ce n' était pas tout ; le bandeur de l' arc, le vainqueur du lion devait terrasser tous ses rivaux ; mais il devait surtout avoir beaucoup d' esprit, être le plus magnifique des hommes, le plus vertueux, et posséder la chose la plus rare de l' univers entier.

Il se présenta trois rois qui osèrent disputer[4] Formosante ; le pharaon d' Egypte, le sha des Indes et le grand kan des Scythes. Bélus assigna le jour, et le lieu du combat à l' extrémité de son parc, dans le vaste espace bordé par les eaux de l' Euphrate et du Tigre réunis. On dressa autour de la lice[5] un amphithéâtre de marbre qui pouvait contenir cinq cent mille spectateurs. Vis-à-vis l' amphithéâtre était le trône du roi, qui devait paraître[6] avec Formosante accompagnée de toute la cour ; et à droite et à gauche, entre le trône et l' amphithéâtre, étaient d' autres trônes et d' autres siéges pour les trois rois et pour tous les autres souverains qui seraient curieux de voir cette auguste cérémonie.

Le roi d' Egypte arriva le premier, monté sur le bœuf Apis, et tenant en main le sistre[7] d' Isis. Il était suivi de deux mille prêtres vêtus de robes de lin plus blanches que la neige, de deux mille magiciens et de deux mille guerriers.

Le roi des Indes arriva bientôt après dans un char traîné

1. *Ne pourrait appartenir*, could belong only.
2. *Qui aurait tendu*, which should have bent.
3. *Serait lâché*, should be let loose.
4. *Disputer*, to compete for.
5. *Autour de la lice*, around the list.
6. *Qui devait paraître*, who was going to appear.
7. *Le sistre*, the sistrum ; a musical instrument used by the Egyptians in war and in religion.

par douze éléphants. Il avait une suite encore plus nombreuse et plus brillante que le pharaon d' Egypte.

Le dernier qui parut[1] était le roi des Scythes. Il n' avait auprès de lui que des guerriers choisis, armés d' arcs et de flèches. Sa monture était[2] un tigre superbe qu' il avait dompté, et qui était aussi haut que les plus beaux chevaux de Perse. La taille de ce monarque, imposante et majestueuse, effaçait[3] celle de ses rivaux; ses bras nus, aussi nerveux que blancs, semblaient déjà tendre l' arc de Nimrod.

Les trois rois se prosternèrent devant Bélus et Formosante. Le roi d' Egypte offrit à la princesse les deux plus beaux crocodiles du Nil, deux hippopotames, deux zèbres, deux rats d' Egypte et deux momies, avec les livres du grand Hermès[4] qu' il croyait être ce qu' il y avait de plus rare sur la terre.

123. Le roi des Indes lui offrit cent éléphants qui portaient chacun une tour de bois doré, et mit à ses pieds le Veidam, écrit de la main de Xaca lui-même.

Le roi des Scythes, qui ne savait ni lire ni écrire, présenta cent chevaux de bataille[5] couverts de housses et de peaux de renards noirs.

La princesse baissa les yeux[6] devant ses amants, et s' inclina avec des grâces aussi modestes que nobles.

Bélus fit conduire ces monarques sur les trônes qui leur étaient préparés. Que n' ai-je trois filles ![7] leur dit-il, je rendrais aujourd' hui six personnes heureuses. Ensuite il fit tirer au sort à qui essaierait le premier l' arc de Nimrod. On mit dans un casque d' or les noms des trois prétendants. Celui de roi d' Egypte sortit le premier, ensuite parut le nom du roi des Indes. Le roi scythe, en regardant l' arc et ses rivaux ne se plaignit point[8] d' être le troisième.

Tandis qu' on préparait ces brillantes épreuves, vingt mille

1. *Parut*, perf. of *paraître*.
2. *Sa monture était*, (his riding animal was) he was mounted on.
3. *Effaçait*, eclipsed.
4. *Hermès*, Hermes, (an Egyptian philosopher.
5. *Chevaux de bataille*, war-horses.
6. *Baissa les yeux*, cast down her eyes.
7. *Que n' ai-je trois filles*, why have I not three daughters.
8. *Ne se plaignit point*, did not complain

pages et vingt mille jeunes. filles distribuaient sans confusion des rafraîchissements aux spectateurs entre les rangs des sièges. Tout le monde avouait que les dieux n' avaient établi[1] les rois que pour donner tous les jours des fêtes, que la vie est trop courte pour en user autrement; que les procès, les intrigues, la guerre, qui consument la vie humaine, sont des choses absurdes et horribles; que l' homme n' est né que pour[2] la joie; qu' il n' aimerait pas les plaisirs passionnément et continuellement, s' il n' était pas formé pour eux; que l' essence de la nature humaine est de se réjouir, et que tout le reste est folie. Cètte excellente morale n' a jamais été démentie que[3] par les faits.

Comme on allait commencer ces essais qui devaient décider de la destinée de Formosante, un jeune inconnu monté sur une licorne, accompagné de son valet, monté de même et portant sur le poing un gros oiseau se présente à la barrière.[4] Les gardes furent surpris de voir en cet équipage une figure qui avait l' air de la divinité. C' était, comme on l' a dit depuis, le visage d' Adonis sur le corps d' Hercule! c' était la majesté avec les grâces. Ses sourcils noirs et ses longs cheveux blonds, mélange[5] de beautés inconnu à Babylone, charmèrent l' assemblée; tout l' amphithéâtre se leva pour le regarder; toutes les femmes de la cour fixèrnt sur lui des regards étonnés; Formosante elle-même, qui baissait toujours les yeux, les releva et rougit; les trois rois pâlirent: tous les spectateurs, en comparant Formosante avec l' inconnu, s' écrièrent; il n' y a[6] dans le monde que ce jeune homme qui soit aussi beau que la princesse.

124. Les huissiers, saisis d' étonnement, lui demandèrent s' il était roi. L' étranger répondit qu' il n' avait pas cet honneur, mais qu' il était venu de fort loin par curiosité pour voir

---

1. *N' avaient établi*, etc., had established kings only to give, etc.
2. *N' est né que pour*, is born only for.
3. *N' a jamais été démentie que*, has never been denied except.
4. *Barrière*, the gate.
5. *Mélange de beauté*, mixture of beauties.
6. *Il n' y a*, etc., there is in the world only this young man who is as beautiful, etc.: for the use of the subjunctive *sois*, see Less. 124, page 262.

s'il y avait des rois dignes de Formosante. On l'introduisit dans le premier rang de l'amphithéâtre, lui, son valet, ses deux licornes et son oiseau. Il salua profondément Bélus, sa fille, les trois rois et toute l'assemblée ; puis il prit place en rougissant. Ses deux licornes se couchèrent à ses pieds, son oiseau se percha sur son épaule, et son valet, qui portait un petit sac, se mit à côté de lui.

Les épreuves commencèrent. On tira de son étui[1] d'or l'arc de Nimrod. Le grand maître des cérémonies, suivi de cinquante pages, et précédé de vingt trompettes, le présenta au roi d'Egypte, qui le fit bénir[2] par ses prêtres ; et l'ayant posé sur la tête du bœuf Apis, il ne douta pas de remporter cette première victoire. Il descend au milieu de l'arène, il essaie, il épuise ses forces, il fait des contorsions qui excitent le rire de l'amphithéâtre, qui font même sourire Formosante.

Son grand aumônier[3] s'approcha de lui : Que votre majesté,[4] lui dit-il, renonce à ce vain honneur qui n'est que celui des muscles et des nerfs ; vous triompherez dans tout le reste : vous vaincrez le lion puisque vous avez le sabre d'Osiris. La princesse doit appartenir au prince qui a le plus d'esprit, et vous avez deviné des énigmes ; elle doit épouser le plus vertueux, vous l'êtes,[5] puisque vous avez été élevé par les prêtres d'Egypte, le plus généreux doit l'emporter, et vous avez donné les deux plus beaux crocodiles et les deux plus beaux rats qui soient dans le Delta ; vous possédez le bœuf Apis, et les livres d'Hermès qui sont la chose la plus rare de l'univers, personne ne peut vous disputer[6] Formosante. Vous avez raison, dit le roi d'Egypte, et il se remit sur son trône.

125. On alla mettre l'arc entre les mains du roi des Indes. Il en eut[7] des ampoules pour quinze jours, et se consola en

1. *Etui*, case.
2. *Le fit bénir*, had it blessed.
3. *Son grand aumônier*, his grand almoner.
4. *Que votre majesté*, etc., let your majesty renounce this vain honor, which is only that.
5. *Vous l'êtes*, you are so.
6. *Peut vous disputer*, can compete with you for Formosante.
7. *Il en eut*, etc., he had blisters from it for fifteen days.

présumant que le roi des Scythes ne serait pas plus heureux que lui.

Le scythe mania l' arc à son tour. Il joignit l' adresse à la force; l' arc parut prendre quelque élasticité entre ses mains; il le fit un peu plier, mais jamais il ne put venir à bout de le tendre.[1] L' amphithéâtre à qui la bonne mine de ce prince inspirait des inclinations favorables, gémit de son peu de succès, et jugea que la belle princesse ne serait jamais mariée.

Alors le jeune inconnu descendit d' un saut dans l' arène, et s' adressant au roi des Scythes: Que votre majesté,[2] lui dit-il, ne s' étonne point de n' avoir pas entièrement réussi. Ces arcs d' ébène se font[3] dans mon pays; il n' y a qu' un certain tour à donner; vous avez beaucoup plus de mérite à l' avoir fait plier que je n' en peux avoir à le tendre. Aussitôt il prit une flèche, l' ajusta sur la corde, tendit l' arc de Nimrod, et fit voler la flèche bien au-delà des barrières. Un million de mains applaudirent à ce prodige, et Babylone retentit d' acclamations.

Il tira ensuite de sa poche une petite lame d' ivoire,[4] écrivit sur cette lame avec une aiguille d' or, attacha la tablette d' ivoire à l' arc, et présenta le tout à la princesse avec une grâce qui ravissait tous les assistants. Puis il alla modestement se remettre à sa place, entre son oiseau et son valet. Babylone entière était dans la surprise; les trois rois étaient confondus, et l' inconnu ne paraissait pas s' en apercevoir.[5]

Cependant Bélus, ayant consulté ses mages, déclara qu' aucun des trois rois n' ayant pu bander l' arc de Nimrod, il n' en fallait pas moins[6] marier sa fille, et qu' elle appartiendrait à celui qui viendrait à bout[7] d' abattre le grand lion qu' on nourrissait exprès dans sa ménagerie. Le roi d' Egypte, qui avait été élevé dans toute la sagesse de son pays, trouve qu' il était fort

1. *Venir à bout de le tendre*, to succeed in bending it.
2. *Que votre majesté*, etc., let not your majesty, said he, be astonished.
3. *Se font*, are made.
4. *Une petite lame d' ivoire*, a little ivory plate.
5. *S' en apercevoir*, to perceive it.
6. *Il n' en fallait pas moins*, it was no less necessary for that.
7. *Viendrait à bout*, should succeed.

ridicule d' exposer un roi aux bêtes pour le marier. Il avouait[1] que la possession de Formosante était d' un grand prix; mais il prétendait[2] que si le lion l' étranglait, il ne pourrait jamais épouser cette belle babylonienne. Le roi des Indes entra dans les sentiments de l' Egyptien; tous deux conclurent[3] que le roi de Babylone se moquait d' eux; qu' il fallait[4] faire venir des armées pour le punir; qu' ils avaient assez de sujets qui se tiendraient fort honorés de mourir au service de leurs maîtres; qu' ils détrôneraient aisément le roi de Babylone, et qu' ensuite ils tireraient au sort[5] la belle Formosante.

Cet accord étant fait, les deux rois dépêchèrent, chacun dans leur pays, un ordre exprès d' assembler une armée de trois cent mille hommes pour enlever Formosante.

126. Cependant le roi des Scythes descendit seul dans l' arène, le cimeterre à la main. Il n' était pas éperdument épris[6] des charmes de Formosante; la gloire avait été jusque là sa seule passion; elle l' avait conduit à Babylone. Il voulait faire voir que si les rois de l' Inde et de l' Egypte étaient assez prudents pour ne pas se compromettre[7] avec des lions, il était assez courageux pour ne pas dédaigner ce combat, et qu' il réparerait l' honneur du diadème. Sa rare valeur ne lui permit pas seulement de se servir[8] du secours de son tigre. Il s' avance seul, légèrement armé, couvert d' un casque d' acier garni[9] d' or, ombragé de trois queues blanches comme la neige.

On lâche contre lui le plus énorme lion qui ait jamais été nourri dans les montagnes de l' Anti-Liban. Ses terribles griffes semblaient capables de déchirer les trois rois à la fois, et sa vaste gueule de les dévorer. Ses affreux rugissements faisaient retentir l' amphithéâtre. Les deux fiers champions se précipitent l' un contre l' autre d' une course rapide. Le coura-

1. *Avouait*, confessed.
2. *Prétendait*, maintained.
3. *Conclurent*, perf. of *conclure*. See Less. 138, page 302, obs. 2.
4. *Il fallait*, etc., it was necessary to have some armies come.
5. *Tiraient au sort*, they would draw lots for.
6. *Eperdument épris*, desperately smitten.
7. *Se compromettre*, to expose themselves.
8. *Seulement de se servir*, even to avail himself.
9. *Garni*, ornamented.

geux scythe enfonce son épée dans le gosier du lion ; mais la pointe rencontrant une de ces épaisses dents que rien ne peut percer, se brise en éclats,[1] et le monstre des forêts, furieux de sa blessure, imprimait déjà ses ongles dans les flancs du monarque.

Le jeune inconnu, touché du péril d' un si brave prince, se jette dans l' arène plus prompt qu' un éclair ; il coupe la tête du lion avec la même dextérité qu' on a vu depuis dans nos carrousels de jeunes chevaliers adroits enlever des têtes de maures,[2] ou des bagues.

Puis tirant une petite boîte, il la présente au roi scythe, en lui disant : Votre majesté trouvera dans cette petite boîte le véritable dictame qui croît dans mon pays. Vos glorieuses blessures seront guéries en un moment. Le hasard seul[3] vous a empêché de triompher du lion ; votre valeur n' en est pas[4] moins admirable.

Le roi scythe, plus sensible à la reconnaissance qu' à la jalousie, remercia son libérateur ; et après l' avoir tendrement embrassé, rentra dans son quartier pour appliquer le dictame sur ses blessures.

L' inconnu donna la tête du lion à son valet : celui-ci, après l' avoir lavée à la grande fontaine qui était au-dessous de l' amphithéâtre, et en avoir[5] fait écouler tout le sang, tira un fer de son petit sac, arracha les quarante dents du lion, et mit à leur place quarante diamants d' une égale grosseur.

127. Son maître, avec sa modestie ordinaire, se mit à sa place ; il donna la tête du lion à son oiseau : Bel oiseau, dit-il, allez porter aux pieds de Formosante ce faible hommage. L' oiseau part, tenant dans une de ses serres le terrible trophée. Il le présente à la princesse en baissant[6] humblement le cou, et en s' aplatissant devant elle. Les quarante brillants éblouirent

1. *Se brise en éclats*, breaks to shivers.
2. *Des têtes de maures*, moors' heads or rings.
3. *Le hasard seul*, chance alone.
4. *N' en est pas*, is not for that less admirable.
5. *En avoir*, etc., having made flow from it.
6. *En baissant*, etc., bowing humbly the neck and spreading himself out prostrate before her.

tous les yeux. On ne connaissait pas encore[1] cette magnificence dans la superbe Babylone; l'émeraude, la topaze, le saphir, et le pyrope étaient regardés encore comme les plus précieux ornements. Bélus et toute la cour étaient saisis d'admiration. L'oiseau qui offrait ce présent les surprit encore davantage. Il était de la taille d'un aigle, mais ses yeux étaient aussi doux[2] et aussi tendres que ceux de l'aigle sont fiers et menaçants. Son bec était couleur de rose, et semblait tenir quelque chose de la belle bouche de Formosante. Son cou rassemblait toutes les couleurs de l'iris, mais plus vives et plus brillantes. L'or en mille nuances[3] éclatait sur son plumage. Ses pieds paraissaient un mélange d'argent et de pourpre; et la queue des beaux oiseaux, qu'on attela depuis au char de Junon n'approchait pas de la sienne. L'attention, la curiosité, l'étonnement, l'extase de toute la cour se partageaient[4] entre les quarante diamants et l'oiseau. Il s'était perché[5] sur la balustrade entre Bélus et sa fille Formosante; elle le flattait, le caressait, le baisait. Il semblait recevoir ses caresses avec un plaisir mêlé de respect. Quand la princesse lui donnait des baisers, il les rendait, et la regardait ensuite avec les yeux attendris. Il recevait d'elle des biscuits et des pistaches[6] qu'il prenait de sa patte purpurine et argentée, et qu'il portait à son bec avec des grâces inexprimables.

Bélus qui avait considéré les diamants avec attention, jugeait qu'une de ses provinces pouvait à peine payer[7] un présent si riche. Il ordonna de préparer pour l'inconnu des dons encore plus magnifiques que ceux qui étaient destinés aux trois monarques. Ce jeune homme, disait-il, est sans doute le fils du roi de la Chine, ou de cette partie du monde que l'on nomme

---

1. *On ne connaissait pas encore*, they were not yet acquainted with.
2. *Aussi doux*, etc., as mild and as tender as those of the eagle are proud and threatening.
3. *En mille nuances*, in a thousand shades.
4. *Se partageaient*, was divided.
5. *S'était perché*, he had alighted.
6. *Pistaches*, pistachios.
7. *Payer*, to pay for.

l' Europe, dont j' ai entendu parler, ou de l' Afrique, qui est, dit-on, voisine du royaume d' Egypte.

Il envoya sur-le-champ son grand écuyer complimenter l' inconnu, et lui demander s' il était souverain d' un de ces empires, et pourquoi, possédant de si étonnants trésors, il était venu[1] avec un valet et un petit sac.

Tandis que le grand écuyer s' avançait vers l' amphithéâtre pour s' acquitter de sa commission, arriva un valet sur une licorne. Ce valet, adressant la parole au jeune homme, lui dit : Ormar, votre père touche à[2] l' extrémité de sa vie, et je suis venu vous en avertir.[3] L' inconnu leva les yeux au ciel, versa des larmes, et ne répondit que par ce mot : " partons."

LE SOUHAIT.

128. Ce n' est ni l' abondance que je désire, ni de régner sur mes semblables, ni que mon nom soit répété chez les nations éloignées. Oh ! que ne puis-je[4] inconnu, tranquille, vivre loin du fracas de la ville, où les cœurs droits marchent environnés de mille piéges inévitables, où les mœurs et les usages ennoblissent mille extravagances ! Que ne puis-je, au sein d' une campagne solitaire couler[5] mes jours paisibles sous un toit rustique, auprès d' un jardin champêtre, également à l' abri de l' envie et de la célébrité !

Des noyers cintrés en berceaux[6] couvriraient de leur ombrage ma maison solitaire. Sous leurs feuillages verts habiteraient devant ma fenêtre, le doux zéphyr, l' aimable fraîcheur, et le repos tranquille. Devant l' entrée, dans une petite enceinte fermée par une haie vive, une source limpide murmurerait, sous un treillage de pampre.[7] Dans le courant de cette onde pure,

---

1. *Il était venu*, he had come.
2. *Touche à*, has reached.
3. *Vous en avertir*, to inform you of it.
4. *Que ne puis-je*, why can I not.
5. *Couler*, pass smoothly away.
6. *Cintrés en berceaux*, arched into vaults.
7. *Treillage de pampre*, a treillage of vines.

la cane[1] se jouerait avec ses petits. Les douces colombes descendraient de leur toit ombragé, pour s' y désaltérer ;[2] elles se promèneraient sur le gazon en redressant leur cou nuancé de mille couleurs : tandis que le coq majestueux assemblerait autour de lui dans la cour, ses poules glapissantes. Tous ensemble accourraient au son de ma voix et viendraient en foule demander d' un air caressant la pâture à leur maître.

Les oiseaux, dont la liberté ne serait jamais troublée habiteraient le feuillage touffu des arbres voisins et s' appelleraient familièrement d' un arbre à l' autre par leurs chants. Dans un coin de la petite cour seraient rangées les ruches[3] de mes abeilles. Leur république forme un spectacle aussi agréable qu' utile. Elles aimeraient le séjour de mon verger, s' il est vrai, comme le disent les habitants de la campagne, qu' elles ne se fixent que dans les lieux ou règnent la paix et le repos. Derrière la maison, serait placé mon jardin spacieux où l' art simple se prêterait avec docilité à seconder les agréables caprices de la nature. On ne le verrait point se révolter contre elle, regarder ses productions comme une matière servile, et les plier à des formes bizarres et grotesques. Un mur de noisetiers[4] fermerait ce jardin ; à chacun des coins il y aurait une tonnelle[5] de vigne sauvage. Là, souvent je me déroberais aux rayons brûlants du soleil ; et je verrais le jardinier hâlé retourner la terre des planches[6] pour semer des légumes savoureux. Souvent excité par son ardeur au travail, je prendrais de ses mains la bêche[7] pour travailler moi-même, tandis que debout à mes côtés, il rirait de mon peu de force. Quelquefois je l' aiderais, tantôt à lier contre des banquettes[8] les tiges penchées des plantes, tantôt à prendre soin des rosiers, des œillets, et des lys dispersés.

129. Hors du jardin un clair ruisseau arroserait mes prés couverts d' une herbe épaisse ; de là, il serpenterait[9] à l' ombre

---

1. *La cane*, the duck.
2. *S' y désaltérer*, to quench there their thirst.
3. *Les ruches*, the hives.
4. *Noisetiers*, nut-trees.
5. *Une tonnelle*, an arbor.
6. *Des planches*, from the boards
7. *La bêche*, the spade.
8. *Contre des banquettes*, against the rods.
9. *Serpenterait*, would wind.

d' un bocage d' arbres fruitiers, entremêlés de tendres rejetons que je cultiverais moi-même avec soin. Vers le milieu, je rassemblerais ses eaux pour former un petit étang dans lequel je ménagerais une petite île ; et sur cette île j' élèverais un berceau de verdure. Oh ! si je pouvais voir encore un petit coteau de vigne s' étendre le long de la plaine ; si je possédais encore un petit champ couvert d' épis ondoyants, le plus riche des rois pourrait-il me paraître digne d' envie ?

J' aurais pour voisin le bon villageois dans sa chaumière enfumée ; les secours d' une bienveillance réciproque, les conseils sincères de l' amitié nous feraient sourire tendrement en bons voisins[1] à la rencontre l' un de l' autre. Qu' y a-t-il en effet de plus doux que d' être aimé ? Qu' y a-t-il de plus agréable que d' être abordé d' un air content par un homme auquel on a fait du bien ?

Lorsque le fracas tumultueux arrache au sommeil l' habitant des villes ; lorsque le mur voisin le dérobe[2] aux regards bienfaisants du soleil levant ; lorsque le spectacle admirable de l' aurore est interdit[3] à sa vue emprisonnée ; alors, réveillé par le vent frais du matin et par le doux concert des oiseaux, je sortirais des bras[4] du repos pour voler au-devant de l' aurore, ou dans les prairies émaillées, ou sur le penchant du coteau voisin. Du haut des collines, j' exprimerais mon ravissement par des chants de joie. Quoi de plus ravissant en effet que la belle nature, lorsque ses beautés diversifiées à l' infini[5] se confondent dans un mélange plein d' harmonie ?

Souvent, aux douces clartés de la lune je me promènerais, plongé dans des méditations profondes sur l' harmonie du système de l' univers, tandis que des mondes et des soleils sans nombre brilleraient au-dessus de ma tête.

Quelquefois aussi, je suivrais le laboureur, lorsqu' il chante derrière sa charrue en traçant un sillon pénible ; ou j' irais

1. *En bons voisins*, as good neighbors.
2 *Le dérobe*, deprives him.
3. *Est interdit*, is forbidden to his imprisoned view.
4. *Des bras*, etc., from the arms of repose.
5. *Diversifiées*, etc., diversified to infinity.

voir la troupe de moissonneurs rangés en file. J' écouterais leurs chansons rustiques, et leurs historiettes naïves, et leurs propos[1] joyeux. Ou bien,[2] lorsque l' automne de retour teint nos arbres de couleurs bigarrées, lorsque le chant des vendangeurs fait retentir les coteaux, je me rendrais parmi eux. Lorsque les trésors de l' automne sont recueillis, ils marchent en poussant des cris d' allégresse vers la maison où le bruit du pressoir retentit au loin. Ils se rassemblent sous le chaume[3] où un repas joyeux les attend.

130. Mais lorsque des jours sombres et pluvieux, lorsque la rigueur de l' hiver et l' ardeur brûlante de l' été, m' interdiraient la promenade, je m' enfermerais dans un cabinet solitaire où je jouirais des doux entretiens de la plus illustre société, des entretiens de ces grands génies, l' honneur et la gloire de chaque siècle, qui ont versé, dans des ouvrages instructifs, les trésors de leur sagesse. Société vraiment noble ! qui élève notre âme et la rétablit dans sa dignité naturelle. L' un me développerait[4] les mœurs des nations étrangères, et les merveilles de la nature dans les nations les plus éloignées ; un autre me développerait les mystères de la nature, et m' introduirait dans son laboratoire secret.[5] Celui-ci m' instruirait de la constitution intérieure des nations, et de leur histoire, la honte, tout à-la-fois,[6] et la gloire de la race humaine. Celui-là me ferait connaître la grandeur et la destination de notre âme, et les charmes de la vertu. Autour de moi seraient rangés les sages et les poètes de l' antiquité.

Quelquefois, interrompu tout-à-coup, j' entendrais frapper[7] à ma porte. Quelle joie ! si, au moment quelle s' ouvrirait, un ami volait dans mes bras étendus pour le recevoir. Souvent aussi, au retour de la promenade, en approchant de ma cabane solitaire, je verrais mes amis, tantôt séparés, tantôt réunis en

---

1. *Propos*, discourses.
2. *Ou bien*, etc., or else, when autumn returning paints our trees.
3. *Sous le chaume*, beneath the thatch.
4. *L' un me développerait*, one would unfold to me.
5. *Dans son laboratoire secret*, in his secret laboratory.
6. *Tout à-la-fois*, etc., at once the shame and the glory, etc.
7. *J' entendrais frapper*, I should hear (to knock) a knocking.

troupe, me saluer en s' avançant à ma rencontre.[1] Alors nous irions tous ensemble parcourir les campagnes d' alentour. Là, sans chagrin, sans humeur, nos entretiens graves, entremêles d' une plaisanterie douce, feraient couler pour nous les heures avec rapidité. L' appétit assaisonnerait les mets que nous fourniraient mon jardin, mon vivier,[2] et ma nombreuse basse-cour. A notre retour, nous trouverions la table servie sous une treille, ou sous une cabane de verdure, au milieu du jardin. D' autres fois, assis sous la feuillée, au clair de la lune, nous ririons et nous causerions, ou bien nous écouterions en silence les chants mélancoliques du rossignol.

Mais quel vain songe m' occupe ! Ah ! depuis trop long-temps mon imagination s' égare à ta poursuite, fantôme mensonger ! Chimérique souhait, je ne te verrai jamais accompli ! Toujours l' homme est mécontent ; nos yeux[3] contemplent sans cesse l' image du bonheur dans des campagnes lointaines, dont nous sommes séparés par des labyrinthes impénétrables qui nous en ferment l'accès. Alors, nous nous épuisons[4] en soupirs, et nous oublions de remarquer le bien qui était destiné à chacun de nous, sur la route de notre vie. La vertu est notre vrai bonheur. Celui-là est sage, celui-là est heureux, qui remplit sans murmurer, la place que lui a destinée[5] l' architecte éternel, qui a conçu le plan de tout. Oui, divine vertu, c' est toi qui fais notre bonheur ; c' est toi qui verses la joie et la félicité sur toutes les situations de notre vie. Qui pourrais-je envier,[6] quand le moment sera venu de terminer des jours dont tu auras fait le bonheur ? Alors, je mourrai satisfait, pleuré des âmes nobles qui m' auront aimé pour l' amour de toi ; pleuré de vous, ô mes amis. Lorsque vos pas vous conduiront auprès de la colline où sera mon tombeau, serrez-vous[7]

---

1. *A ma rencontre*, (to my meeting) to meet me.
2. *Mon vivier*, etc., my fish-pond and my numerous poultry-yard.
3. *Nos yeux*, etc., our eyes contemplate unceasingly the image of happiness in far-off countries.
4. *Nous nous épuisons*, we exhaust ourselves.
5. *Que lui a destinée*, etc., which the eternal Architect has destined for him.
6. *Qui pourrais-je envier*, whom could I envy.
7. *Serrez-vous*, etc., press each other's hands, and embrace.

la main, embrassez-vous, mes chers amis. C' est ici, vous direz-vous, que repose sa cendre ; son cœur fut droit ; Dieu récompense aujourd' hui ses efforts, par un bonheur qui n' aura pas de fin. Bientôt notre cendre reposera près de la sienne, et nous jouirons alors avec lui d' une félicité éternelle.

LES SOUVENIRS.

131. Pourquoi devant mes yeux revenez-vous sans cesse,
O jours de mon enfance et de mon allégresse ?
Qui donc toujours vous rouvre en nos cœurs presque éteints,
O lumineuse fleur des souvenirs lointains ?
Oh ! que j' étais heureux ![1] oh ! que j' étais candide !
En classe, un banc de chêne, usé, lustré, splendide,[2]
Une table, un pupitre, un lourd encrier noir,
Une lampe,[3] humble sœur de l' étoile du soir,
M' accueillaient gravement et doucement ; mon maître,
Comme je vous l' ai dit souvent, était un prêtre
A l' accent[4] calme et bon, au regard réchauffant,
Naïf comme un savant, malin comme un enfant,
Qui m' embrassait, disant, car un éloge excite :
" Quoiqu' il n' ait que neuf ans, il explique Tacite."
Puis, près d' Eugène,[5] esprit qu' hélas ! Dieu submergea,
Je travaillais dans l' ombre, (et je songeais déjà
Tandis que j' écrivais,) sans peur, mais sans système,
Versant le barbarisme à grands flots[6] sur le thème,
Inventant[7] aux auteurs des sens inattendus,
Le dos courbé, le front touchant presque au Gradus,[8]

---

1. *Que j' étais heureux !* how happy I was !
2. *Usé, lustré, splendide,* worn, polished, shining.
3. *Une lampe,* etc., a lamp, humble sister of the star, etc.
4. *A l' accent,* etc., of calm accent.
5. *Eugène,* (his brother.)
6. *A grands flots,* (in great tides) with great copiousness.
7. *Inventant,* etc., inventing for the author's unlooked for meanings.
8. *Gradus,* my gradus, (dictionary of prosody.)

Je croyais, car toujours l' esprit de l' enfant veille,
Ouïr confusément, tout près[1] de mon oreille,
Les mots grecs et latins, bavards[2] et familiers,
Barbouillés d' encre, et gais comme des écoliers,
Chuchoter,[3] comme font les oiseaux dans une aire,
Entre les noirs feuillets du lourd dictionnaire,
Bruits plus doux que le bruit d' un essaim[4] qui s' enfuit,
Souffles[5] plus étouffés qu' un soupir de la nuit,
Qui faisaient, par instants, sous les fermoirs[6] de cuivre,
Frissonner[7] vaguement les pages du vieux livre !

Le devoir fait, légers comme de jeunes daims,
Nous fuyions à travers les immenses jardins,
Eclatant[8] à la fois en cent propos contraires,
Moi, d' un pas inégal je suivais mes grands frères ;
Et les mouches volaient dans l' air silencieux,
Et le doux rossignol, chantant dans l' ombre obscure,
Enseignait la musique à toute la nature ;
Tandis qu' enfant jaseur, aux gestes étourdis,
Jetant partout mes yeux ingénus et hardis,
D' où jaillissait la joie en vives étincelles,
Je portais sous mon bras, noués par trois ficelles,
Horace et les festins, Virgile et les forêts,
Tout l' Olympe, Thésée, Hercule, et toi Cérès,
La cruelle Junon, Lerne et l' hydre enflammée,
Et le vaste lion de la roche Némée.

---

1. *Tout près*, etc., quite near to my ear.
2. *Bavards*, babbling.
3. *Chuchoter*, to whisper.
4. *D' un essaim*, etc., of a swarm which is flying away.
5. *Souffles*, etc., breathings more stifled.
6. *Les fermoirs*, the clasps.
7. *Frissonner*, to shiver.
8. *Eclatant*, etc., breaking forth at once in a hundred contrary purposes.

PAUL ET VIRGINIE.

132. Sur le côté oriental de la montagne qui s' élève derrière le Port-Louis de l' île de France, on voit, dans un terrain jadis cultivé, les ruines de deux cabanes. Elles sont situées presque au milieu d' un bassin, formé par de grands rochers, qui n' a qu' une seule ouverture tournée au nord. On aperçoit à gauche la montagne appelée le Morne de la Découverte,[1] d' où l' on signale[2] les vaisseaux qui abordent dans l' île, et, au bas de cette montagne, la ville nommée le Port-Louis; à droite, le chemin qui mène du Port-Louis au quartier des Pamplemousses; ensuite,[3] l' église de ce nom, qui s' élève avec ses avenues de bambous[4] au milieu d' une grande plaine; et, plus loin, une forêt qui s' étend jusqu' aux extrémités de l' île. On distingue devant soi, sur les bords de la mer, la baie du Tombeau; un peu sur la droite, le cap Malheureux; et au-delà, la pleine mer, où paraissent à fleur[5] d' eau quelques îlots inhabités, entre autres le coin de Mire,[6] qui ressemble à un bastion au milieu des flots.

A l' entrée de ce bassin, d' où l' on découvre tant d' objets, les échos de la montagne répètent sans cesse le bruit des vents qui agitent les forêts voisines, et le fracas des vagues qui se brisent au loin sur les récifs; mais au pied même des cabanes on n' entend plus aucun bruit, et on ne voit plus autour de soi que de grands rochers escarpés comme des murailles. Des bouquets d' arbres croissent à leurs bases, dans leurs fentes,[7] et jusque sur leurs cimes, où s' arrêtent les nuages. Les pluies, que leurs pitons attirent, peignent[8] souvent les couleurs de

1. *Morne de la Découverte*, Discovery Bluff. *Morne* is a name given in America, and some other parts, to small mountains situated upon the sea.
2. *Signale*, gives signal of.
3. *Ensuite*, then.
4. *Bambous*, bamboos.
5. *A fleur de*, on a level with.
6. *Le coin de Mire*, aiming wedge, (name of an island.)
7. *Fentes*, clefts.
8. *Peignent*, from *peindre*.

l' arc-en-ciel sur leurs flancs verts et bruns, et entretiennent[1] à leur pied les sources dont se forme la petite rivière des Lataniers. Un grand silence règne dans leur enceinte, où tout est paisible, l' air, les eaux et la lumière. A peine l' écho y répète le murmure des palmistes[2] qui croissent sur leurs plateaux élevés, et dont on voit les longues flèches[3] toujours balancées par les vents. Un jour doux éclaire le fond de ce bassin, où le soleil ne luit qu' à midi; mais dès l' aurore ses rayons en frappent le couronnement,[4] dont les pics, s' élevant au-dessus des ombres de la montagne, paraissent d' or et de pourpre sur l' azur des cieux.

J' aimais à me rendre dans ce lieu, où l' on jouit à la fois d' une vue immense et d' une solitude profonde; et ici, un jour que j' étais assis au pied de ces cabanes, un vieillard du voisinage me raconta l' histoire de leurs habitants.

Ces deux petites cabanes, me dit-il, je les ai fait bâtir pour deux femmes solitaires, séparées par le malheur de l' Europe, et dépourvues de tous leurs anciens amis. Chacune d' elles avait un seul nourrisson. J' étais le parrain[5] de tous les deux enfants. Celui de Marguerite s' appelait Paul, et celle de Madame de la Tour portait le nom de Virginie.

133. Ces deux petites habitations étaient de quelque rapport[6] à l' aide des soins que j' y donnais de temps en temps, mais surtout, par les travaux assidus de leurs deux esclaves. Celui de Marguerite appelé Domingue était un noir iolof,[7] encore robuste, quoique déjà sur l' âge.[8] Il avait de l' expérience et un bon sens naturel. Il cultivait indifféremment[9] sur les deux habitations les terrains qui lui semblaient les plus fertiles, et il y mettait les semences qui leur convenaient le mieux. Il semait du petit mil[10] et du maïs dans les endroits médiocres, un peu de froment dans les bonnes terres, du riz dans les fonds

1. *Entretiennent*, support.
2. *Palmistes*, palm-trees.
3. *Flèches*, shoots.
4. *Couronnement*, top.
5. *Parrain*, godfather.
6. *De quelque rapport*, of some profit.
7. *Iolof*, Iolof, (a negro from Senegal.)
8. *Sur l' âge*, advanced in age.
9. *Indifféremment*, without distinction.
10. *Mil*, millet.

marécageux; et au pied des roches, des giraumonts,[1] des courges et des concombres, qui se plaisent à y grimper. Il plantait dans les lieux secs des patates, qui y viennent très-sucrées, des cotonniers sur les hauteurs, des cannes à sucre[2] dans les terres fortes, des pieds de café[3] sur les collines, où le grain est petit mais excellent; le long de la rivière et autour des cases,[4] des bananiers, qui donnent toute l'année de longs régimes[5] de fruits avec un bel ombrage, et enfin, quelques plantes de tabac pour charmer ses soucis et ceux de ses bonnes maîtresses. Il allait couper du bois à brûler dans la montagne, et casser des roches ça et là, dans les habitations, pour en aplanir les chemins. Il faisait tous ces ouvrages avec intelligence et activité, parçe qu'il les faisait avec zèle. Il était fort attaché à Marguerite, et il ne l'était guère moins à madame de la Tour, dont il avait épousé la négresse à la naissance de Virginie. Il aimait passionnément sa femme, qui s'appelait Marie. Elle était née à Madagascar, d'où elle avait apporté quelque industrie,[6] surtout celle de faire des paniers et des étoffes appelées *pagnes* avec des herbes qui croissent dans les bois. Elle était adroite, propre et très-fidèle. Elle avait soin de préparer à manger, d'élever quelques poules, et d'aller de temps en temps vendre au Port-Louis le superflu de ces deux habitations, qui était bien peu considérable.

Si vous y joignez deux chèvres élevées près des enfants, et un gros chien qui veillait la nuit au dehors, vous aurez une idée de tout le revenu et de tout le domestique[7] de ces deux petites métairies.

Pour ces deux amies, elles filaient du matin au soir du coton. Ce travail suffisait à leur entretien et à celui de leurs familles; mais d'ailleurs, elles étaient si dépourvues de commodités étrangères, qu'elles marchaient nu-pieds dans leur habitation et ne portaient de souliers que pour aller, le di-

1. *Giraumonts*, etc., pumpkin, gourds, and cucumbers.
2. *Cannes à sucre*, sugar-cane.
3. *Des pieds de café*, coffee-plants.
4. *Autour des cases*, around the cottages.
5. *Régimes*, bunches.
6. *Industrie*, mechanical skill.
7. *Le domestique*, the family

manche[1] de grand matin,[2] à la messe à l' église des Pamplemousses, que vous voyez là-bas. Il y a cependant bien plus loin qu' au Port-Louis; mais elles se rendaient rarement à la ville, de peur d' y être méprisées, parce qu' elles étaient vêtues de grosse toile bleue du Bengal, comme des esclaves.

134. Après tout, la considération publique vaut-elle le bonheur domestique? Si ces dames avaient un peu à souffrir au dehors, elles rentraient chez elles[3] avec d' autant plus de plaisir. A peine Marie et Domingue les apercevaient de cette hauteur sur le chemin des Pamplemousses, qu' ils accouraient jusqu' au bas de la montagne, pour les aider à la remonter. Elles lisaient dans les yeux de leurs esclaves la joie qu' ils avaient de les revoir. Elles trouvaient chez elles la propreté, la liberté, des biens qu' elles ne devaient qu' à leurs propres travaux, et des serviteurs pleins de zèle et d' affection. Elles-mêmes, unies par les mêmes besoins, ayant éprouvé des maux presque semblables, se donnant les doux noms d' amie, de compagne et de sœur, n' avaient qu' une volonté, qu' un intérêt, qu' une table. Tout entre elles était commun. Seulement, si d' anciens feux plus vifs que ceux de l' amitié se réveillaient dans leur âme, une religion pure, aidée par des mœurs chastes, les dirigeait vers une autre vie, comme la flamme qui s' envole[4] vers le ciel lorsqu' elle n' a plus d' aliment sur la terre.

Les devoirs de la nature ajoutaient encore au bonheur de leur société. Leur amitié mutuelle redoublait à la vue de leurs enfants. Elles prenaient plaisir à les mettre ensemble dans le même bain, et à les coucher dans le même berceau. Souvent elles les changeaient de lait. "Mon amie, disait madame de la Tour, chacune de nous aura deux enfants, et chacun de nos enfants aura deux mères." Comme deux bourgeons[5] qui restent sur deux arbres de la même espèce, dont la tempête a brisé toutes les branches, viennent à produire des fruits plus doux, si chacun d' eux, détaché du tronc maternel, est

1. *Le dimanche*, Sundays. See Less. 43.
2. *De grand matin*, early in the morning.
3. *Chez elles*, their homes.
4. *S' envole*, flies away.
5. *Bourgeons*, buds.

greffé[1] sur le tronc voisin ; ainsi ces deux petits enfants, privés de tous leurs parents, se remplissaient de sentiments plus tendres que ceux de fils et de fille, de frère et de sœur, quand ils venaient à être changés de mamelles par les deux amies qui leur avaient donné le jour. Déjà leurs mères parlaient de leur mariage sur[2] leurs berceaux, et cette perspective de félicité conjugale, dont elles charmaient leurs propres peines, finissait bien souvent par les faire pleurer. Mais elles se consolaient en pensant qu'un jour leurs enfants plus heureux, jouiraient à la fois, loin des cruels préjugés de l' Europe, des plaisirs de l' amour et du bonheur de l' égalité.

Rien en effet n' était comparable à l' attachement qu' ils se témoignaient déjà. Si Paul venait à se plaindre,[3] on lui montrait Virginie ; à sa vue il souriait et s' apaisait. Si Virginie souffrait, on en était averti par les cris de Paul ; mais cette aimable fille dissimulait aussitôt son mal, pour ne pas lui causer de chagrin. Je n' arrivais point de fois[4] ici, sans que je les visse tous deux, pouvant à peine marcher, se tenant ensemble par les mains et sous les bras, comme on représente la constellation des Gémeaux. La nuit même ne pouvait les séparer ; elle les surprenait souvent couchés dans le même berceau, joue contre joue, poitrine contre poitrine, les mains passées mutuellement autour de leurs cous, et endormis dans les bras l' un de l' autre.[5]

135. Lorsqu' ils surent parler, les premiers noms qu' ils apprirent à se donner étaient ceux de frère et de sœur. L' enfance, qui connaît des caresses plus tendres, ne connaît point de plus doux noms. Leur éducation ne faisait que[6] redoubler leur amitié, en la dirigeant vers leurs besoins réciproques.[7] Bientôt, tout ce qui regarde l' économie, la propreté, le soin de préparer un repas champêtre, appartenait aux occupations de Virginie, et ses travaux étaient toujours suivis des

1. *Greffé*, grafted.
2. *Sur*, over.
3. *Venait à se plaindre*, chanced to complain.
4. *Point de fois*, never once.
5. *L' un de l' autre*, of each other.
6. *Ne faisait que*, served only.
7. *Réciproques*, mutual.

louanges et des baisers de son frère. Pour lui, sans cesse en action, il bêchait le jardin avec Domingue, ou, une petite hache à la main, il le suivait dans les bois ; et si, dans ces courses, une belle fleur, un bon fruit, ou un nid d' oiseaux se présentaient à lui, il escaladait même les plus hauts arbres pour les saisir et les apporter à sa sœur.

Toute leur étude était de se complaire et de s' entr' aider.[1] Au reste ils étaient ignorants comme des créoles, et ne savaient ni lire ni écrire. Ils ne s' inquiétaient pas de ce qui s' était passé dans des temps reculés et loin d' eux ; leur curiosité ne s' étendait pas au-delà de cette montagne. Ils croyaient que le monde finissait où finissait leur île, et ils n' imaginaient rien d' aimable où ils n' étaient pas. Leur affection mutuelle et celle de leurs mères occupaient toute l' activité de leurs âmes. Jamais des sciences inutiles n' avaient fait couler leurs larmes ; jamais les leçons d' une triste morale ne les avaient remplis d' ennui. Ils ne savaient pas qu' il ne faut pas être intempérant, ayant à discrétion des mets simples ; ni menteur, n' ayant aucune vérité à dissimuler. On ne les avait jamais effrayés, en leur disant que Dieu réserve des punitions terribles aux enfants ingrats ; chez eux l' amitié filiale était née de l' amitié maternelle. On ne leur avait appris de la religion que ce qui la fait aimer ; et s' ils n' offraient pas à l' église de longues prières, partout où[2] ils étaient, dans la maison, dans les champs, dans les bois, ils levaient vers le ciel des mains innocentes et un cœur plein de l' amour de leurs parents.

136. Ainsi se passait leur première enfance, comme une belle aube[3] qui annonce un plus beau jour. Déjà ils partageaint avec leurs mères tous les soins du ménage. Dès que[4] le chant du coq annonçait le retour de l' aurore, Virginie se levait, allait puiser de l' eau à la source voisine, et rentrait à la maison pour préparer le déjeûner. Bientôt après, quand le soleil dorait les pitons de cette enceinte, Marguerite et son fils se rendaient chez madame de la Tour : alors ils commen-

1. *S' entr' aider*, to aid each other.
2. *Partout où*, wheresoever.
3. *Aube*, dawn.
4. *Dès que*, as soon as.

çaient tous ensemble une prière suivie du premier repas; souvent ils le prenaient devant la porte, assis sur l' herbe, sous un berceau[1] de bananiers, qui leur fournissaient, à la fois, des mets tout préparés dans leurs fruits substantiels, et du linge de table[2] dans leurs feuilles larges, longues et lustrées. Une nourriture saine et abondante développait rapidement les corps de ces deux jeunes gens, et une éducation douce peignait dans leur physionomie la pureté et le contentement de leur âme. Virginie n' avait que douze ans;[3] déjà sa taille était plus qu' à demi formée; de grands cheveux blonds ombrageaient sa tête; ses yeux bleus et ses lèvres de corail brillaient du plus tendre éclat sur la fraîcheur de son visage; ils souriaient toujours de concert quand elle parlait; mais quand elle gardait le silence, leur obliquité naturelle vers le ciel leur donnait une expression d' une sensibilité extrême, et même celle d' une légère mélancolie. Pour Paul, on voyait déjà se développer en lui le caractère d' un homme au milieu des grâces de l' adolescence. Sa taille était plus élevée que celle de Virginie, son teint plus rembruni, son nez plus aquilin et ses yeux, qui étaient noirs montraient un peu de fierté, mais les longs cils qui rayonnaient autour, diminuaient ce trait de hauteur, et donnaient de la sérénité à sa figure. Quoiqu' il était toujours en mouvement, dès que[4] sa sœur paraissait, il devenait tranquille, et allait s' asseoir auprès d' elle. Souvent leur repas se passait sans qu' ils se dissent un mot. A[5] leur silence, à la naïveté de leurs attitudes, à la beauté de leurs pieds nus, on croyait voir un groupe antique de marbre blanc, représentant quelques-uns des enfants de Niobé; mais à leurs regards, qui cherchaient à se rencontrer, à leurs sourires rendus par[6] de plus doux sourires, on croyait voir ces enfants du ciel, dont la nature est de s' aimer,[7] et qui n' ont pas besoin de rendre le sentiment par des pensées, et l' amitié par des paroles.

---

1. *Berceau*, arbor.
2. *Linge de table*, table-linen.
3. *N' avait que douze ans*, (had only twelve years,) was only twelve years old. See Less. 55.
4. *Dès que*, as soon as.
5. *A*, by.
6. *Rendus par*, returned by.
7. *Dont la nature est de s' aimer*, whose nature is to love each other.

137. Le bon naturel de ces enfants se développait de jour en jour. Un dimanche, au lever de l' aurore, leurs mères étant allées à la première messe à l' église des Pamplemousses, une négresse marronne[1] se présenta sous les bananiers qui entouraient leur habitation. Elle était[2] décharnée comme un squelette, et n' avait pour vêtement qu' un lambeau[3] de serpillière autour des reins. Elle se jeta aux pieds de Virginie, qui préparait le déjeûner de la famille, et lui dit: "Ma jeune demoiselle, ayez pitié d' une esclave fugitive; il y a un mois que j' erre[4] dans ces montagnes demi morte de faim, souvent poursuivie par des chasseurs et par leurs chiens. Je fuis mon maître qui est un riche habitant de la Rivière-Noire; et il m' a traitée comme vous le voyez." En même temps elle lui montra son corps sillonné de cicatrices profondes par les coups de fouet qu' elle en avait reçus. Elle ajouta: "Je voulais aller me noyer; mais, sachant que vous demeuriez ici, j' ai dit: Puisqu' il y a encore de bons blancs dans ce pays, il ne faut pas encore mourir." Virginie tout émue, lui répondit: "Rassurez-vous,[5] infortunée créature! Voilà quelque chose à manger;" et elle lui donna le déjeûner de la maison, qu' elle avait apprêté. L' esclave en peu de moments le dévora tout entier. Virginie, la voyant rassasiée, lui dit: "Pauvre misérable! j' ai envie d' aller demander votre grâce[6] à votre maître; en vous voyant il sera touché de pitié. Voulez-vous me conduire chez lui? Ange de Dieu! repartit la négresse, je suis prête à vous suivre partout." Virginie appela son frère et le pria de l' accompagner. L' esclave marronne les conduisit par des sentiers, au milieu des bois, à travers de hautes montagnes qu' ils grimpèrent avec bien de la peine, et de larges rivières qu' ils passèrent à gué.[7] Enfin, vers le milieu du jour, ils arrivèrent au bas d' un morne sur les bords de la Rivière-Noire. Ils aper-

1. *Marronne*, fugitive.
2. *Elle était*, etc., she was emaciated as a skeleton.
3. *Un lambeau*, etc., a rag of packing-cloth.
4. *Il y a un mois que j' erre*, I have been wandering a month. See Less. 61.
5. *Rassurez-vous*, take courage.
6. *Demander votre grâce*, to ask for your pardon.
7. *A gué*, by fording.

çurent là une maison bien bâtie, des plantations considérables, et un grand nombre d' esclaves occupés à toutes sortes de travaux. Leur maître se promenait[1] au milieu d' eux, une pipe à la bouche et un rotin à la main. C' était un grand homme sec, olivâtre, aux yeux enfoncés[2] et aux sourcils noirs et joints.

138. Virginie, tout émue, tenant Paul par le bras, s' approcha de l' habitant et le pria, pour l' amour de Dieu, de pardonner à son esclave qui était à quelques pas de là, derrière eux. D' abord l' habitant ne fit pas grand compte[3] de ces deux enfants pauvrement vêtus ; mais quand il eut remarqué la taille élégante de Virginie, sa belle tête blonde sous une capote bleue, et [4]qu' il eut entendu le doux son de sa voix, qui tremblait ainsi que tout son corps en lui demandant grâce, il ôta sa pipe de sa bouche, et, levant son rotin vers le ciel, il jura par un affreux serment qu' il pardonnait à son esclave, non pas pour l' amour de Dieu, mais pour l' amour d' elle. Virginie aussitôt fit signe à l' esclave de s' avancer vers son maître ; puis elle s' enfuit, et Paul courut[5] après elle.

Ils remontèrent ensemble le revers du morne par où ils étaient descendus, et, parvenus au sommet, ils s' assirent sous un arbre, accablés de lassitude, de faim et de soif. Ils avaient fait à jeun[6] plus de cinq lieues depuis le lever du soleil. Paul dit à Virginie : " Ma sœur, il est plus de midi, tu as faim et soif, nous ne trouverons point ici à dîner, redescendons le morne, et allons demander à manger au maître de l' esclave. Oh non, reprit Virginie, il m' a fait trop de peur. Souviens-toi[7] de ce que dit quelquefois maman : Le pain du méchant remplit la bouche de gravier. Comment faire[8] donc ? dit Paul ; ces arbres ne produisent que de mauvais fruits ; il n' y a pas seulement

1. *Se promenait*, was walking.
2. *Aux yeux enfoncés*, etc., with eyes sunk, and eyebrows black and joined.
3. *Ne fit pas grand compte*, did not much regard.
4. *Et que*, and when ; *que* is used for *quand*.
5. *Courut*, perf. of *courir*. See Less. 138.
6. *Ils avaient fait à jeun*, they had walked without breakfast.
7. *Souviens-toi*, remember thou ; imperative of *souvenir*.
8. *Comment faire donc?* what (must we) do then?

ici un tamarin ou un citron pour le rafraîchir. Dieu a pitié de toutes ses créatures, reprit Virginie ; il exauce même la voix des petits oiseaux qui lui demandent de la nourriture."

A peine avait-elle dit ces mots qu' ils entendirent le bruit d' une source qui tombait d' un rocher voisin. Ils y coururent, et, après s' être désaltérés avec ses eaux plus claires que le cristal, ils cueillirent et mangèrent un peu de cresson qui croissait sur ses bords. Comme ils regardaient de côté et d' autre[1] pour trouver quelque nourriture plus solide, Virginie aperçut parmi les arbres de la forêt un jeune palmiste. Le chou que la cime de cet arbre renferme au milieu de ses feuilles est un fort bon manger. Sa tige n' était pas plus grosse que la jambe, mais elle avait plus de soixante pieds de hauteur. A la vérité,[2] le bois de cet arbre n' est formé que d' un paquet de filaments ; mais son aubier[3] est si dur qu' il fait rebrousser les meilleures haches, et Paul n' avait pas même un couteau. L' idée lui vint de mettre le feu au pied de ce palmiste : autre embarras ; il n' avait point de briquet,[4] et d' ailleurs, dans cette île si couverte de rochers, on ne pouvait pas trouver une seule pierre à fusil.[5]

139. La nécessité donne de l' industrie,[6] et souvent les découvertes ont été dues aux hommes les plus misérables. Paul résolut d' allumer du feu à la manière des noirs : avec l' angle d' une pierre il fit un petit trou sur une branche d' arbre bien sèche qu' il assujétit sous ses pieds, puis, avec le tranchant[7] de cette pierre, il fit une pointe à un autre morceau de branche également sèche, mais d' une espèce de bois différent ; il posa ensuite ce morceau de bois pointu dans le petit trou de la branche qui était sous ses pieds, et le faisant rouler rapidement entre ses mains comme on roule un moulinet[8] dont on veut faire mousser[9] du chocolat, en peu de moments il vit sortir du point de contact de la fumée et des étincelles. Il ramassa des herbes sèches et d' autres branches d' arbres, et mit le feu

---

1. *De côte et d' autre*, from side to side.
2. *A la vérité*, in truth.
3. *Son aubier*, rind.
4. *Briquet*, steel.
5. *Pierre à fusil*, flint.
6. *La nécessité donne de l' industrie*, necessity imparts skill.
7. *Tranchant*, edge.
8. *Moulinet*, mill.
9. *Mousser*, to foam.

au pied du palmiste, qui, bientôt après, tomba avec un grand fracas. Le feu lui servit encore à dépouiller le chou de l' enveloppe de ses longues feuilles ligneuses et piquantes. Virginie et lui mangèrent une partie de ce chou crue, et l' autre cuite sous la cendre, et ils les trouvèrent également savoureuses. Ils firent ce repas frugal, remplis de joie par le souvenir de la bonne action qu' ils avaient faite le matin.

Après dîner ils se trouvèrent bien embarrassés, car ils n' avaient plus de guide pour les reconduire chez eux. Paul, qui ne s' étonnait de rien,[1] dit à Virginie. "Notre case est vers le soleil du milieu du jour ; il faut passer, comme ce matin, pardessus cette montagne que tu vois là-bas avec ses trois pitons.[2] Allons, marchons, mon amie !" Ils descendirent donc le morne de la Rivière-Noire du côté du nord, et arrivèrent après une heure de marche sur les bords d' une large rivière qui barrait leur chemin. Cette grande partie de l' île, toute couverte de forêts, est si peu connue, même aujourd'hui, que plusieurs de ses rivières et de ses montagnes n' y ont pas encore de nom. La rivière sur le bord de laquelle ils étaient, coule en bouillonnant[3] sur un lit de roches. Le bruit de ses eaux effraya Virginie ; elle n' osa y mettre les pieds pour la passer à gué. Paul alors prit Virginie sur son dos, et passa ainsi chargé sur les roches glissantes de la rivière, malgré le tumulte de ses eaux. "N' aie pas peur,[4] lui disait-il ; je me sens bien fort avec toi."

140. Quand Paul fut sur le rivage, il voulut continuer sa route, chargé de sa sœur, et il se flattait de monter ainsi la montagne qu' il voyait devant lui à une demi-lieue de là ; mais bientôt les forces lui manquèrent, et il fut obligé de la mettre à terre et de se reposer auprès d' elle. Virginie lui dit alors ; Mon frère le jour baisse ;[5] tu as encore des forces, et les miennes me manquent ; laisse-moi ici[6] et retourne seul à notre case pour tranquilliser nos mères. Oh ! non, dit Paul, je ne veux point

---

1. *Ne s' étonnait de rien*, was daunted at nothing.
2. *Pitons*, peaks.
3. *Coule en bouillonnant*, flows boiling.
4. *N' aie pas peur*, do not fear : *Aie*, imperative of *avoir*. See Less. 144, page 322.
5. *Le jour baisse*, the day declines.
6. *Laisse-moi ici*, leave me here.

te quitter. Cependant Virginie s' étant un peu reposée cueillit sur le tronc d' un vieux arbre penché sur le bord de la rivière de longues feuilles de scolopendre qui pendaient de son tronc; elle en fit des espèces de brodequins[1] dont elle s' entoura les pieds, que les pierres des chemins avaient mis en sang; car, dans l' empressement d' être utile, elle avait oublié de se chausser.[2] Se sentant soulagée par la fraîcheur de ces feuilles, elle rompit une branche de bambou, et se mit en marche[3] en s' appuyant d' une main sur ce roseau, et de l' autre sur son frère.

Ils cheminaient ainsi doucement à travers les bois; mais la hauteur des arbres et l'épaisseur de leurs feuillages leur firent bientôt perdre de vue la montagne sur laquelle ils se dirigaient, et même le soleil, qui était déjà près de se coucher. Au bout de quelque temps, ils quittèrent sans s' en apercevoir[4] le sentier frayé[5] dans lequel ils avaient marché jusqu' alors, et ils se trouvèrent dans un labyrinthe d' arbres, de bancs et de rochers, qui n' avait plus d' issue.[6] Paul fit asseoir Virginie, et se mit à courir ça et là, tout hors de lui, pour chercher un chemin hors de ce fourré épais;[7] mais il se fatigua en vain. Il monta au haut d' un grand arbre pour découvrir au moins la montagne; mais il n' aperçut autour de lui que les cimes des arbres, dont quelques-unes étaient éclairées par les derniers rayons du soleil couchant. Cependant l' ombre des montagnes couvrait déjà les forêts dans les vallées; le vent se calmait, comme il arrive[8] au coucher du soleil; un profond silence régnait dans ces solitudes, et on n' y entendait d' autre bruit que le bramement[9] des cerfs, qui venaient chercher leurs gîtes[10] dans ces lieux écartés. Paul, espérant d' être entendu par quelque chasseur, cria alors de toute sa force. "Venez, venez au secours de Virginie!" Mais les seuls échos de la forêt ré-

---

1. *Brodequins*, socks.
2. *Se chausser*, to put on her shoes.
3. *Se mit en marche*, began walking.
4. *Sans s' en apercevoir*, without perceiving it.
5. *Frayé*, worn.
6. *Issue*, outlet.
7. *Fourré épais*, crowded thicket.
8. *Comme il arrive*, as it happens.
9. *Bramement*, crying.
10. *Gîtes*, resting-places.

pondirent à sa voix, et répétèrent à plusieurs reprises :[1] "Virginie ! Virginie !"

141. Paul descendit alors de l' arbre, accablé de fatigue et de chagrin : il chercha les moyens de passer la nuit dans ce lieu ; mais il n' y avait ni fontaine, ni palmiste, ni même de branches de bois sec propre à allumer du feu. Il sentit alors par son expérience toute la faiblesse de ses ressources, et il se mit à pleurer.[2] Virginie lui dit : "Ne pleure point, mon ami si tu ne veux m' accabler de chagrin. C' est moi qui suis la cause de toutes tes peines et de celles qu' éprouvent maintenant nos mères. Il ne faut rien faire,[3] pas même le bien, sans consulter ses parents. Oh ! j' ai été bien imprudente !" Et elle se prit[4] à verser des larmes. Cependant elle dit à Paul : "Prions Dieu, mon frère, d' avoir pitié de nous." A peine avaient-ils achevé leur prière, qu' ils entendirent un chien aboyer. "C' est, dit Paul, le chien de quelque chasseur qui vient, le soir, tuer des cerfs à l' affût."[5] Peu après, les aboiements du chien redoublèrent. "Il me semble, dit Virginie, que c' est Fidèle, le chien de notre case ; oui, je reconnais sa voix." En effet, un moment après, Fidèle était à leurs pieds, aboyant, hurlant, gémissant,[6] et les accablant de caresses. Comme ils ne pouvaient revenir de leur surprise, ils aperçurent Domingue qui accourait à eux. A l' arrivée de ce bon noir, qui pleurait de joie, ils se mirent aussi à pleurer, sans pouvoir lui dire un mot. Quand Domingue eut repris ses sens : O mes jeunes maîtres, leur dit-il, que vos mères ont d' inquiétude,[7] comme elles ont été étonnées quand elles ne vous ont plus retrouvés au retour[8] de la messe, où je les accompagnais ! Marie, qui travaillait dans un coin de l' habitation, n' a su nous dire où vous étiez allés. J' allais, je venais autour de l' habitation, ne sachant moi-même de quel côté vous chercher. Enfin, j' ai pris vos vieux habits à

---

1. *A plusieurs reprises*, with many repetitions.
2. *Il se mit*, etc., he began to weep.
3. *Il ne faut rien faire*, we must do nothing.
4. *Elle se prit*, etc., she began to shed tears.
5. *A l' affût*, by lying in wait.
6. *Gémissant*, moaning.
7. *Que vos mères ont d' inquiétude*, what anxiety your mothers have.
8. *Au retour*, on their return.

l'un et à l'autre,[1] je les ai fait[2] flairer à Fidèle ; et sur-le-champ, il s'est mis à quêter[3] sur vos pas ; il m'a conduit, toujours en remuant la queue jusqu'à la Rivière-Noire. C'est là qne j'ai appris d'un habitant que vous lui aviez ramené une négresse marronne, et qu'il vous avait accordé sa grâce. De là, Fidèle toujours quêtant, m'a mené sur le morne de la Rivière-Noire, où il s'est arrêté encore en aboyant de toute sa force ; c'était sur le bord d'une source, auprès d'un palmier abattu, et près du feu qui fumait encore. Enfin il m'a conduit ici : nous sommes au pied de la montagne, et il y a encore quatre bonnes lieues jusque chez nous. Allons, mangez, et prenez des forces." Il présenta aussitôt un gâteau, des fruits, et une grande calebasse[4] remplie d'une liqueur composée d'eau, de vin, de jus de citron, de sucre et de muscade, que leurs mères avaient préparée pour les fortifier et les rafraîchir.

142. Virginie soupira au souvenir des inquiétudes de leurs mères. Elle répéta plusieurs fois : "Oh ! qu'il est difficile[5] de faire le bien !" Pendant que Paul et elle se rafraîchissaient, Domingue alluma du feu, et ayant cherché dans les rochers un bois tortu qu'on appelle bois de ronde, et qui brûle tout vert en jettant une grande flamme, il en fit un flambeau, qu'il alluma ; car il était déjà nuit. Mais il éprouva un embarras bien plus grand quand il fallut se mettre en route :[6] Paul et Virginie ne pouvaient plus marcher ; leurs pieds étaient enflés et tout rouges. Domingue ne savait s'il devait aller bien loin de là leur chercher du secours, ou passer dans ce lieu la nuit avec eux. "Où est le temps, leur disait-il, où je vous portais tous deux à la fois dans mes bras ? Mais maintenant vous êtes grands et je suis vieux." Comme il était dans cette perplexité, une troupe de noirs marrons se fit voir[7] à vingt pas de là. Le chef de cette troupe s'approchant de Paul et de Virginie leur dit :

1. *A l'un et à l'autre*, of both.
2. *Les ai fait*, etc., made Fidele scent them.
3. *Quêter*, to seek.
4. *Calebasse*, calabash.
5. *Qu'il est difficile*, how difficult it is,
6. *Quand il fallut se mettre en route*, when it was necessary to begin their walk.
7. *Se fit voir*, appeared.

"Bons petits blancs, n' ayez pas peur;[1] nous vous avons vus passer ce matin avec une négresse de la Rivière-Noire; vous alliez[2] demander sa grâce à son mauvais maître. En reconnaissance, nous sommes venus pour vous reporter chez vous sur nos épaules." Alors il fit un signe, et quatre noirs marrons des plus robustes firent aussitôt un brancard avec des branches d' arbres et des lianes, y placèrent Paul et Virginie, les mirent sur leurs épaules; et Domingue marchant devant eux avec son flambeau, ils se mirent en route aux cris de joie de toute la troupe, qui les comblait de bénédictions. Virginie attendrie disait à Paul: "O mon ami! jamais Dieu ne laisse un bienfait sans récompense."

Ils arrivèrent vers le milieu de la nuit au pied de leur montagne, dont les croupes étaient éclairées de plusieurs feux. A peine ils la montaient, qu' ils entendirent des voix qui criaient: "Est-ce vous mes enfants?" Ils répondirent avec les noirs: "Oui, c' est nous. Et bientôt ils aperçurent leurs mères et Marie, qui venaient au-devant d' eux avec des tisons flambants.[4] "Malheureux enfants, dit madame de la Tour, d' où venez-vous? dans quelles angoisses vous nous avez jetées!" "Nous venons," dit Virginie "de la Rivière-Noire, demander la grâce d' une pauvre esclave marronne, à qui j' ai donné ce matin le déjeûner de la maison, parce qu' elle mourait de faim; et voilà que les noirs marrons nous ont ramenés." Madame de la Tour embrassa sa fille sans pouvoir parler; et Virginie, qui sentit son visage mouillé des larmes de sa mère, lui dit: "Vous me payez de tout le mal que j' ai souffert!" Marguerite, ravie de joie, serrait Paul dans ses bras, et lui disait: "Et toi aussi, mon fils, tu as fait une bonne action." Quand elles furent arrivées dans leurs cases avec leurs enfants, elles donnèrent bien à manger[5] aux noirs marrons, qui s' en retournèrent dans leurs bois en leur souhaitant toute sorte de prospérité.

1. *N' ayez pas peur*, be not afraid.
2. *Vous vous alliez*, you were going.
3. *Brancard*, a litter.
4. *Tisons flambants* flaming brands.
5. *Elles donnèrent bien à manger*, they gave plenty to eat.

143. Chaque jour était pour ces familles un jour de bonheur et de paix. Ni l' envie, ni l' ambition ne les tourmentaient. Elles ne désiraient point au dehors[1] une vaine réputation que donne[2] l' intrigue et qu' ôte la calomnie ; il leur suffisait d' être à elles-mêmes leurs témoins et leurs juges. Dans cette île où, comme dans toutes les colonies européennes, on n' est curieux que d' anecdotes malignes, leurs vertus et même leurs noms étaient ignorés ; seulement, quand un passant demandait sur le chemin des Pamplemousses, à quelques habitants de la plaine : "Qui est-ce qui demeure là-haut dans ces petites cases ?" ceux-ci répondaient sans les connaître : "Ce sont de bonnes gens." Ainsi des violettes sous des buissons épineux,[3] exhalent au loin leurs doux parfums, quoiqu' on ne les voie pas.

Aimables enfants, vous passiez ainsi dans l' innocence vos premiers jours en vous exerçant aux bienfaits ! Combien de fois, dans ce lieu, vos mères, vous serrant dans leurs bras, bénissaient le Ciel de la consolation que vous prépariez à leur vieillesse, et de vous voir entrer dans la vie sous de si heureux auspices ! Combien de fois, à l' ombre de ces rochers, ai-je partagé avec elles vos repas champêtres qui n' avaient coûté la vie à aucun animal ! Des calebasses pleines de lait, des œufs frais, des gâteaux de riz sur des feuilles de bananier, des corbeilles chargées de patates, de mangues,[4] d' oranges, de grenades,[5] de bananes, de dattes, d' ananas,[6] offraient à la fois les mets les plus sains, les couleurs les plus gaies, et les sucs les plus agréables.

La conversation était aussi douce et aussi innocente que ces festins. Paul y parlait souvent des travaux du jour et de ceux du lendemain. Il méditait toujours quelque chose d' utile pour la société. Ici, les sentiers n' étaient pas commodes ; là, on

---

1. *Au dehors*, abroad.
2. *Que donne*, etc., which intrigue gives and which calumny takes away.
3. *Sous des buissons épineux*, beneath thorny shrubs.
4. *Mangues*, mangoes.
5. *Grenades*, pomegranates.
6. *Ananas*, pine-apples.

était mal assis ; ces jeunes berceaux ne donnaient pas assez d' ombrage.

Dans la saison pluvieuse, ils passaient le jour tous ensemble dans la case, maîtres et serviteurs, occupés à faire des nattes d' herbes et des paniers de bambou. On voyait rangés dans le plus grand ordre, aux parois[1] de la muraille, des râteaux, des haches, des bêches ;[2] et auprès de ces instruments de l' agriculture les productions qui en étaient les fruits, des sacs de riz, des gerbes[3] de blé et des régimes de bananes. La délicatesse s' y joignait toujours à l' abondance. Virginie, instruite par Marguerite et par sa mère, y préparait des sorbets et des cordiaux avec le jus des cannes à sucre, des citrons et des cédrats.

La nuit venue, ils soupaient à la lueur d' une lampe ; ensuite madame de La Tour ou Marguerite racontait quelques histoires de voyageurs égarés la nuit[4] dans les bois de l' Europe infestés de voleurs, ou le naufrage de quelque vaisseau jeté par la tempête sur les rochers d' une île déserte. A ces récits les âmes sensibles[5] de leur enfants s' enflammaient ; ils priaient le ciel de leur faire la grâce[6] d' exercer quelque jour l' hospitalité envers de semblables malheureux.

144. Cependant les deux familles se séparaient pour aller prendre du repos, dans l' impatience de se revoir[7] le lendemain. Quelquefois elles s' endormaient au bruit de la pluie qui tombait par torrents sur la couverture de leurs cases, ou à celui des vents qui leur apportaient le murmure lointain des flots qui se brisaient sur le rivage. Elles bénissaient Dieu de leur sécurité personnelle, dont le sentiment redoublait par celui du danger éloigné.

De temps en temps madame de La Tour lisait publiquement quelque histoire touchante de l' ancien et du nouveau Testament. Ils raisonnaient peu sur ces livres sacrés ; car leur théologie était toute en sentiment, comme celle de la nature, et

1. *Aux parois*, etc., on the sides of the wall.
2. *Des bêches*, spades.
3. *Des gerbes*, some sheaves.
4. *Egarés la nuit*, lost at night.
5. *Les âmes sensibles*, the feeling souls.
6. *De leur faire la grâce*, to allow them the favor.
7. *De se revoir*, to see each other again.

leur morale toute en action, comme celle de l' évangile. Ils n' avaient point de jours destinés aux plaisirs, et d' autres à la tristesse. Chaque jour était pour eux un jour de fête, et tout ce qui[1] les environnait, un temple divin, où ils admiraient sans cesse une Intelligence infinie, toute puissante, et amie de hommes ; ce sentiment de confiance, dans le pouvoir suprême les remplissait de consolation pour le passé, de courage pour le présent et d' espérance pour l' avenir. Voilà comme ces femmes, forcées par le malheur de rentrer dans la nature, avaient développé en elles-mêmes et dans leurs enfants, ces sentiments que donne la nature[2] pour nous empêcher de tomber dans le malheur.

LA FLEUR.

Fleur mourante et solitaire,
Qui fut l' honneur du vallon,
Tes débris jonchent la terre,[3]
Dispersés par l' aquilon.

La même faux nous moissonne,
Nous cédons au même dieu ;
Une feuille t' abandonne,
Un plaisir nous dit adieu.

Chaque jour le temps nous vole[5]
Un goût, une passion ;
Et chaque instant qui s' envole
Emporte une illusion.

1. *Tout ce que*, etc., all that surrounded them.
2. *Que donne la nature*, which nature gives.
3. *Tes débris*, etc., thy remains strew the earth.
4. *Chaque*, etc., every day time steals from us.

L' homme perdant sa chimère,
Se demande avec douleur
Quelle est la plus éphémère
De la vie[1] ou de la fleur ?

PAUL ET VIRGINIE.

145. Un matin, au point du jour, (c' était le 24 Décembre 1744,) et depuis quelques années Virginie avait été en Europe, Paul, en se levant, aperçut un pavillon blanc arboré[2] sur la montagne de la Découverte. Ce pavillon était le signalement[3] d' un vaisseau qu' on voyait en mer. Paul courut à la ville pour savoir s' il n' apportait pas des nouvelles de Virginie. Il y resta jusqu' au retour du pilote du port, qui s' était embarqué pour aller le reconnaître, suivant l' usage. Cette homme ne revint que le soir. Il rapporta au gouverneur que le vaisseau signalé était le Saint-Géran, du port de sept cents tonneaux, commandé par un capitaine nommé M. Aubin; qu' il était à quatre lieues au large,[4] et qu' il ne pouvait mouiller au Port-Louis que le lendemain dans l' après-midi, si le vent était favorable. Il n' en faisait[5] point du tout alors. Le pilote remit au gouverneur les lettres que ce vaisseau apportait de France. Il y en avait une pour madame de la Tour, de l' écriture de Virginie. Paul s' en saisit aussitôt, la baisa avec transport, la mit dans son sein, et courut à l' habitation. Du plus loin qu' il aperçut la famille, qui attendait son retour sur le rocher des Adieux, il éleva la lettre en l' air, sans pouvoir parler; et aussitôt tout le monde se rassembla chez madame de la Tour pour en entendre la lecture. Virginie mandait[6] à sa mère qu' elle avait éprouvé beaucoup de mau-

1. *De la vie*, life
2. *Arboré*, hoisted up.
3. *Signalement*, designating.
4. *Au large*, at sea.
5. *Il n' en faisait*, there was none at all.
6. *Mandait*, wrote information.

vais procédés[1] de la part de sa grand' tante, qui l' avait voulu marier malgré elle, ensuite déshéritée, et enfin renvoyée dans un temps qui ne lui permettait d' arriver à l' Ile-de-France que dans la saison des ouragans ; qu' elle avait essayé en vain de la fléchir, en lui représentant ce qu' elle devait à sa mère, et aux habitudes du premier âge ; qu' elle en avait été traitée de[2] fille insensée, dont la tête était gâtée par les romans ; qu' elle n' était maintenant sensible qu' au bonheur de revoir et d' embrasser sa chère famille, qu' elle voulait satisfaire cet ardent désir dès le jour même,[3] mais que le capitaine ne lui avait pas permis de s' embarquer dans la chaloupe du pilote, à cause de l' éloignement de la terre.

A peine cette lettre fut lue, que toute la famille transportée de joie, s' écria : Virginie est arrivée ! Maîtres et serviteurs, tous s' embrassèrent. Madame de la Tour dit à Paul : " Mon fils, allez prévenir[4] notre voisin de l' arrivée de Virginie." Aussitôt Domingue alluma un flambeau de bois de ronde, et Paul et lui s' acheminèrent vers mon habitation.

Il pouvait être dix heures du soir. Je venais[5] d' éteindre ma lampe et de me coucher, lorsque j' aperçus à travers les palissades de ma cabane une lumière dans les bois. Bientôt après j' entendis la voix de Paul, qui m' appelait. Je me lève, et à peine j' étais habillé, que Paul, hors de lui et tout essouflé, me saute au cou en me disant : " Allons, allons, Virginie est arrivée. Allons au port, le vaisseau y mouillera au point du jour."

Sur-le-champ nous nous mettons en route. Comme nous traversions les bois de la Montagne-longue, et que[6] nous étions déjà sur le chemin qui mène des Pamplemousses au port, j' entendis marcher quelqu' un derrière nous. C' était un noir qui s' avançait à grands pas. Dès qu' il nous eut atteints, je lui demandai d' où il venait, et où il allait en si grande hâte. Il

1. *Procédés*, treatment.
2. *Traitée de*, been called.
3. *Dès le jour même*, on that same day.
4. *Prévenir*, to inform.
5. *Je venais de*, etc., I had just extinguished my lamp and lain down.
6. *Que*, when ; (used instead of a repetition of comme.)

me répondit : "Je viens du quartier de l' île appelé la Poudre-d' or ; on m' envoie au port avertir le gouverneur qu' un vaisseau de France est mouillé sous l' île d' Ambre. Il tire du canon pour demander du secours, car la mer est bien mauvaise." Cet homme ayant parlé ainsi, continua sa route sans s' arrêter davantage.

146. Je dis alors à Paul : "Allons vers le quartier de la Poudre-d' or, au devant de Virginie, il n' y a que trois lieues d' ici." Nous nous mîmes donc en route vers le nord de l' île. Il faisait une chaleur étouffante. La lune était levée ; on voyait autour d' elle trois grands cercles noirs. Le ciel était d' une obscurité affreuse. On distinguait, à la lueur fréquente des éclairs, de longues files de nuages épais, sombres, peu élevés, qui s' entassaient[1] vers le milieu de l' île, et venaient de la mer avec une grande vitesse, quoiqu' on ne sentît pas le moindre vent à terre. Chemin faisant[2] nous crûmes entendre rouler le tonnerre ; mais ayant prêté l' oreille attentivement, nous reconnûmes que c' étaient des coups de canon répétés par les échos. Ces coups de canon lointains, joints à l' aspect d' un ciel orageux, me firent frémir. Ils étaient, sans doute, les signaux de détresse d' un vaisseau en perdition.[3] Une demi-heure après, nous n' entendîmes plus tirer du tout, et ce silence me parut encore plus effrayant que le bruit lugubre qui l' avait précédé.

Nous nous hâtions d' avancer sans dire un mot, et sans oser nous communiquer nos inquiétudes. Vers minuit nous arrivâmes tout en nage[4] sur le bord de la mer, au quartier de la Poudre-d' or. Les flots s' y brisaient avec un bruit épouvantable ; ils en couvraient les rochers et les grèves d' écume d' un blanc éblouissant et d' étincelles de feu. Malgré les ténèbres, nous distinguâmes à ces lueurs phosphoriques, les pirogues des pêcheurs, qu' on avait tirées bien avant sur le sable.

A quelque distance de là nous vîmes, à l' entrée d' un bois,

---

1. *S' entassaient*, heaped themselves up.
2. *Chemin faisant*, on our way.
3. *En perdition*, in danger of being wrecked.
4. *Tout en nage*, all in a sweat.

un feu autour duquel plusieurs habitants s' étaient rassemblés.

Nous restâmes là jusqu' au petit point du jour ;[1] mais il faisait trop peu de clarté au ciel, et on ne pouvait distinguer aucun objet sur la mer, qui d' ailleurs était couverte de brume. Vers les neuf heures du matin, on entendit du côté de la mer des bruits épouvantables, comme si des torrents d' eau, mêlés à des tonnerres, roulaient du haut des montagnes. Tout le monde s' écria : Voilà l' ouragan ! et dans l' instant un tourbillon affreux de vent enleva la brume qui couvrait l' île d' Ambre et son canal. Le Saint-Géran parut alors à découvert[2] avec son pont chargé de monde, ses vergues et ses mâts de hune[3] amenés sur le tillac, son pavillon en berne,[4] quatre câbles sur son avant, et un de retenue sur son arrière. Il était mouillé entre l' île d' Ambre et la terre, en deçà[5] de la ceinture de récifs qui entoure l' Ile-de-France, et qu' il avait franchie par un endroit où jamais vaisseau n' avait passé avant lui. Il présentait son avant aux flots qui venaient de la pleine mer, et à chaque lame d' eau qui s' engageait dans le canal, sa proue se soulevait toute entière, de sorte qu' on voyait la carène en l' air, mais, dans ce mouvement, sa poupe, venant à plonger, disparaissait[6] à la vue jusqu' au couronnement.

Dans les balancements du vaisseau, ce qu' on craignait arriva. Les câbles de son avant rompirent ; et comme il n' était plus retenu que par une seule ausière, il fut jeté sur les rochers à une demi-encâblure[7] du rivage. Ce ne fut qu' un cri de douleur parmi nous. Paul allait s' élancer à la mer, lorsque je le saisis par le bras : "Mon fils, lui dis-je, voulez-vous périr ?" Je veux aller à son secours, s' écria-t-il, ou je veux mourir avec elle !" Comme le désespoir lui ôtait la raison, Domingue et moi nous lui attachâmes à la ceinture une longue corde, dont

---

1. *Petit point du jour*, early break of day.
2. *A découvert*, in open view.
3. *Mâts de hune*, top-masts,
4. *Pavillon en berne*, flag rolled up, (denoting distress.)
5. *En deçà*, on this side.
6. *Disparaissait*, etc., disappeared from view even to the tafferel,
7. *Demi-encâblure*, a half cable's length.

nous saisîmes l' une des extrémités. Paul alors s' avança vers le Saint-Géran, tantôt nageant, tantôt marchant sur les récifs. Quelquefois il avait l' espoir de l' aborder ; car la mer, dans ses mouvements irréguliers, laissait le vaisseau presque à sec ;[1] mais bientôt après, revenant sur ses pas avec une nouvelle furie, elle le couvrait d' énormes voûtes d' eau qui soulevaient tout l' avant de sa carène, et rejetaient bien loin sur le rivage le malheureux Paul, les jambes en sang, la peitrine meurtrie,[2] et à demi noyé. A peine ce jeune homme avait-il repris l' usage de ses sens, qu' il se relevait et retournait avec une nouvelle ardeur vers le vaisseau, que la mer cependant entr' ouvait par d' horribles secousses. Tout l' équipage, désespérant alors de son salut, se précipitait en foule[3] à la mer, sur des vergues, des planches, des cages à poules, des tables et des tonneaux. On vit alors un objet digne d' une éternelle pitié : une jeune demoiselle parut dans la galerie de la poupe du Saint-Géran, tendant les bras vers celui qui faisait tant d' efforts pour la joindre. C' était Virginie ; elle avait reconnu son amant à son intrépidité. La vue de cette aimable personne, exposée à un si terrible danger, nous remplit de douleur et de désespoir. Pour Virginie, d' un port noble et assuré, elle nous faisait signe de la main, comme nous disant un éternel adieu. Tous les matelots s' étaient jetés à la mer ; et il n' en restait plus qu' un seul sur le pont. On entendit aussitôt ces cris redoublés des spectateurs : "Sauvez-la, ne la quittez pas !" Mais dans ce moment une montagne d' eau d' une effroyable grandeur, s' engouffra[4] entre l' île d' Ambre et la côte, et s' avança en rugissant vers le vaisseau, qu' elle menacait de ses flancs noirs et de ses sommets écumants. A cette terrible vue, Virginie, voyant la mort inévitable, posa une main sur ses habits, l' autre sur son cœur, et, levant en haut des yeux sereins, parut un ange qui prend son vol vers les cieux. Domingue et moi, nous retirâmes des flots le malheureux Paul sans connaissance, rendant le sang

1. *A sec*, on dry ground.
2. *Meurtrie*, bruised.
3. *En foule*, in crowds.
4. *S' engouffra*, ingulfs, (all.)

par la bouche et par les oreilles. Le gouverneur le fit mettre[1] entre les mains des chirurgiens, et nous cherchâmes de notre côté, le long du rivage, le corps de Virginie ; mais le vent ayant tourné subitement, comme il arrive dans les ouragans, nous eûmes le chagrin de penser que nous ne pourrions pas même rendre à cette fille infortunée les devoirs de la sépulture. Nous nous éloignâmes de ce lieu, accablés de consternation, tous l' esprit frappé d' une seule perte, dans un naufrage où un grand nombre de personnes avaient péri, la plupart doutant, d' après une fin aussi funeste d' une fille si vertueuse, qu' il existât une providence ; car il y a des maux si terribles et si peu mérités, que l' espérance même du sage en est ébranlée.[2]

Cependant on avait mis Paul, qui commençait à reprendre ses sens, dans une maison voisine, jusqu' à ce qu' il fût en état d' être transporté à son habitation. Pour moi, je m' en revins avec Domingue, afin de préparer la mère de Virginie et son amie à ce désastreux évènement. Quand nous fûmes à l' entrée du vallon de la rivière de Lataniers, des noirs nous dirent que la mer jetait beaucoup de débris du vaisseau dans la baie vis-à-vis.

Nous y descendîmes ; et l' un des premiers objets que j' aperçus sur le rivage, fut le corps de Virginie. Elle était couverte à moitié de sable, dans l' attitude où nous l' avions vue périr. Ses traits n' étaient point sensiblement altérés. Ses yeux étaient fermés ; mais la sérénité était encore sur son front : seulement les pâles violettes de la mort se confondaient[3] sur ses joues avec les roses de la pudeur. Une de ses mains était sur ses habits, et l' autre, qu' elle appuyait sur son cœur, était fortement fermée et roidie. J' en dégageai avec peine une petite boîte, mais quelle fut ma surprise lorsque je vis que c' était le portrait de Paul, qu' elle lui avait promis de ne jamais abandonner tant qu' elle vivrait ! A cette dernière marque de la constance et de l' amour de cette fille infortunée, je pleurai amèrement. Pour Domingue, il se frappait la poitrine, et per-

1. *Le fit mettre*, had him put.
2. *En est ébranlée*, is shaken by them.
3. *Se confondaient*, were mingled.

çait l' air de ses cris douloureux. Nous portâmes le corps de Virginie dans une cabane de pêcheurs, où nous le donnâmes à garder à de pauvres femmes malabres, qui prirent soin de le laver.

Paul mourut deux mois après la mort de sa chère Virginie, dont il prononçait sans cesse le nom. Marguerite vit venir sa fin, huit jours après celle de son fils, avec une joie qu' il n' est donné qu' à la vertu d' éprouver. Elle fit les plus tendres adieux à madame de la Tour," dans l' espérance, lui dit elle, d' une douce et éternelle réunion. La mort est le plus grand des biens, ajouta-t-elle, on doit la désirer. Si la vie est une punition et une épreuve, on doit en souhaiter la fin." Le gouvernement prit soin de Domingue et de Marie, qui n' étaient plus en état de servir, et qui ne survécurent pas[1] long-temps à leurs maîtresses. Pour le pauvre Fidèle, il était mort de langueur à peu près dans le même temps que son maître.

J' amenai chez moi madame de la Tour, qui se soutenait au milieu de si grandes pertes avec une grandeur d' âme incroyable. Elle avait consolé Paul et Marguerite jusqu' au dernier instant, comme si elle n' avait eu que leur malheur à supporter. Quand elle ne les vit plus, elle m' en parlait chaque jour comme d' amis chéris qui étaient dans le voisinage. Cependant elle ne leur survécut que d' un mois. Quant à sa tante, loin de lui reprocher ses maux, elle priait Dieu de les lui pardonner, et d' apaiser[2] les troubles affreux d' esprit où[3] nous apprîmes qu' elle était tombée immédiatement après qu' elle eut renvoyé Virginie avec tant d' inhumanité.

On a mis auprès de Virginie, au pied des mêmes roseaux,[4] son ami Paul, et autour d' eux leurs tendres mères et leurs fidèles serviteurs. On n' a point élevé de marbres sur leurs humbles tertres,[5] ni gravé d' inscriptions à leurs vertus ; mais leur mémoire est restée ineffaçable dans le cœur de ceux qu' ils ont obligés. Leurs ombres n' ont pas besoin de l' éclat qu' ils

---

1. *Ne survécurent pas*, did not survive ; *survécurent*, from *survivre*.
2. *Apaiser*, to soothe.
3. *Où*, into which.
4. *Roseaux*, reeds.
5. *Tertres*, mounds.

ont fui pendant leur vie ; maie si elles s' intéressent encore à ce qui ce passe sur la terre, sans doute elles aiment à errer sous les toits de chaume qu' habite la vertu laborieuse, à consoler la pauvreté, mécontente de son sort, à nourrir dans les jeunes amants une flamme durable, le goût des biens naturels, l' amour du travail, et la crainte des richesses.

La voix du peuple qui se taît sur les monuments élevés à la gloire des rois, a donné à quelques parties de cette île des noms qui éterniseront la perte de Virginie. On voit près de l' île d' Ambre, au milieu des écueils, un lieu appelé La Passe du Saint-Géran, du nom de ce vaisseau qui y périt en la ramenant[1] d' Europe. L' extrémité de cette longue pointe de terre que vous apercevez à trois lieues d' ici, à demi couverte des flots de la mer, que le Saint-Géran ne put doubler la veille de[2] l' ouragan, pour entrer dans le port, s' appelle le Cap Malheureux ; et voici devant nous, au bout de ce vallon la baie du Tombeau, où Virginie fut trouvée ensevelie dans le sable, comme si la mer eût voulu rapporter son corps à sa famille, et rendre les derniers devoirs à sa pudeur sur les mêmes rivages qu' elle avait honorés de son innocence.

Jeunes gens si tendrement unis ! mères infortunées ! chère famille ! ces bois qui vous donnaient leurs ombrages, ces fontaines qui coulaient pour vous, ces coteaux où vous reposiez ensemble, déplorent encore votre perte. Nul, depuis vous, n' a osé cultiver cette terre désolée, ni relever ces humbles cabanes. Vos chèvres son devenues sauvages ; vos vergers sont détruits ; vos oiseaux se sont enfuis, et on n' entend plus que les cris des éperviers[3] qui volent en rond au haut de ce bassin de rochers. Pour moi, depuis que je ne vous vois plus, je suis comme un ami qui n' a plus d' amis, comme un père qui n' a plus d' enfants, comme un voyageur qui erre sur la terre, où je suis resté seul.

---

1. *En la*, etc., in bringing her back from Europe.
2. *La veille de*, the evening before.
3. *Eperviers*, etc., the hawks which fly in circles.

En disant ces mots, ce bon vieillard s' éloigna en versant des larmes ; et les miennes avaient coulé plus d' une fois pendant ce funeste récit.

L'AUTOMNE.

Salut, bois couronnés d' un reste de verdure !
Feuillages jaunissants sur les gazons épars !
Salut, derniers beaux jours ! le deuil[1] de la nature
Convient à ma douleur et plaît à mes regards.

Je suis[2] d' un pas rêveur le sentier solitaire ;
J' aime à revoir encor[3] pour la dernière fois,
Ce soleil pâlissant dont la faible lumière
Perce à peine à mes pieds l' obscurité des bois.

Oui, dans ces jours d' automne où la nature expire,
A ses regards voilés[4] je trouve plus d' attraits ;
C' est l' adieu d' un ami, c' est le dernier sourire
Des lèvres que la mort va fermer pour jamais.

Ainsi, prêt à quitter l' horizon de la vie,
Pleurant de mes longs jours l' espoir évanoui,[5]
Je me retourne encore, et d' un regard d' envie
Je contemple ces biens dont je n' ai pas joui.

Terre, soleil, vallons, belle et douce nature,
Je vous dois une larme aux bords de mon tombeau !
L' air est si parfumé ! la lumière est si pure !
Aux regards d' un mourant le soleil est si beau !

---

1. *Le deuil*, etc., the mourning of nature suits with my sorrow.
2. *Je suis*, etc., I follow with a pensive step.
3. *Encor*, poetic for *encore*.
4. *A ses regards voilés*, in her veiled aspect.
5. *Pleurant de*, etc., deploring the vanished hope of my long days.

Je voudrais maintenant vider jusqu' à la lie
Ce calice mêlé de nectar et de fiel :
Au fond de cette coupe où je buvais la vie,
Peut-être restait-il une goutte de miel !

Peut-être l' avenir me gardait-il encore
Un retour de bonheur dont l' espoir est perdu !
Peut-être dans la foule une âme que j' ignore
Aurait compris[1] mon âme et m' aurait répondu !

La fleur tombe en livrant ses parfums au zéphyre ;
A la vie,[2] au soleil, ce sont là ses adieux ;
Moi je meurs : et mon âme, au moment qu' elle expire,
S' exhale comme un son triste et mélodieux.

VOLTAIRE.

Il n' attaqua jamais en face, ni à visage découvert,[3] pour ne pas mettre les lois contre lui et pour éviter le bûcher de Servet.[4] Esope moderne, il attaqua sous des noms supposés la tyrannie qu' il voulait détruire. Il cacha sa haine dans le drame, dans la poésie légère, dans le roman, dans l' histoire et jusque dans les facéties. Son génie fut une perpétuelle allusion comprise de tout son siècle, mais insaisissable[5] à ses ennemis. Il frappait en cachant la main. Mais ce combat d' un homme contre un sacerdoce, d' un individu contre une institution, d' une vie contre dix-huit siècles, ne fut pourtant pas sans courage. Il y a une incalculable puissance de conviction et de dévouement[6] à l' idée, dans cette audace d' un seul contre tous. Braver à la fois, sans autre parti que sa raison individuelle, sans autre

---

1. *Aurait compris*, etc., might have comprehended my spirit and responded to me.
2. *A la vie*, etc., they are her adieus to life.
3. *A visage découvert*, without disguise.
4. *Le bûcher de Servet*, the funeral-pile of Servetus. Servetus was burnt for his religious opinions, in 1553.
5. *Insaisissable à ses ennemis*, not to be laid hold of by his enemies.
6. *Dévouement*, devotedness.

appui que sa conscience, le respect humain, cette lâcheté[1] de l'esprit déguisée en respect de l'erreur : affronter les haines de la terre et les anathèmes du ciel, c'est l'héroïsme de l'écrivain. Voltaire ne fut pas martyrisé[2] dans ses membres, mais il consentit à l'être dans son nom. Il le dévoua, et pendant sa vie et après sa mort ; il condamna sa propre cendre à être jetée aux vents et à n'avoir pas même l'asile d'une tombe. Il se résigna à de longs exils en échange de la liberté de combattre. Il se séquestra volontairement des hommes pour que leur pression ne gênât pas[3] en lui sa pensée. A quatre-vingts ans, infirme et se sentant mourir, il fit plusieurs fois ses préparatifs à la hâte, pour aller combattre encore et expirer loin du toit de sa vieillesse. La verve[4] intarissable de son esprit ne se glaça pas un seul moment. Il porta la gaieté jusqu'au génie, et, sous cette plaisanterie de toute sa vie, on sent une puissance sérieuse de persévérance et de conviction. Ce fut le caractère de ce grand homme. La sérénité lumineuse de sa pensée a trop caché la profondeur du dessein. Sous la plaisanterie et sous le rire on n'a pas assez reconnu la constance. Il souffrait en riant et voulait souffrir dans l'absence de sa patrie, dans ses amitiés perdues, dans sa gloire niée, dans son nom flétri,[5] dans sa mémoire maudite. Il accepta tout en vue du triomphe de l'indépendance de la raison humaine. Le dévouement ne change point de valeur en changeant de cause ; ce fut là sa vertu devant la postérité. Il ne fut pas la vérité, mais il fut son précurseur, et marcha devant elle. Une chose lui manqua : ce fut l'amour d'un Dieu. Il le voyait par l'esprit, il haïssait les fantômes que les âges de ténèbres avaient pris pour lui et adoraient à sa place. Ils déchirait avec colère les nuages qui empêchaient l'idée divine de rayonner[6] pure sur les hommes, mais son culte était plutôt de la haine contre l'erreur

---

1. *Cette lâcheté*, etc., that disguised weakness.
2. *Martyrisé*, made to suffer martyrdom.
3. *Ne gênât pas*, etc., might not obstruct the freedom of.
4. *La verve*, etc., the inexhaustible (warmth) fire of his spirit never (cooled) sank a moment.
5. *Son nom flétri*, his tarnished name.
6. *Rayonner*, to shine.

que de la foi dans la divinité. Le sentiment religieux, ce résumé[1] sublime de la pensée humaine, cette raison qui s' allume par l' enthousiasme pour monter à Dieu comme une flamme, et pour se réunir à lui dans l' unité de la création avec le créateur, du rayon avec le foyer, Voltaire ne le nourrissait pas dans son âme. De là[2] les résultats de sa philosophie. Elle ne créa ni morale, ni culte, ni charité ; elle ne fit que[3] décomposer et détruire. Négation froide,[4] corrosive et railleuse, elle agissait à la façon du poison, elle glaçait, elle tuait ; elle ne vivifiait pas. Aussi ne produisit-elle pas, même contre ces erreurs, qui n' étaient que l' alliage humain[5] d' une pensée divine, tout l' effet qu' elle devait produire. Elle fit des sceptiques au lieu de faire des croyants. La réaction théocratique fut prompte et générale. Il en devait être ainsi. L' impiété vide l' âme de ses erreurs sacrées, mais elle ne remplit pas le cœur de l' homme. Jamais l' impiété seule ne ruinera un culte humain. Il faut une foi pour remplacer une foi. Il n' est pas donné à l' irréligion de détruire une religion sur la terre. Il n' y a qu' une religion plus lumineuse qui puisse véritablement triompher d' une religion altérée d' ombre en la remplaçant. La terre ne peut pas rester sans autel, et Dieu seul est assez fort contre Dieu.

UNE LUTTE AU BORD D'UN PRÉCIPICE.

Je ne saurais[6] vous dire à quel point était lamentable cet accent de terreur et de souffrance ! J' oubliai tout. Ce n' était plus un ennemi, un traître, un assassin, c' était un malheureux qu' un léger effort de ma part pouvait arracher à une mort affreuse. Il m' implorait si pitoyablement ! Toute parole, tout

---

1. *Résumé*, summary.
2. *De là*, etc., hence the results.
3. *Elle ne fit que*, it served only.
4. *Froide*, etc., cold, corrosive, and scoffing, it acted in the manner of poison.
5. *L' alliage humain*, the human alloyage.
6. *Je ne saurais*, etc., I cannot tell you how lamentable.

reproche eût été inutile et ridicule; le besoin d'aide paraissait urgent. Je me baissai, et m'agenouillant[1] le long du bord, l'une de mes mains appuyée sur le tronc de l'arbre dont la racine soutenait l'infortuné Habibrah, je lui tendis l'autre. . . . Dès qu'elle fut à sa portée,[2] il la saisit de ses deux mains avec une force prodigieuse, et, loin de se prêter au mouvement d'ascension que je voulais lui donner, je le sentis qui cherchait à m'entraîner avec lui dans l'abîme. Si le tronc de l'arbre ne m'eût pas prêté un aussi solide appui, j'aurais été infailliblement arraché du bord, par la secousse violente et inattendue que me donna le misérable.

Scélérat! m'écriai-je, que fais-tu?

Je me venge! répondit-il avec un rire éclatant et infernal. Ah! je te tiens enfin. Imbécile! tu t'es livré toi-même![3] Je te tiens! Tu étais sauvé, j'étais perdu, et c'est toi qui rentres volontairement dans la gueule du caïman,[4] parce qu'elle a gémi après avoir rugi! Me voilà consolé, puisque ma mort est une vengeance! Tu es pris au piège, et j'aurai un compagnon humain chez les poissons du lac.

Ah, traître! disais-je en me raidissant, voilà comme tu me récompenses d'avoir voulu te tirer du péril!

Oui, reprenait-il, je sais que j'aurais pu me sauver avec toi, mais j'aime mieux que tu périsses avec moi; j'aime mieux ta mort que ma vie! Viens!

En même temps ses deux mains bronzées et calleuses se crispaient sur la mienne avec des efforts inouis; ses yeux flamboyaient, sa bouche écumait; ses forces, dont il déplorait si douloureusement l'abandon un moment auparavant, lui étaient revenues, exaltées par la rage et la vengeance; ses pieds s'appuyaient ainsi que deux leviers aux parois[5] perpendiculaires du rocher, et il bondissait comme un tigre sur la racine qui mêlée à ses vêtements, le soutenait malgré lui; car il eût voulu la briser afin de peser de tout son poids sur moi et de m'en-

1. *M'agenouillant le long*, etc., kneeling down by the edge.
2. *A la portée*, within reach.
3. *Tu t'es livré toi-même*, thou hast delivered thyself.
4. *Du caïman*, of the cayman.
5. *Parois*, surface.

traîner plus vite. Il interrompait quelquefois le rire épouvantable que m' offrait son visage, pour mordre cette racine avec fureur. On eût dit[1] l' horrible démon de cette caverne cherchant à attirer une proie dans son palais d' abîmes et de ténèbres.

Un de mes genoux s' était heureusement arrêté dans une anfractuosité du rocher; mon bras s' était en quelque sorte noué à l' arbre qui m' appuyait, et je luttais contre les efforts du nain avec toute l' énergie que le sentiment de la conservation peut donner dans un semblable moment. De temps en temps je soulevais péniblement ma poitrine, et j' appelais de toutes mes forces, *Bug-Jargal!* Mais le fracas de la cascade et l' éloignement me laissaient bien peu d' espoir qu' il pût entendre ma voix.

Cependant le nain qui ne s' était pas attendu à tant de résistance, redoublait ses furieuses secousses. Je commençais à perdre mes forces, bien que cette lutte eût duré bien moins de temps qu' il ne m' en faut[2] pour vous la raconter. Un tiraillement[3] insupportable paralysait presque mon bras; ma vue se troublait; des lueurs livides et confuses se croisaient devant mes yeux; des tintements remplissaient mes oreilles; j' entendais crier[4] la racine prête à se rompre, rire le monstre prêt à tomber, et il me semblait que le gouffre hurlant se rapprochait de moi.

Avant de tout abandonner à l' épuisement et au désespoir, je tentai un dernier appel: je rassemblai mes forces éteintes, et je criai encore une fois, *Bug-Jargal!* Un aboiement me répondit . . . . j' avais reconnu Rask, je tournai les yeux. Bug-Jargal et son chien étaient au bord de la crevasse. Je ne sais s' il avait entendu ma voix ou si quelque inquiétude l' avait ramené. Il vit mon danger. Tiens bon! me cria-t-il. Halibrah craignant mon salut, me criait de son côté en écumant

1. *On eût dit*, one would have said (that it was) supply, *que c' était.*
2. *Qu' il ne m' en faut*, than is necessary to me.
3. *Tiraillement*, pulling.
4. *Crier*, to creak.

de fureur: Viens donc! viens! Et il ramassait pour en finir le reste de sa vigueur surnaturelle. En ce moment, mon bras fatigué se détacha de l' arbre. C' en était fait de moi![1] quand je me sentis saisir par derrière; c' était Rask. A un signe de son maître il avait sauté de la crevasse sur la plate-forme, et sa gueule me retenait puissamment par les basques de mon habit. Ce secours inattendu me sauva. Habibrah avait consumé toute sa force dans son dernier effort; je rappelai la mienne pour lui arracher ma main. Ses doigts engourdis et raides furent enfin contraints de lâcher; la racine, si long-temps tourmentée, se brisa sous son poids; et, tandis que Rask me retirait violemment en arrière, le misérable nain s' engloutit[2] dans l' écume de la sombre cascade, en me jetant une malédiction que je n' entendis pas, et qui retomba avec lui dans l' abîme.

LE RHÔNE ET LA SAÔNE.

Ils partirent donc ensemble, le veillard et Christophe; ils descendirent ensemble le versant[3] de la montagne de Fourvières, l' un appuyé sur l' autre et causant familièrement comme de vieux amis. Arrivé au bas de la montagne, le veillard se tournant vers le jeune homme avec un doux sourire:

Je sais bien où vous porte votre instinct, lui dit-il: Cette ville est moitié Saône et moitié Rhône, et vous, enfant du Rhône, vous ne demandez pas mieux que de porter vos pas sur ce bruyant[4] rivage dont vous avez entendu le doux murmure à votre berceau. Cependant, si vous voulez y mettre un peu de bonté, nous laisserons ce soir cette eau fougueuse[5] pour cette eau limpide qui est là-bas, et qui a nom la Saône. Pour moi, qui suis vieux, je préfère au flot qui gronde toujours,[6] cette onde

1. *C' en était fait de moi*, it was all over with me.
2. *S' engloutit*, was swallowed up.
3. *Le versant*, the declivity.
4. *Bruyant*, noisy.
5. *Fougueuse*, impetuous.
6. *Qui gronde toujours*, which is always growling.

toujours calme et transparente. J' aime cette lenteur, j' aime ces longs circuits, j' aime tout ce rivage si tranquille. C' est là tout-à-fait la promenade d' un vieillard et d' un sage. Laissons le Rhône, le bruit, le flot violent à la jeunesse violente et bruyante. Cette eau qui court en bouillonnant, c' est la jeunesse. Cette onde qui s' en va doucement,[1] et par le plus long chemin, à son but, c' est la vieillesse. Venez donc sur mon rivage, mon enfant, et marchez sur mon sable ; et d' ailleurs ce Rhône que vous regrettez, il faudra le perdre demain. Je sais déjà pour quels rivages vous partirez demain. Dites adieu à votre Rhône, adieu aussi à la Saône tranquille, vous trouverez là-bas une rivière non moins tranquille, qu' on appelle la Seine. Donc il n' est pas inutile que vous assistiez[2] vous-même à l' étrange spectacle d' un fleuve qui coule lentement au milieu des plus vives et des plus violentes passions des hommes. Plus d' une fois, quand vous serez à Paris, vous demanderez pourquoi donc ce n' est pas l' impétuosité du Rhône qui éveille ces masses si remplies de passions de tous genres, de misères et d' ambitions de toutes sortes ? Certes, à un pareil amas d' opinions et d' immondices, ce n' était pas trop d' un fleuve comme le Rhône pour les balayer chaque matin. Le sort ne l' a pas voulu. Il a placé dans les murs les plus soulevés les fleuves les plus tranquilles ; il a fait naître le Rhône dans le silence d' un glacier. La Providence a voulu sans doute que dans les villes les plus populeuses quelque chose rappelât aux hommes que la paix et le calme sont les vrais biens de l' âme. Ainsi donc, venez avec moi saluer[3] mon fleuve et mon rivage, et profitons des derniers rayons du soleil.

Les rives de la Saône sont en effet d' un doux aspect et d' une grande simplicité. Vous voyez cette onde qui s' en va doucement, à l' instant même où vous venez d' entendre[4] mugir le flot qui l' appelle. En même temps vous côtoyez les plus belles

1. *Qui s' en va doucement*, which goes gently away.
2. *Que vous assistiez*, that you should be present at.
3. *Venez avec moi saluer*, come with me and salute.
4. *Où vous venez d' entendre*, when you have just ceased to hear.

campagnes. De vieux arbres s' élèvent à votre droite, chaque rocher de la rive porte à son flanc dompté une maison blanche entourée de verdure et de silence ; sur le fleuve mille petites barques glissent lentement, on les prendrait de loin pour des gondoles vénitiennes, n' était[1] leur blancheur et leur légèreté. Mille barques se croisent : c' est une famille qui quitte la ville et qui va chercher le repos, là-haut ; femmes, enfants, jeunesse riante, vieillesse conteuse,[2] le présent, l' avenir, le passé de la famille sont partis par le même flot. Ce sont des barques qui descendent chargées de fruits et de fleurs, vous les voyez qui marchent.[3] On dirait qu' à cette heure toute la ville quitte le Rhône indomptable pour fêter l' autre fleuve. Ainsi chaque fleuve a son lot. Le Rhône, c' est l' orgueil de la ville ; la Saône, c' est son bonheur ; le Rhône, c' est son cheval de course ou de guerre, son cheval de parade ou de bataille ; la Saône, c' est son cheval de voiture ou de labour ; le Rhône, c' est le bracelet d' or de cette ville superbe ; la Saône, c' est sa robe nuptiale ; le Rhône, c' est la bruit, c' est la fête ! la Saône, c' est le silence, c' est le travail, c' est aussi le repos. Demandez à la ville lequel de ses deux fleuves elle voudrait perdre ? Elle dira adieu en pleurant à son Rhône : adieu mon orgueil, adieu ma beauté, adieu ma parure, adieu ma jeunesse ; mais enfin la ville, si elle est une ville d' affaires, comme elle l' est en effet, dira adieu à son Rhône, et la ville aura raison.

LE PÈRE DE BELLINI.

Je demandai à mon guide s' il connaissait M. Bellini père. A cette demande il se retourna vivement, et me montrant un vieillard qui passait dans une petite voiture attelée d' un cheval :—Tenez, me dit-il, le voilà qui va à la campagne.[4]

---

1. *N' était*, were it not for.
2. *Conteuse*, (narrating) garrulous.
3. *Vous les voyez qui marchent*, you see them moving along.
4. *Tenez, me dit-il, le voilà qui va à la campagne*, see, said he to me, there he is, going to the country.

Je courus à la voiture que j' arrêtai, pensant qu' on n' est jamais indiscret quand on parle à un père de son fils, et d' un fils comme celui-là surtout. En effet, au premier mot que je lui en dis, le vieillard me prit les mains en me demandant s' il était bien vrai que je le connusse. Alors je tirai de mon porte-feuille une lettre de recommendation qu' au moment de mon départ de Paris, Bellini m' avait donnée pour la duchesse de Noya, et je lui demandai s' il connaissait cette écriture. Le pauvre père ne me répondit qu' en me la prenant des mains et en baisant l' adresse, puis, se retournant de mon côté :

Oh ! c' est que vous ne savez pas, dit-il, comme il est bon pour moi ! Nous ne sommes pas riches : eh bien ! à chaque succès, je vois arriver un souvenir de lui, et chaque souvenir a pour but de donner un peu d' aisance[1] et de bonheur à ma vieillesse. Si vous veniez chez moi, je vous montrerais une foule de choses que je dois à sa piété.[2] Chacun de ses succès traverse les mers et m' apporte un bien-être nouveau. Cette montre, c' est de *Norma ;* cette petite voiture et ce cheval, c' est une partie du produit des *Puritains.* Dans chaque lettre qu' il m' écrit, il me dit toujours qu' il viendra ; mais il y a si loin de Paris à Catane, que je ne crois pas à cette promesse, et que j' ai bien peur[3] de mourir sans le revoir. Vous le reverrez, vous.

Mais oui,[4] répondis-je, car je croyais le revoir ; et si vous avez quelque commission pour lui . . . .

Non ; que lui enverrai-je moi ? ma bénédiction ? Pauvre enfant ! je la lui donne le matin et le soir. Vous lui direz que vous m' avez fait passer un jour heureux en me parlant de lui ; puis, que je vous ai embrassé comme un vieil ami. Le vieillard m' embrassa.

Mais vous ne lui direz pas que j' ai pleuré. D' ailleurs, ajouta-t-il en riant, c' est de joie que je pleure. Et c' est donc vrai qu' il a de la réputation, mon fils ?

---

1. *Aisance*, ease.
2. *Piété* filial affection.
3. *J' ai bien peur*, I am very much afraid.
4. *Mais, oui*, yes, certainly.

Mais une très-grande, je vous assure.

Quelle étrange chose ! Et qui m' aurait dit cela quand je le grondai de ce qu' au lieu de travailler, il était là, battant la mesure avec son pied et faisant chanter à sa sœur tous nos vieux airs siciliens ? Enfin tout cela est écrit là-haut. C' est égal, je voudrais bien le revoir avant de mourir. Est-ce que votre ami le connaît aussi, mon fils ?

Certainement.

Personnellement ?

Personnellement. Mon ami est lui-même le fils d' un musicien distingué.

Appelez-le donc alors, je veux lui serrer la main aussi, à lui.

J' appelai Jadin, qui vint. Ce fut son tour alors d' être choyé[1] et caressé par le pauvre vieillard, qui voulait nous ramener chez lui et voulait passer la journée avec nous. Mais c' était chose impossible ; il allait à la campagne, et l' emploi de notre journée était arrêté.[2] Nous lui promîmes d' aller le voir si nous repassions à Catane ; puis il nous serra la main et partit. A peine eut-il fait quelques pas, qu' il me rappela. Je courus à lui.

Votre nom, me dit-il ; j' ai oublié de vous demander votre nom.

Je le lui dis, mais ce nom n' éveilla en lui aucun souvenir. Ce qu' il connaissait de son enfant même, ce n' était pas l' artiste, c' était le bon fils.

Alexandre Dumas, Alexandre Dumas, répéta-t-il deux ou trois fois. Bon, je me rappellerai[3] que celui qui portait ce nom-là m' a donné de bonnes nouvelles de mon . . . Alexandre Dumas, adieu, adieu ! Je me rappellerai votre nom ; adieu !

Pauvre vieillard ! je suis sûr qu' il ne l' a pas oublié, car les nouvelles que je lui donnais, c' étaient les dernières qu' il devait recevoir ![4]

---

1. *Choyé*, fondled.
2. *Etait arrêté*, was (before) determined on.
3. *Je me rappellerai*, etc., I will remember that he who bore that name.
4. *Qu' il devait recevoir*, which he was to receive.

LA PRIÈRE.

LE roi brillant du jour, se couchant dans sa gloire,
Descend avec lenteur de son char de victoire :
Le nuage éclatant qui le cache à nos yeux
Conserve en sillons d' or sa trace dans les cieux,
Et d' un reflet de pourpre inonde l' étendue.
Comme une lampe d' or dans l' azur suspendue,
La lune se balance au bords de l' horizon ;
Ses rayons affaiblis dorment sur le gazon,
Et le voile des nuits sur le monts se déplie :
C' est l' heure où la nature, un moment recueillie,[1]
Entre la nuit qui tombe et le jour qui s' enfuit,
S' élève au créateur du jour et de la nuit,
Et semble offrir à Dieu, dans son brillant langage,
De la création le magnifique hommage.

Voilà le sacrifice immense, universel !
L' univers est le temple, et la terre est l' autel ;
Les cieux en sont le dôme ; et ces astres sans nombre,
Ces feux demi-voilés, pâle ornement de l' ombre,
Dans la voûte d' azur avec ordre semés,
Sont les sacrés flambeaux pour ce temple allumés,
Et ces nuages purs qu' un jour mourant colore,
Et qu' un souffle léger, du couchant à l' aurore,
Dans les plaines de l' air repliant mollement,[2]
Roule en flocons de pourpre[3] aux bords du firmament,
Sont les flots de l' encens qui monte et s' évapore,
Jusqu' au trône de Dieu que la nature adore.

Mais ce temple est sans voix. Où sont les saints concerts ?
D' où s' élèvera l' hymne au roi de l' univers ?

---

1. *Un moment recueillie*, collected for a moment.
2. *Repliant mollement*, softly folding.
3. *En flocons de pourpre*, in fleeces of purple.

Tout se tait : mon cœur seul parle dans ce silence.
La voix de l' univers, c' est mon intelligence.
Sur les rayons du soir, sur les ailes du vent,
Elle s' élève à Dieu comme un parfum vivant ;
Et, donnant un langage à toute créature,
Prête, pour l' adorer, mon âme à la nature.
Seul, invoquant ici son regard paternel,
Je remplis le désert du nom de l' Eternel ;
Et celui qui, du sein de sa gloire infinie,
Des sphères qu' il ordonne écoute l' harmonie,[1]
Ecoute aussi la voix de mon humble raison,
Qui contemple sa gloire et murmure son nom.

Salut,[2] principe et fin de toi-même et du monde !
Toi qui rends[3] d' un regard l' immensité féconde.
Ame de l' univers, Dieu, père, créateur,
Sous tous ces noms divers je crois en toi, Seigneur !
Et, sans avoir besoin d' entendre ta parole,
Je lis au front des cieux mon glorieux symbole.
L' étendue à mes yeux révèle ta grandeur ;
La terre, ta bonté ; les astres, ta splendeur.
Tu t' es produit toi-même[4] en ton brillant ouvrage !
L' univers tout entier réfléchit l' univers.
Ma pensée, embrassant tes attributs divers,
Partout autour de toi te découvre et t' adore,
Se contemple soi-même, et t' y découvre encore :
Ainsi l' astre du jour éclate dans les cieux,
Se réfléchit dans l' onde, et se peint à mes yeux.

C' est peu de croire en toi, bonté, beauté suprême !
Je te cherche partout, j' aspire à toi, je t' aime !
Mon âme est un rayon de lumière et d' amour,
Qui, du foyer divin détaché pour un jour,

---

1. *Ecoute l' harmonie*, etc., hears the harmony of the spheres

2. *Salut*, hail.

3. *Rends*, etc., renderest immensity fruitful.

4. *Tu t' es produit toi-même*, thou hast produced thyself.

De désirs dévorants loin de toi consumée,
Brûle de remonter à sa source enflammée.
Je respire, je sens, je pense, j' aime en toi!
Ce monde qui te cache est transparent pour moi;
C' est toi que je découvre au fond de la nature,.
C' est toi que je bénis dans toute créature.
Pour m' approcher de toi, j' ai fui dans ces déserts;
Là, quand l' aube, agitant son voile dans les airs,
Entr' ouvre l' horizon qu' un jour naissant colore,
Et sème sur les monts les perles de l' aurore,
Pour moi c' est ton regard qui, du divin séjour,[1]
S' entr' ouvre sur le monde et lui répand le jour;
Quand l' astre à son midi, suspendant sa carrière,
M' inonde de chaleur, de vie et de lumière,
Dans ses puissants rayons, qui raniment mes sens;
Seigneur, c' est ta vertu, ton souffle, que je sens;
Et quand la nuit, guidant son cortège[2] d' étoiles,
Sur le monde endormi jette ses sombres voiles,
Seul, au sein du désert et de l' obscurité,
Méditant de la nuit la douce majesté,
Enveloppé de calme, et d' ombre et de silence,
Mon âme de plus près adore ta présence,
D' un jour intérieur[3] je me sens éclairer,
Et j' entends une voix qui me dit d' espérer.

Oui, j' espère, Seigneur, en ta magnificence:
Partout à pleines mains prodiguant l' existence,
Tu n' auras pas borné le nombre de mes jours
A ces jours d' ici-bas, si troublés et si courts,
Je te vois en tous lieux conserver et produire,
Celui qui peut créer dédaigne de détruire.
Témoin de ta puissance, et sûr de ta bonté,
J' attends le jour sans fin[4] de l' immortalité.

---

1. *Du divin séjour*, etc., from the divine abode half-opens upon the world, and spreads for it the day.
2. *Cortège*, retinue.
3. *D' un jour intérieur*, etc., I feel myself enlightened by an interior day.
4. *Le jour sans fin*, etc., the endless day of immortality.

La mort m' entoure en vain de ses ombres funèbres,
Ma raison voit le jour à travers ses ténèbres;
C' est le dernier degré qui m' approche de toi,
C' est le voile qui tombe entre ta face et moi.
Hâte pour moi, Seigneur, ce moment que j' implore,
Ou, si dans tes secrets tu le retiens encore,
Entends du haut du ciel le cri de mes besoins:
L' atome et l' univers sont l' objet de tes soins;
Des dons de ta bonté soutiens mon indigence,
Nourris mon corps de pain, mon âme d' espérance;
Réchauffe d' un regard de tes yeux tout-puissants
Mon esprit éclipsé par l' ombre de mes sens;
Et, comme le soleil aspire[1] la rosée,
Dans ton sein à jamais absorbe ma pensée!

LE PRIX DE LA VIE.

Joseph ouvrant la porte du salon, vint nous dire que la chaise de poste[2] était prête. Ma mère et ma sœur se jetèrent dans mes bras. "Il en est temps encore, me disaient-elles, renonce à ce voyage, reste avec nous. Ma mère, je suis gentilhomme, j' ai vingt ans, il faut qu' on parle de moi dans le pays! que je fasse mon chemin, soit à l' armée, soit à la cour! Et quand tu seras parti, Bernard, que deviendrai-je?[3] Vous serez heureuse et fière en apprenant les succès de votre fils. Et si tu es tué dans quelque bataille? Qu' importe! qu' est-ce que la vie?[4] est-ce qu' on y songe? On ne songe qu' à la gloire quand on a vingt ans et qu' on est gentilhomme. Et me voyez-vous, ma mère, revenir près de vous, dans quelques années, colonel ou maréchal-de-camp, ou bien avec une belle charge à Versailles?

---

1. *Aspire*, draws up.
2. *Chaise de poste*, the post-chaise.
3. *Que deviendrai-je*, what will become of me?
4. *Qu' est-ce que la vie?* etc., what is life? does one think of that?

"Eh bien qu' en arrivera-t-il ?[1] Il arrivera que je serai ici respecté et considéré. Et après ? Que chacun m' ôtera son chapeau. Et après ? Que j' épouserai ma cousine Henriette, que je marierai mes jeunes sœurs et que nous vivrons tous avec vous, tranquilles et heureux dans mes terres de Bretagne. Et qui t' empêche de commencer dès aujourd' hui ? Ton père ne nous a-t-il pas laissé la plus belle fortune du pays ? Y a-t-il, à dix lieues à la ronde un plus riche domaine et un plus beau château que celui de la Roche-Bernard ? N' y es-tu pas considéré de tes vassaux ? Un seul manque-t-il, quand tu traverses le village, à t' ôter son chapeau ? Ne nous quitte pas, mon fils ; reste près de tes amis, près de tes sœurs, près de ta vieille mère, qu' au retour peut-être tu ne retrouveras plus. Ne va pas dépenser en vaine gloire ou abréger, par des soucis et des tourments de toute espèce, des jours qui déjà s' écoulent si vite : la vie est une douce chose, mon fils, et le soleil de Bretagne est si beau ?" En me disant cela, elle me montrait par les fenêtres du salon les belles allées de mon parc, les vieux marronniers[2] en fleurs, le lilas, les chèvrefeuilles dont le parfum embaumait les airs et dont la verdure étincelait au soleil.

Dans l' antichambre se tenait[3] le jardinier avec toute sa famille. Tristes et silencieux, eux aussi semblaient me dire : ne partez pas, notre jeune maître, ne partez pas ! Hortense, ma sœur aînée, me serrait dans ses bras, et Amélie, ma petite sœur, qui était dans un coin du salon, occupée à regarder les gravures des fables de la Fontaine, s' était approchée[4] de moi en me présentant le livre. Lisez, lisez, mon frère, me disait-elle en pleurant..." C' était la fable des Deux Pigeons !... Je me levai brusquement, je les repoussai tous. "J' ai vingt ans, je suis gentilhomme ; il me faut de l' honneur, de la gloire... laissez-moi partir." Et je m' élançai dans la cour. J' allais monter dans la chaise de poste, lorsqu' une femme parut sur le perron[5] de l' escalier. C' était Henriette ! elle ne pleurait

---

1. *Qu' en arrivera-t-il ?* what will result from that ?
2. *Marronniers*, chesnut-trees.
3. *Se tenait*, was remaining.
4. *S'était approché*, had approached me.
5. *Perron*, steps.

pas, elle ne prononçait pas une seule parole ; mais pâle et tremblante, elle se soutenait à peine. De son mouchoir blanc, qu' elle tenait à la main, elle me fit un dernier signe d' adieu ; puis tomba sans connaissance. Je courus à elle, je la relevai, je la serrai dans mes bras, je lui jurai amour pour la vie ; et au moment où elle revenait à elle, la laissant aux soins de ma mère et de ma sœur, je courus à ma voiture sans m' arrêter, sans retourner la tête. Si j' avois regardé Henriette, je ne serais point parti. Quelques minutes après, la chaise de poste roulait sur la grande route.

Pendant long-temps je ne pensai qu' à Henriette, à mes sœurs, à ma mère et à tout le bonheur que je laissais derrière moi, mais ces idées s' effaçaient à mesure que[1] les tourelles de la Roche-Bernard se dérobaient à ma vue, et bientôt des rêves d' ambition et de gloire s' emparèrent seuls de mon esprit. Que de projets ! que de châteaux en Espagne ! que de belles actions je me créais dans ma chaise de poste ![2] Richesses, honneurs, dignités, succès en tous genres, je ne me refusais rien ; je méritais et je m' accordais tout ; enfin, m' élevant en grade à mesure que j' avançais en route, j' étais duc et pair, gouverneur de province et maréchal de France, quand j' arrivai le soir à mon auberge.

La voix de mon domestique, qui m' appelait modestement M. le chevalier, me força seule de revenir à moi et d' abdiquer.[3] Le lendemain et les jours suivants, mêmes rêves, car mon voyage était long. Je me rendais aux environs de Sédan, chez le duc de C, ancien ami de mon père et protecteur de ma famille. Il devait m' emmener avec lui à Paris, où il était attendu prochainement ; il devait me présenter à Versailles et me faire obtenir une compagnie de dragons. J' arrivai le soir à Sédan, et ne pouvant pas, à l' heure qu' il était, me rendre au château de mon protecteur, je remis ma visite au lendemain et

1. *A mesure que*, etc., in proportion as the turrets of Roche Bernard faded away from my sight.

2. *Chaise de poste*, the post-chaise.

3. *De revenir à moi et d' abdiquer*, to return to myself and to abdicate (the throne of my dreams.)

j' allai loger aux Armes-de-France, le plus bel hôtel de la ville et le rendez-vous ordinaire de tous les officiers, car Sédan est une ville de garnison,[1] une place forte ; les rues ont un aspect guerrier, et les bourgeois mêmes ont une tournure martiale qui semble dire aux étrangers : Nous sommes compatriotes du grand Turenne.

Je soupai à table d' hôte,[2] et je demandai le chemin qu' il fallait suivre pour me rendre le lendemain au château du duc de C, situé à trois lieues de la ville. Tout le monde vous l' indiquera, me dit-on ; il est assez connu dans le pays. C' est dans le château qu' est mort un grand guerrier, un homme célèbre, le maréchal Fabert. Et la conversation tomba sur le maréchal Fabert : entre jeunes militaires, c' était tout naturel. On parla de ses batailles, de ses exploits, de sa modestie qui lui fit refuser les lettres de noblesse et le collier[3] de ses ordres que lui offrait Louis XIV. On parla surtout de l' inconcevable bonheur qui, de simple soldat, l' avait fait parvenir au rang de maréchal de France, lui homme de rien et fils d' un imprimeur. C' était le seul exemple qu' on pouvait citer alors d' une pareille fortune qui, du vivant[4] même de Fabert, avait paru si extraordinaire que le vulgaire n' avait pas craint d' assigner à son élévation des causes surnaturelles. On disait qu' il s' était occupé dès son enfance de magie, de sorcellerie, qu' il avait fait un pacte avec le diable. Et notre aubergiste qui, à la bêtise d' un champenois, joignait la crédulité de nos paysans bretons, nous attesta avec un grand sang-froid[5] qu' au château du duc de C—, où Fabert était mort, on avait vu un homme noir que personne ne connaissait, pénétrer dans sa chambre et disparaître, emportant avec lui l' âme du maréchal qu' il avait autrefois achetée et qui lui appartenait ; et que même maintenant encore, dans le mois de mai, époque de la mort de Fabert, on voyait apparaître le soir une petite lumière portée par l' homme noir. Ce récit égaya[6] notre dessert, et nous bûmes une bouteille de

1. *Ville de garnison*, a garrisoned city.
2. *A table d' hôte*, at the common table.
3. *Collier*, collar.
4. *Du vivant*, during the life.
5. *Sang-froid*, composure.
6. *Egaya*, enlivened.

vin de Champagne au démon familier de Fabert, en le priant de vouloir bien[1] aussi nous prendre sous sa protection et nous faire gagner quelques batailles comme celles de Collioure et de La Marfée.

Le lendemain je me levai de bonne heure, et je me rendis au château du duc de C—, immense et gothique manoir, qu' en tout autre moment je n' aurais peut-être pas remarqué, mais que je regardais, j' en conviens,[2] avec une curiosité mêlée d' émotion, en me rappelant le récit que nous avait fait la veille[3] l' aubergiste des Armes-de-France.

Le valet à qui je m' adressai me répondit qu'il ignorait si son maître était visible et surtout s' il pouvait recevoir.[4] Je lui donnai mon nom, et il sortit en me laissant seul dans une espèce de salle d' armes,[5] décorée d' attributs de chasse et de portraits de famille.

J' attendis quelque temps et l' on ne venait pas. Cette carrière de gloire et d' honneur que j' avait rêvée commence donc par l' antichambre ! me disais-je ; et, solliciteur mécontent, l' impatience me gagnait.[6] J' avais déjà compté deux ou trois fois tous les portraits de famille et toutes les poutres du plafond, lorsque j' entendis un léger bruit dans la boiserie.[7] C' était une porte mal fermée que le vent venait d' entr' ouvrir. Je regardai et j' aperçus un fort joli boudoir éclairé par deux grandes croisées et une porte vitrée qui donnaient sur[8] un parc magnifique. Je fis quelques pas dans cet appartement et je m' arrêtai à la vue d' un spectacle qui d' abord n' avait point frappé mes yeux. Un homme, le dos tourné à la porte par laquelle je venais d' entrer, était couché sur un canapé. Il se leva et, sans m' apercevoir, courut brusquement à la croisée. Des larmes sillonnaient ses joues, un profond désespoir paraissait empreint dans tous ses traits. Il resta quelque temps

---

1. *De vouloir bien*, to be pleased.
2. *J' en conviens*, I acknowledge (it.)
3. *La veille*, the evening before.
4. *Recevoir*, to admit (any one.)
5. *Salle d' armes*, armory.
6. *Me gagnait*, got the better of me.
7. *Boiserie*, the wainscot.
8. *Qui donnaient sur*, which commanded a view of.

immobile et la tête cachée dans ses mains ; puis il commença à se promener à grands pas dans l' appartement. J' étais alors près de lui ; il m' aperçut et tressaillit. Moi-même, désolé et tout étourdi de mon indiscrétion, je voulais me retirer en balbutiant quelques mots d' excuse. Qui êtes-vous ? que voulez-vous ? me dit-il d' une voix forte et me retenant par le bras. Je suis le chevalier Bernard de la Roche-Bernard, et j' arrive de Bretagne. Je sais, je sais, me dit-il. Et il se jeta dans mes bras, me fit asseoir à côté de lui, me parla vivement de mon père et de toute ma famille, qu' il connaissait si bien que je ne doutai point que ce ne fût le maître du château. Vous êtes M. C—, lui dis-je. Il se leva, et me regardant avec exaltation, il me répondit : Je l' étais, je ne le suis plus ! Et voyant mon étonnement, il s' écria : Pas un mot de plus, jeune homme, ne m' interrogez pas. Si, monsieur, j' ai été témoin sans le vouloir, de votre chagrin et de votre douleur, et si mon dévouement et mon amitié peuvent y apporter quelque adoucissement. Oui, oui, vous avez raison ; non que vous puissiez rien changer à mon sort, mais vous recevrez du moins mes dernières volontés et mes derniers vœux : c' est le seul service que j' attends de vous.

Il alla fermer la porte et revint s' asseoir près de moi qui ému et tremblant attendais ses paroles ; elles avaient quelque chose de grave et de solennel ; sa physionomie surtout avait une expression que je n' avais encore[1] vue à personne. Ce front que j' examinais attentivement semblait marqué par la fatalité. Sa figure était pâle ; ses yeux noirs lançaient des éclairs et de temps en temps ses traits, quoique altérés par la souffrance, se contractaient par un sourire ironique et infernal. " Ce que je vais vous apprendre, me dit-il, va confondre votre raison. Vous douterez, nous ne croirez pas ; moi-même bien souvent je doute encore, je le voudrais du moins ; mais les preuves sont là,[2] et il y a dans tout ce qui nous entoure, dans notre organization même, bien d' autres mystères que nous

1. *Que je n' avais encore*, which I had never yet.

2. *Là*, (serves only to give force to the phrase,) but the proofs are at hand.

sommes obligés de subir sans pouvoir les comprendre." Il s' arrêta un instant comme pour recueillir ses idées, passa la main sur son front et continua. "Je suis né dans ce château. J' avais deux frères, mes aînés,[1] à qui devaient revenir les biens et les honneurs de notre maison. Je n' avais rien à attendre que le manteau d' abbé et le petit collet, et cependant des pensées d' ambition et de gloire fermentaient dans ma tête, et faisaient battre mon cœur. Malheureux de mon obscurité, avide de renommée, je ne rêvais qu' aux moyens d' en acquérir, et cette idée me rendait insensible à tous les plaisirs et à toutes les douceurs de la vie. Le présent ne m' était rien, je n' existais que dans l' avenir, et cet avenir se présentait à moi sous l' aspect le plus sombre.

J' avais près de trente ans et je n' étais rien encore ; alors, et de tous côtés, s' élevaient dans la capitale des réputations littéraires dont l' éclat retentissait jusqu' en notre province. Ah ! me disais-je souvent, si je pouvais du moins me faire un nom dans la carrière des lettres ! ce serait toujours[2] de la renommée, et c' est là seulement qu' est le bonheur. J' avais pour confident de mes chagrins un ancien domestique, un vieux nègre, qui était dans ce château bien avant ma naissance ; c' était à coup sûr[3] le plus âgé de la maison, car personne ne se rappelait l' y avoir vu entrer ; les gens du pays prétendent même qu' il a connu le maréchal Fabert et assisté à sa mort."

En ce moment mon interlocuteur me vit faire un geste de surprise, il s' arrêta et me demanda ce que j' avais.[4] Rien, lui dis-je. Mais malgré moi je pensai à l' homme noir dont nous avait parlé la veille notre aubergiste.

M. de C. continua :

"Un jour, devant Tago (c' était le nom du nègre,) je me laissai aller[5] à mon désespoir sur mon obscurité et sur l' inutilité de mes jours, et je m' écriai : *Je donnerais dix années de*

1. *Mes aînés*, my seniors.
2. *Toujours*, at least.
3. *A coup sûr*, to a certainty.
4. *Ce que j' avais*, what was the matter with me.
5. *Je me laissai aller*, I abandoned myself.

ma vie pour être placé au premier rang de nos auteurs. Dix ans, me dit il froidement, c' est beaucoup ; c' est payer bien cher[1] peu de chose ; n' importe, j' accepte vos dix ans, je les prends ; rappelez-vous vos promesses, je tiendrai les miennes. Je ne vous peindrai pas ma surprise en l' entendant parler ainsi ; je crus que les années avaient affaibli sa raison ; je haussai les épaules en souriant, et, quelques jours après, je quittai ce château pour faire un voyage à Paris. Là je me trouvai lancé dans la société des gens de lettres ; leur exemple m' encouragea, et je publiai plusieurs ouvrages dont je ne vous raconterai pas ici le succès. Tout Paris s' empressa de les voir ; les journaux retentirent de mes louanges ; le nouveau nom que j' avais pris devint célèbre et hier encore, jeune homme, vous l' admiriez. . . ."

Ici un nouveau geste de surprise interrompit ce récit : "Vous n' êtes donc pas le duc de C ?" m' écriai-je.

"Non, répondit-il froidement." Et je me dis en moi-même : Un homme de lettres célèbre . . . Est-ce Marmontel ? est-ce d' Alembert ? Est-ce Voltaire ?

Mon inconnu soupira ; un sourire de regret et de mépris vint effleurer ses levres et il reprit son récit.

"Cette réputation littéraire que j' avais enviée fut bientôt insuffisante pour une âme aussi ardente que la mienne ; j' aspirais à de plus nobles succès, et je disais à Tago, qui m' avait suivi à Paris et qui ne me quittait plus : il n' y a de gloire réelle, il n' y a de véritable renommée que celle que l' on acquiert dans la carrière des armes. Qu' est-ce qu' un[2] homme de lettres, un poëte ? Rien. Parlez-moi d' un graud capitaine, d' un général d' armée ; voilà le destin que j' envie et pour une grande réputation militaire je donnerais dix des années qui me restant. Je les accepte, me répondit Tago ; je les prends, elles m' appartiennient ; ne l' oubliez pas.

A cet endroit de son récit l' inconnu s' arrêta encore, et voyant l' espèce de trouble et d' hésitation qui se paignait dans

1. *Payer bien cher*, to pay very dear for. 2. *Qu' est-ce que*, etc., what is a man of letters ?

tous mes traits : "Je vous l' avais bien dit, jeune nomme, cela vous semble un rêve, une chimère ! . . . à moi aussi . . . et cependant les grades, les honneurs que j' ai obtenus n' étaient point une illusion : ces soldats que j' ai conduits au feu,[1] ces redoutes enlevées, ces drapeaux, ces victoires dont la France a retenti ; tout cela fut mon ouvrage ; toute cette gloire m' a appartenu."

Pendait qu' il marchait à grands pas et qu' il parlait ainsi avec chaleur, avec enthousiasme la surprise avait glacé tous mes sens, et je me disais : Qui est donc là près de moi ? Est-ce Coigny ? est-ce Richelieu ? est-ce le maréchal de Saxe ?

De cet état d' exaltation mon inconnu était retombé dans l' abattement, et s' approchant de moi, il me dit d' un air sombre.

"Tago avait dit vrai ; et quand plus tard, dégoûté de cette vaine fumée de gloire militaire, j' aspirais à ce qu' il y a seulement de réel et de positif dans ce monde ; quand, au prix de sinq ou six années d' existence, je desirai l' or et les richesses, il me les accorda encore . . . Oui jeune homme, oui, j' ai vu la fortune, seconder, surpasser tous mes vœux : des terres, des forêts, des châteaux . . . Ce matin encore tout cela était en mon pouvoïr, et si vous doutez, de moi, si vous doutez d' Tago, attendez, attendez, il va venir, et vous allez voir par vous même, par vos yeux, que ce qui confond votre raison et la mienne n' est malheureusement que trop réel." L' inconnu s' approcha alors de la chemnée, regarda la pendule, fit un geste d' effroi, et me dit à voix basse.

" Ce matin, au point du jour, je me sentis si abattu et si faible que je pouvais à peine me soulever : je sonnai[2] mon valet de chambre ; ce fut Tago qui parut. Qu' est-ce donc que j' éprouve,[3] lui dis-je ? Maître, rien que de[4] très-naturel : l' heure approche, le moment arrive. Et lequel ? lui dis-je. Ne le devinez-vous pas ? Le ciel vous avait destiné soixante ans à vivre ; vous en aviez trente quand j' ai commencé à vous

---

1. *Au feu*, (to the fire of battle,) to the combat.

2. *Je sonnai*, I rung for.

3. *Qu' est-ce donc que j' éprouve ?* what is it that I feel ?

4. *Rien que de*, etc., nothing except what is very natural.

obéir. Tago, lui dis-je avec effroi, parles-tu sérieusement? Oui, maître, en cinq ans vous avez dépensé en gloire vingt-cinq années d' existence, vous me les avez données, elles m' appartiennent; et ces jours dont vous vous êtes privé seront maintenant ajoutés aux miens. Quoi! c' était là le prix de tes services? D' autres les ont payés[1] plus cher; témoin Fabert que je protégeais aussi. Tais-toi, tais-toi, lui dis-je; ce n' est pas possible, ce n' est pas vrai. A la bonne heure; mais préparez-vous, car il ne vous reste plus qu' une demi-heure à vivre. Tu te joues de moi, tu me trompes. En aucune façon; calculez vous-même: trente-cinq ans où vous avez vécu ré-ellement et vingt-cinq que vous avez perdus; total, soixante. C' est votre compte, chacun le sien. Et il voulait sortir; et je sentais mes forces diminuer; je sentais la vie m' échapper. Tago! Tago! m' écriai-je, donne-moi quelques heures, quelques heures encore! Non, non, répondit-il, ce serait maintenant les retrancher de mon compte, et je connais mieux que vous le prix de la vie: il n' y a pas de trésor qui puisse payer deux heures d' existence. Et je pouvais à peine parler; mes yeux se voilaient, le froid de la mort glaçait mes veines. Eh bien! lui dis-je en faisant un effort, reprends ces biens pour lesquels j' ai tout sacrifié. Quatre heures encore, et je renonce à mon or, à mes richesses, à cette opulence, que j' ai tant désirés. Soit,[2] tu as été bon maître, et je veux faire quelque chose pour toi; j' y consens.[3]

"Je sentis mes forces se ranimer, et je m' écriai: Quatre heures! c' est si peu de chose! .... Tago! Tago! quatre autres encore, et je renonce à ma gloire littéraire, à tous mes ouvrages, à ce qui m' avait placé si haut dans l' estime du monde! Quatre heures pour cela! s' écria le nègre avec dédain, c' est beaucoup; n' importe, je ne t' aurai point refusé ta dernière grace. Non pas la dernière, lui dis-je en joignant les mains. Tago! Tago! je t' en supplie, donne-moi jusqu' à ce soir, les douze heures, la journée entière, et que mes exploits,

---

1. *Les ont payés*, have paid for them more dearly.
2. *Soit*, be it so.
3. *J' y consens*, I agree to it.

ma victoire, que ma renommée militaire, que tout soit effacé[1] à jamais de la mémoire des hommes; qu' il n' en reste plus rien sur la terre. Ce jour, Tago, ce jour tout entier, et je serai trop content. Tu abuses de ma bonté, me dit-il, et je fais un marché de dupe. N' importe encore, je te donne jusqu' au coucher du soleil: après cela ne me demande plus rien, et ce soir donc, je viendrai te prendre. Et il est parti, poursuivit l' inconnu avec désespoir, et ce jour où je vous parle est le dernier qui me reste!" Puis s' approchant de la porte vitrée qui était ouverte et qui donnait sur[2] le parc, il s' écria: "Je ne verrai plus ce beau ciel, ces verts gazons, ces eaux jaillissantes: je ne respirerai plus l' air embaumé du printemps. Insensé que j' étais! ces biens que Dieu donne à tous, ces biens auxquels j' étais insensible et dont maintenant seulement je comprends la douceur, pendant vingt-cinq ans encore je pouvais en jouir! Et j' ai usé mes jours, je les ai sacrifiés pour une gloire stérile qui ne m' a pas rendu heureux et qui est morte avec moi . . . . Tenez, tenez,[3] me dit-il en me montrant des paysans qui traversaient le parc et se rendaient à l' ouvrage en chantant, que ne donnerais-je pas maintenant pour partager leurs travaux et leur misère! Mais je n' ai plus rien à donner ni rien à espérer ici bas, pas même le malheur!"

En ce moment, un rayon de soleil, un soleil du mois de mai, vint éclairer ses traits pâles et égarés. Il me saisit le bras avec une espèce de délire et me dit: "Voyez, voyez donc! que c' est beau le soleil![4] et il faut quitter tout cela! . . . . . . Ah! que du moins j' en jouisse encore![5] Que je savoure en entier ce jour si pur et si beau qui pour moi n' aura pas de lendemain! . . "

Il s' élança en courant dans le parc, et au détour d' une allée, il disparut avant que j' eusse pu le retenir. A vrai dire je n' en

1. *Que mes exploits*, etc.—*que tout soit effacé*, let my exploits, etc.—let all be effaced.

2. *Qui donnait sur*, which commanded a view of.

3. *Tenez, tenez*, see, see.

4. *Que c' est beau le soleil!* how beautiful is the sun!

5. *Que du moins j' en jouisse encore*, etc., let me at least enjoy it yet; let me relish entire this day

avais pas la force ; j' étais retombé sur le canapé, étourdi, aneanti[1] de tout ce que je venais de voir et d' entendre. Je me levai, je marchai pour bien me convaincre que j' étais éveillé, que je n' étais pas sous l' influence d' un songe. En ce moment la porte du boudoir s' ouvrit, et un domestique me dit : " Voici mon maître le duc de C." Un homme d' une soixantaine d' années et d' une physionomie distinguée s' avança et, me tendant la main, me demanda pardon de m' avoir fait attendre aussi long-temps. " Je n' étais pas au château, me dit-il, je viens de la ville où j' ai été consulter pour la santé du comte de C., mon frère cadet. Ses jours seraient-ils en danger ? m' écriai-je. Non, monsieur, grâce au ciel, me répondit le duc : mais dans sa jeunesse des idées d' ambition et de gloire avaient exalté son imagination, et une maladie fort grave qu' il a faite[2] dernièrement, et où il a pensé périr,[3] lui a laissé au cerveau une espèce de délire et d' aliénation qui lui persuade toujours qu' il n' a plus qu' un jour à vivre. C' est là sa folie."[4] Tout me fut expliqué.

" Maintenant, poursuivit le duc, venons à vous, jeune homme, et voyons ce que nous pouvons faire pour votre avancement. Nous partirons à la fin du mois pour Versailles ; je vous présenterai. Je connais vos bontés pour moi, monsieur le duc, et je viens vous en remercier. Quoi ! auriez-vous renoncé à la cour et aux avantages que vous pouvez y attendre ? Oui, monsieur. Mais songez donc que grâce à moi[5] vous y ferez un chemin rapide, et qu' avec un peu d' assiduité et de patience vous pouvez d' ici à une dizaine d' années .... Dix années de perdues ![6] m' écriai-je. Eh bien ! reprit-il avec étonnement, est-ce payer trop cher la gloire, la fortune, les honneurs ? .... Allons, jeune homme, nous partirons pour Versailles. Non, monsieur le duc, je repars pour la Bretagne et vous prie de recevoir tous mes remercîments et ceux de ma famille."

1. *Etourdi*, stunned. *Anéanti*, (annihilated) confounded.
2. *Qu' il a faite*, which he has had.
3. *Où il a pensé périr*, in which he came near dying.
4. *Sa folie*, his insanity.
5. *Grâce à moi*, (thanks to me) by my assistance.
6. *Dix années de perdues*, ten years lost.

"C' est de la folie!" s' écria le duc.

Et moi, pensant à ce que je venais d' entendre, je me dis: c' est de la raison.

Le lendemain j' étais en route, et avec quelles délices je revis mon beau château de la Roche-Bernard, les vieux arbres de mon parc, le soleil de la Bretagne! J' avais retrouvé mes vassaux, mes sœurs, ma mère, et le bonheur! . . . . qui depuis ne m' a plus quitté, car huit jours après j' épousai Henriette.

LES FANTÔMES.

Helas! que j' en ai vu mourir,[1] de jeunes filles!
C' est le destin. Il faut une proie au trépas.
Il faut que l' herbe tombe au tranchant des faucilles;
Il faut que dans le bal les folâtres quadrilles
Foulent des roses sous leurs pas.

Il faut que l' eau s' épuise à courir les vallées;
Il faut que l' éclair brille, et brille peu d' instants;
Il faut qu' Avril jaloux brûle de ses gelées[2]
Le beau pommier, trop fier de ses fleurs étoilées,
Neige odorante du printemps.

Oui, c' est la vie. Après le jour, la nuit livide;
Après tout, le réveil infernal ou divin.
Autour du grand banquet siège une foule avide;
Mais bien des conviés laissent leur place vide,
Et se lèvent avant la fin.

Que j' en ai vu mourir! l' une était rose et blanche;
L' autre semblait ouïr de célestes accords;
L' autre, faible, appuyait d' un bras son front qui penche,
Et comme en s' envolant l' oiseau courbe sa branche,
Son âme avait brisé son corps.

---

1. *Que j' en ai vu mourir*, etc., how many young girls I have seen die.

2. *Brûle de ses gelées*, (burn) wither with his frosts.

Une, pâle, égarée, en proie au noir délire,
Disait tout bas[1] un nom dont nul ne se souvient;
Une s' évanouit, comme un chant sur la lyre;
Une autre en expirant avait le doux sourire
D' un jeune ange qui s' en revient.[2]

Toutes fragiles fleurs, sitôt mortes que nées,
Alcyons engloutis avec leurs nids flottants!
Colombes, que le ciel au monde avait données!
Qui, de grâce, et d' enfance, et d' amour couronnées,
Comptaient leurs ans par leurs printemps.

Une surtout: un ange, une jeune espagnole!
Blanches mains, sein gonflé de soupirs innocents,
Un œil noir, où luisaient des regards de créole,
Et ce charme inconnu, cette fraîche auréole
Qui couronne un front de quinze ans!

Elle aimait trop le bal, c' est ce qui l' a tuée.
Le bal éblouissant! le bal délicieux!
Sa cendre encor frémit, doucement remuée,
Quand dans la nuit sereine une blanche nuée
Danse autour du croissant des cieux.

Elle aimait trop le bal! Quand venait une fête,
Elle y pensait trois jours, trois nuits elle en rêvait;
Et femmes, musiciens, danseurs que rien n' arrête,
Venaient, dans son sommeil, troublant sa jeune tête,
Rire et bruire à son chevet.

Puis c' étaient des bijoux, des colliers, des merveilles.
Des ceintures de moire aux ondoyants reflets;
Des tissus plus légers que des ailes d' abeilles;
Des festons, des rubans, à remplir des corbeilles;
Des fleurs à paver un palais!

---

1. *Tout bas*, in a low voice.
2. *Qui s' en revient*, who is returning.

La fête commencée, avec ses sœurs rieuses
Elle accourait, froissant l' éventail sous ses doigts ;
Puis s' asseyait parmi les écharpes soyeuses,
Et son cœur[1] éclatait en fanfares joyeuses,
Avec l' orchestre aux mille voix.

C' était plaisir de voir danser la jeune fille !
Sa basquine agitait ses paillettes[2] d' azur ;
Ses grands yeux noirs brillaient sous la noire mantille :
Telle une double étoile au front des nuits scintille
Sous les plis d' un nuage obscur.

Tout en elle était danse, et rire, et folle joie.[3]
Enfant ! nous l' admirions dans nos tristes loisirs :
Car ce n' est point au bal que le cœur se déploie :
La cendre[4] y vole autour des tuniques de soie,
L' ennui sombre autour de plaisirs.

Mais elle,[5] par la valse ou la ronde emportée,
Volait, et revenait, et ne respirait pas,
Et s' enivrait des sons de la flûte vantée,
Des fleurs, des lustres d' or, de la fête enchantée,
Du bruit des voix, du bruit des pas.

Mais, hélas ! il fallait, quand l' aube était venue,
Partir, attendre au seuil[6] le manteau de satin ·
C' est alors que souvent la danseuse ingénue
Sentit,[7] en frissonnant, sur son épaule nue,
Glisser le souffle du matin.

---

1. *Et son cœur*, etc., and her heart burst forth in joyous peals of mirth.
2. *Ses paillettes*, its spangles.
3. *Folle joie*, giddy joy.
4. *La cendre*, the ashes (of the tomb.)
5. *Mais elle*, etc., but she borne away by the waltz.
6. *Attendre au seuil*, to wait at the door.
7. *Sentit*, felt shivering the breath of the morning glide over her naked shoulder.

Quels tristes lendemains laisse le bal folâtre !
Adieu, parure, et danse, et rires enfantins !
Aux chansons succédait la toux opiniâtre,
Au plaisir rose et frais, la fièvre au teint bleuâtre,
Aux yeux brillants des yeux éteints.

Elle est morte à quinze ans, belle, heureuse, adorée !
Morte au sortir d' un bal qui nous mit tous en deuil,
Morte, hélas ! et des bras d' une mère égarée
La mort aux froides mains la prit toute parée,
Pour l' endormir dans le cercueil.

Pour danser d' autres bals elle était encor prête :
Tant la mort fut pressée[1] à prendre un corps si beau !
Et ces roses d' un jour qui couronnaient sa tête,
Qui s' épanouissaient la veille en une fête,
Se fanèrent dans un tombeau.

Sa pauvre mère, hélas ! de son sort ignorante,
Avait mis tant d' amour sur ce frêle roseau,
Et si long-temps veillé son enfance souffrante ;
Et passé tant de nuits à l' endormir pleurante,
Toute petite en son berceau !

Vous toutes qu' à ses jeux[2] le bal riant convie,
Pensez à l' espagnole éteinte sans retour,
Jeunes filles ! Joyeuse et d' une main ravie,
Elle allait moissonnant les roses de la vie,
Beauté, plaisir, jeunesse, amour !

La pauvre enfant, de fête en fête promenée,
De ce bouquet charmant arrangeait les couleurs,
Mais qu' elle a passé vite ; hélas ! infortunée !
Ainsi qu' Ophélia par le fleuve entraînée,
Elle est morte en cueillant des fleurs !

---

1. *Tant——pressée*, so much in haste. 2. *A ses jeux*, to sports like hers.

NAPOLÉON ET LUCIEN.

Si vous voulez me suivre maintenant dans les rues tortueuses de Milan, nous nous arrêterons un instant en face[1] de son Dôme miraculeux; mais comme nous le reverrons plus tard, et en détail, je vous inviterai à prendre promptement à gauche, car une de ces scènes qui se passent dans une chambre et qui retentissent dans un monde, est prête à s' accomplir.

Entrons donc au Palais-Royal, montons le grand escalier, traversons quelques-uns de ces appartements qui viennent d' être si splendidement décorés par le pinceau d' Appiani; nous nous arrêterons devant ces fresques[2] qui représentent les quatre parties du monde, et devant le plafond où s' accomplit le triomphe d' Auguste; mais à cette heure, ce sont des tableaux vivants qui nous attendent, c' est de l' histoire moderne que nous allons écrire.

Entre-bâillons[3] doucement la porte de ce cabinet, afin de voir sans être vus. C' est bien: vous apercevez un homme, n' est-ce pas? et vous le reconnaissez à la simplicité de son uniforme vert, à son pantalon collant de cachemire blanc, à ses bottes assouplies et montant jusqu' au genou. Voyez sa tête modelée comme un marbre antique; cette étroite mèche de cheveux[4] noirs qui va s' amincissant[5] sur son large front; ces yeux bleus dont le regard s' use à percer le voile de l' avenir; ces lèvres pressées, qui recouvrent deux rangées de perles dont une femme serait jalouse. Quel calme!—c' est la conscience de la force, c' est la sérénité du lion. Quand cette bouche s' ouvre, les peuples écoutent; quand cet œil s' allume, les plaines d' Austerlitz jettent des flammes comme un volcan; quand ce sourcil se fronce,[6] les rois tremblent. A cette heure, cet homme com-

1. *En face*, in front.
2. *Fresques*, fresco painting.
3. *Entre-bâillons*, let us set ajar.
4. *Mèche de cheveux*, lock of hair.
5. *S' amincissant*, etc., (growing thinner,) which terminates thinly.
6. *Se fronce*, contracts.

mande à cent-vingt millions d' hommes, dix peuples chantent en chœur[1] *l' hosanna* de sa gloire en dix langues différentes; car cet homme c' est plus que César; c' est autant que Charlemagne;—c' est Napoléon-le-Grand, le Jupiter Tonnant de la France.

Après un instant d' attente calme, il fixe ses yeux sur une porte qui s' ouvre; elle donne entrée à un homme vêtu d' un habit bleu, d' un pantalon gris collant, au-dessous du genou duquel montent, en s' échancrant en cœur,[2] des bottes à la hussarde.[3] En jetant les yeux sur lui, nous lui trouverons une ressemblance primitive avec celui qui paraît l' attendre. Cependant il est plus grand,[4] plus maigre, plus brun: celui-là c' est Lucien, le vrai romain, le républicain des jours antiques, la barre de fer[5] de la famille. Ces deux hommes, qui ne s' étaient pas revus[6] depuis Austerlitz, jetèrent l' un sur l' autre un de ces regards qui vont fouiller les âmes;[7] car Lucien était le seul qui eût dans les yeux la même puissance que Napoléon. Il s' arrêta après avoir fait trois pas dans la chambre. Napoléon marcha vers lui et lui tendit la main. Mon frère! s' écria Lucien en jetant les bras autour du cou de son aîné[8]—mon frère! que suis heureux de vous revoir!

Laissez-nous seuls, messieurs, dit l' empereur, faisant signe de la main à un groupe. Les trois hommes qui le formaient s' inclinèrent et sortirent sans murmurer une parole, sans répondre un mot. Cependant ces trois hommes qui obéissaient à un geste, c' étaient Duroc, Eugène et Murat: un maréchal, un prince, un roi.

Je vous ai fait mander,[9] Lucien, dit Napoléon lorsqu' il se vit seul avec son frère.

Et vous voyez que je suis empressé de vous obéir comme à mon aîné, répondit Lucien.

---

1. *En chœur*, in chorus.
2. *En s' échancrant*, scolloped in form of a heart.
3. *A la hussarde*, like the hussards.
4. *Plus grand*, taller.,
5. *La barre de fer*, (the bar of iron) the inflexible one.
6. *Ne s' étaient pas revus*, had not seen each other.
7. *Fouiller les âmes*, to search hearts.
8. *Son aîné*, his elder (brother.)
9. *Je vous ai fait mander*, I have had you sent for.

Napoléon fronça imperceptiblement le sourcil. N' importe ! vous êtes venu, et c' est ce que je désirais, car j' ai besoin de vous parler.

J' écoute, répondit Lucien en s' inclinant. Napoléon prit avec l' index et le pouce un des boutons de l' habit de Lucien, et le regardant fixement : Quels sont vos projets ? dit-il.

Mes projets à moi[1] ! reprit Lucien étonné : les projets d' un homme qui vit retiré, loin du bruit, dans la solitude ; mes projets sont d' achever tranquillement si je le puis, un poème que j' ai commencé.

Oui, oui, dit ironiquement Napoléon, vous êtes le poète de la famille, vous faites des vers tandis que je gagne des batailles : quand je serai mort, vous me chanterez ; j' aurai cet avantage sur Alexandre d' avoir mon Homère.

Quel est le plus heureux de nous deux ?

Vous, certes vous, dit Napoléon en lâchant avec un geste d' humeur le bouton qu'' il tenait ; car vous n' avez pas le chagrin de voir dans votre famille des indifférents, et peut-être des rebelles.

Lucien laissa tomber ses bras, et regarda l' empereur avec tristesse.

Des indifférents ! . . . Rappelez-vous le 18 brumaire . . . . Des rebelles ! et où jamais m' avez-vous vu évoquer la rébellion.

C' est une rébellion que de ne point me servir ;[2] celui qui n' est point avec moi est contre moi. Voyons, Lucien ; tu sais que tu es parmi tous mes frères celui que j' aime le mieux !—il lui prit la main,—le seul qui puisse continuer mon œuvre ; veux-tu renoncer à l' opposition tacite que tu fais ? . . . Quand tous les rois de l' Europe sont à genoux,[3] te croirais-tu humilié de baisser la tête au milieu du cortége de flatteurs qui accompagnent mon char de triomphe ? Sera-ce donc toujours la voix de mon frère qui me criera : César, n' oublie pas que tu dois mourir ! Voyons, Lucien, veux-tu marcher dans ma route ?

---

1. *Mes projets à moi ?* my projects, mine ?

2. *Que ne point me servir*, not to serve me.

3. *A genoux* on their knees.

Comment votre majesté l' entend-elle ? répondit Lucien en jetant sur Napoléon un regard de défiance.

L' empereur marcha en silence vers une table ronde qui masquait[1] le milieu de la chambre, et, en posant ses deux doigts sur le coin d' une grande carte roulée il se retourna vers Lucien et dit : Je suis au faîte[2] de ma fortune, Lucien, j' ai conquis l' Europe, il me reste à la tailler[3] à ma fantaisie ; je suis aussi victorieux qu' Alexandre, aussi puissant qu' Auguste ; aussi grand que Charlemagne ; je veux et je puis. Eh bien ! . . . il prit le coin de la carte, et la déroula sur la table avec un geste gracieux et nonchalant—choisissez le royaume qui vous plaira le mieux, mon frère, et je vous engage ma parole d' empereur, que du moment où vous me l' aurez montré du bout du doigt, ce royaume est à vous.

Et pourquoi cette proposition à moi, plutôt qu' à tout autre de nos frères ?

Parce que toi seul es selon mon esprit, Lucien. Comment cela se peut-il, puisque je ne suis pas selon vos principes ?

J' espérais que tu avais changé depuis quatre ans que je ne t' ai vu.

Et vous vous êtes trompé, mon frère : je suis toujours le même[4] qu' en 99 : je ne troquerai pas ma chaise curule contre un trône.

Niais et insensé ! dit Napoléon en se mettant à marcher et en se parlant à lui-même, insensé et aveugle, qui ne voit pas que je suis envoyé par le destin pour enrayer ce tombereau[5] de la guillotine qu' ils ont pris pour un char républicain ! Puis s' arrêtant tout-à-coup et marchant à son frère : Mais laisse-moi donc t' enlever sur la montagne, et te montrer les royaumes de la terre : lequel est mûr pour ton rêve sublime ? Voyons, est-ce le corps germanique, où il n' y a de vivant[6] que ses universités, espèce de pouls républicain qui bat dans un corps

1. *Qui masquait*, which covered.
2. *Au faîte*, at the summit.
3. *A la tailler*, etc., (to carve) to divide it out to my liking.
4. *Toujours le même*, still the same.
5. *Pour enrayer*, etc., to lock the wheels of that tumbrel of the guillotine.
6. *Il n' y a de vivant* there is nothing living.

monarchique ? Est-ce l' Espagne, catholique depuis le treizième siècle seulement, et chez laquelle la véritable interprétation de la parole du Christ germe à peine ? est-ce la Russie, dont la tête pense peut-être, mais dont le corps galvanisé un instant[1] par le czar Pierre, est retombé dans sa paralysie polaire ? Non, Lucien, non, les temps ne sont pas venus ; renonce à tes folles utopies ; donne-moi la main comme frère et comme allié, et demain je te fais chef d' un grand peuple, je reconnais ta femme pour ma sœur et je te rends toute mon amitié.

C' est cela,[2] dit Lucien, vous désespérez de me convaincre, et vous voulez m' acheter.

L' empereur fit un mouvement. Laissez-moi dire à mon tour, car ce moment est solennel, et n' aura pas son pareil dans le cours de notre vie ; je ne vous en veux pas[3] de m' avoir mal jugé ; vous avez rendu tant d' hommes muets et sourds en leur coulant de l' or dans la bouche et dans les oreilles, que vous avez cru qu' il en serait de moi ainsi que des autres. Vous voulez me faire roi, dites-vous ? Eh bien ! j' accepte, si vous me promettez que mon royaume ne sera point une préfecture. Vous me donnez un peuple : je le prends, peu m' importe lequel, mais à la condition que je le gouvernerai selon mes idées et selon ses besoins ; je veux être son père et non son tyran ; je veux qu' il m' aime, et non qu' il me craigne : du jour où j' aurai mis la couronne d' Espagne, de Suède, de Wurtemberg ou de Hollande sur ma tête, je ne serai plus français, mais espagnol, allemand ou hollandais ; mon nouveau peuple sera ma seule famille. Songez-y bien alors, nous ne serons plus frères selon le sang, mais selon le rang, vos volontés seront consignées[4] à mes frontières ; si vous marchez contre moi, je vous attendrai debout :[5] vous me vaincrez sans doute, car vous êtes un grand capitaine, et le Dieu des armées n' est pas tou-

1. *Galvanisé un instant*, galvanized for a moment.

2. *C' est cela*, that is it.

3. *Je ne vous en veux pas*, I have no ill will against you. See Gr. Less. 123, page 260.

4. *Seront consignées*, will be forbidden to pass.

5 *Je vous attendrai debout*, I shall await you (standing) prepared.

jours celui de la justice; alors je serai un roi détrôné, mon peuple sera un peuple conquis, et libre à vous[1] de donner ma couronne et mon peuple à quelque autre plus soumis ou plus reconnaissant. J'ai dit.

Toujours le même, toujours le même, murmura Napoléon; puis tout-à-coup frappant du pied: Lucien vous oubliez que vous devez m'obéir, comme à votre père, comme à votre roi.

Tu es mon aîné, non mon père; tu es mon frère, non mon roi; jamais je ne courberai la tête sous ton joug de fer, jamais! jamais!

Napoléon devint affreusement pâle, ses yeux prirent une expression terrible, ses lèvres tremblèrent.

Réfléchissez à ce que je vous ai dit, Lucien.

Réfléchis à ce que je vais te dire, Napoléon; tu as mal tué la république, car tu l'as frappée sans la regarder en face; l'esprit de liberté que tu crois étouffé sous ton despotisme, grandit, se répand, se propage; tu crois le pousser devant toi, il te suit par derrière; tant que tu seras victorieux, il sera muet, mais vienne[2] le jour des revers, et tu verras si tu peux t'appuyer sur cette France que tu auras faite grande mais esclave. Tout empire élevé par la force doit tomber par la violence et la force. Et toi, toi, Napoléon, qui tomberas du faîte de cet empire, tu seras brisé—prenant sa montre et l'écrasant contre terre,—brisé, vois-tu, comme je brise cette montre, tandis que nous, morceaux et débris de ta fortune, nous serons dispersés sur la surface de la terre, parce que nous serons de ta famille, et maudits parce que nous porterons ton nom. Adieu, sire!

Lucien sortit.

Napoléon resta immobile, les yeux fixes; au bout de cinq minutes, on entendit le roulement d'une voiture qui sortait des cours du palais; Napoléon sonna.

Quel est ce bruit? dit-il à l'huissier[3] qui entr'ouvrit la porte.

---

1. *Et libre à vous*, and you at liberty.
2. *Mais vienne*, etc., but let the day of reverses come.
3. *A l'huissier*, to the door-keeper.

C' est celui de la voiture du frère de votre majesté qui repart pour Rome.

C' est bien, dit Napoléon, et sa figure reprit ce calme impassible et glacial sous lequel il cachait, comme sous un masque, les émotions les plus vives.

Dix ans étaient à peine écoulés que cette prédiction de Lucien s' était accomplie. L' empire élevé par la force avait été renversé par la force, Napoléon était brisé, et cette famille d' aigles, dont l' aire était aux Tuileries, s' était éparpillée,[1] fugitive, proscrite et battant des ailes[2] sur le monde. Madame mère, cette Niobé impériale, qui avait donné le jour[3] à un empereur, à trois rois, à deux archiduchesses, s' était retirée à Rome, Lucien dans sa principauté de Canine, Louis à Florence, Joseph aux Etats-Unis, Jérôme en Wurtemberg, la princesse Elisa à Baden, madame Borghése à Piombine, et la reine de Hollande au château d' Arenemberg.

LA SAINTE-ALLIANCE DES PEUPLES.

J' AI vu la paix descendre sur la terre,
Semant de l' or, des fleurs et des épis.
L' air était calme, et du dieu de la guerre,
Elle étouffait les foudres assoupis.[4]
" Ah ! disait-elle, égaux par la vaillance,
Francais, Anglais, Belge, Russe ou Germain,
Peuples, formez une sainte alliance,
Et donnez-vous[5] la main.

" Pauvres mortels, tant de haine vous lasse !
Vous ne goûtez qu' un pénible sommeil,
D' un globe étroit divisez mieux l' espace ;
Chacun de vous aura place au soleil.

1. *S' était éparpillée*, had become dispersed.
2. *Battant des ailes*, moving with wounded wings.
3. *Le jour*, birth.
4. *Assoupis*, lulled to sleep.
5. *Donnez-vous*, (give to each other,) join your hands.

Tous attelés au char de la puissance,
Du vrai bonheur vous quittez le chemin.
Peuples, formez une sainte alliance,
Et donnez-vous la main.

" Chez vos voisins vous portez l' incendie :
L' Aquilon souffle, et vos toits sont brûlés ;
Et quand la terre est enfin refroidie,
Le soc[1] languit sous des bras mutilés,
Aucun épi n' est pur de sang humain.
Peuples, formez une sainte alliance,
Et donnez-vous la main.

" Des potentats, dans vos cités en flammes,
Osent du bout de leur sceptre insolent
Marquer, compter et recompter les âmes
Que leur adjuge[2] un triomphe sanglant.
Faibles troupeaux, vous passez sans défence
D' un joug pesant sous un joug inhumain.
Peuples, formez une sainte alliance,
Et donnez-vous la main.

" Que Mars[3] en vain n' arrête point sa course,
Fondez les lois dans vos pays souffrants :
De votre sang ne livrez plus la source
Aux rois ingrats, aux vastes conquérants.
Des astres faux conjurez[4] l' influence ;
Effroi d' un jour,[5] ils pâliront demain.
Peuples, formez une sainte alliance,
Et donnez-vous la main.

1. *Le soc*, the share.
2. *Que leur adjuge*, etc., which a bloody triumph adjudges to them.
3. *Que Mars*, etc., let not Mars arrest his course in vain.
4. *Conjurez*, etc., exorcise the influence of false stars.
5. *Effroi d' un jour*, the terror of a day.

" Oui, libre enfin, que le monde respire ;
Sur le passé jetez un voile épais.
Semez vos champs aux accords de la lyre ;
L' encens des arts doit brûler pour la paix ;
L' espoir riant, au sein de l' abondance,
Accueillera les doux fruits de l' hymen.
Peuples, formez une sainte alliance,
Et donnez-vous la main."

Ainsi parlait cette vierge adorée,
Et plus d' un roi répétait ses discours.
Comme au printemps la terre était parée ;
L' automne en fleurs rappelait les amours.
Pour l' étranger coulez, bons vins de France ;
De sa frontière il reprend le chemin.
Peuples, formons une sainte alliance.
Et donnons-nous la main.

DICTIONARY.

EXPLANATION OF ABBREVIATIONS.

adj. adjective.
adv. adverb.
art. article.
conj. conjunction.
dem. demonstrative.
f. feminine.
imp. impersonal.
int. interjection.
m. masculine.
num. numeral.
part. participle.
pl. plural.
prep. preposition.
pres. present.
pron. pronoun.
rel. relative.
s. substantive.
v. a. verb active.
v. n. verb. neuter.
v. r. verb reflective.

Letters placed after nouns, adjectives, and participles, show that the feminine is formed by adding those letters. Some words which are the same in both languages have been omitted.

À, prep. *to, at, in, by, with.*
Abaissement, s. m. *abasement.*
Abaisser, v. a. *to lower.*
Abandon, s. m. *abandonment.*
Abandonné, e, past part. *forsaken.*
Abandonner, v. a. *to abandon.*
Abattement, s. m. *dejection.*
Abattre, v. a. *to throw down, to knock down, to fell.*
s'Abattre, v. r. *to stoop down, to fall.*
Abattu, e. past. part. *beaten down, prostrated, felled.*
Abbaye, s. f. *abbey.*
Abbé, s. m. *abbot.*
Abdiquer, v. a. *to abdicate.*
Abeille, s. f. *bee.*
Abénaki, s. m. *Abenaki.*
Abhorrer, v. a. *to abhor.*
Abîme, s. m. *abyss.*
s'Abîmer, v. r. *to sink down.*
Aboiement, s. m. *barking.*
Abondance, s. f. *abundance.*
Abondant, e. adj. *abundant.*
Abonder, v. n. *to abound*
d'Abord, adv. *at first.*
Aborder, v. a. & n. *to arrive at, to come to, to approach.*
Aboutir, v. n. *to meet, to join.*
Aboyant, part. pres. *barking.*
Aboyer, v. n. *to bark.*
Abri, s. m. *shelter*, à l'abri, *in shelter.*
Abricot, s. m. *apricot.*
Abriter, v. a. *to shelter.*
Absolument, adv. *quite, entirely.*

Absorbé, e. part. past. *absorbed.*
Absorber, v. a. *to absorb.*
Abus, s. m. *abuse.*
Abuser, v. a. & n. *to abuse.*
Accablant, part. pres. and adj. *loading, heavy, oppressive.*
Accablé, e. part. past. *loaded down.*
Accabler, v. a. *to load down, to oppress.*
Accepter, v. a. *to accept.*
Accès, s. m. *access.*
Accompagné, e. part. past. *accompanied.*
Accompagner, v. a. *to accompany.*
Accompli, e. part. past. *accomplished.*
s'Accomplir, v. r. *to be accomplished.*
Accord, s. m. *agreement, harmony,* d'accord, *agreed.*
Accorder, v. a. *to grant, to bestow.*
s'Accorder, v. r. *to agree, to concur.*
Accourir, v. n. *to run to, to hasten to.*
Accusateur, s. m. *accuser.*
Accusé, e, part. past. *accused.*
Accueillir, v. a. *to receive, to welcome.*
Acharnement, s. m. *ferocity, rabidness.*
Acharné, e. part. past. *maddened, tenacious, intent on.*
s'Acheminer, v. r. *to set forward.*
Acheter, v. a. *to buy.*
Acheteur, s. m. *buyer, purchaser.*
Achevé, e. part. past. *finished.*
Achever, v. a. *to finish.*
s'Achever, v. r. *to be finished.*
Acier. s. m. *steel.*
Acquérir, v. a. *to acquire.*
s'Acquiter, v. r. *to perform one's duty, to acquit one's self.*
Activité, s. f. *activity.*
Actuel, le. adj *actual,*
Actuellement, adv. *at present, now.*
Adhérer, v. n. *to adhere.*
Adieu, adv. *adieu.*
Adieu, s. m. *adieu, farewell.*
Adjuger, v. a. *to adjudge, to award.*
Admirer, v. a. *to admire.*
Adolescence, s. f. *youth, adolescence.*
Adonis, s. m. *adonis.*
Adopter, v. a. *to adopt.*
Adorer, v. a. *to adore.*
Adoucissement, s. m. *alleviation.*
Adressant, part. pres. *addressing*
Adresse, s. f. *address, skill.*
Adresser, v. a. *to address.*
s'Adresser, v. r. *to address one's self.*
Adroit, e. adj. *skillful.*
Adroitement, adv. *skillfully.*
Adversaire, s. m. *adversary.*
Adversité, s. f. *adversity.*
Aérien, ne. adj. *ærial.*
Affaibli, e. part. past. *enfeebled.*
Affaire, s. f. *affair, matter,* pl. *business.*
Affamé, e. adj. *famished, hungry.*
Affecter, v. a. *to affect.*
Affermir, v. a. *to strengthen, to make firm.*
Affligeant, e. adj. *grievous.*
s'Affliger, v. r. *to grieve.*
Affreusement, adv. *frightfully.*
Affreux, m. affreuse, f. adj. *dreadful, frightful.*
Affronter, v. a. *to encounter.*
Affût, s. m. *watching place,* à l'affût, *on the watch.*
Afin, conj. *in order to,* afin que, *in order that, so that.*
Afrique, s. f. *Africa.*
Aga, s. m. *Aga.*

Agé, e. adj. *aged.*
s' Agenouiller, v. r. *to kneel, to kneel down.*
Agile, adj. *agile, nimble.*
Agilité, s. f. *agility, swiftness.*
Agir, v. n. *to act.*
Agiter, v. a. to *agitate, move.*
Agneau, s. m, *lamb.*
Agrandir, v. a. *to enlarge.*
Agréable, adj. *agreeable.*
Agrément, s. m. *agreeableness, enjoyment.*
Agreste, adj. *wild, rustic.*
Agricole, adj. *agricultural.*
Ah, int. *ah!*
Aide, s. f. *aid, help.*
Aider, v. a. *to aid, to help.*
s' entr' Aider, v. r. *to help one another.*
Aigle, s. m. *eagle.*
Aigreur, s. f. *sourness, harshness.*
Aiguille, s. f. *needle.*
Aile, s. f. *wing.*
Ailleurs, adv. *elsewhere, otherwise.*
d'Ailleurs, conj. *besides.*
Aimable, adj. *amiable, lovely.*
Aimant, part. pres. *loving, liking.*
Aimer, v. a. *to love, to like.*
Aîné, e, adj. *elder, eldest.*
Ainé, s. m. *eldest.*
Ainsi, adv. *thus, so, in this manner,* ainsi que, *as well as.*
Air, s. m. *air, look.*
Aire, s. f. *barn-floor, threshing-floor, aerie, nest,* (of a bird of prey.)
Aisance, s. f. *ease, comforts of life.*
Aise, s. f. *satisfaction, ease,* à son aise, *at his ease,* à mon aise, *at my ease.*
Aisé, e, adj. *easy.*
Aisément, adv. *easily.*
Ajouter, v. a. *to add.*
Ajusté, e, part. pres. *fitted.*
Alarme, s. f. *alarm.*
Alcibiade, s. m. *Alcibiades.*
Alcyon, s. m. *halcyon.*
Alentour, adv. *around, round about.*
Alexandre, s. m. *Alexander.*
Aliment, s. m. *nourishment.*
Alléché, e, part. past, *allured.*
Allée, s. f. *passage, alley.*
Allégresse, s. f. *gladness.*
Allemagne, s. f. *Germany.*
Allemand, e, adj. *German.*
Aller, v. n. *to go.*
s' en Aller, v. r. *to go away, to set out.*
Alliage, s. m. *alloyage.*
Allié, s. m. and f. *kinsman, kin, ally.*
Allier, v. a. *to unite, to ally.*
Allonger, v. a. *to extend, to lengthen.*
Allumer, v. a. *to kindle, to light.*
s' Allumer, v. r. *to be lighted.*
Alors, adv. *then, at that time.*
Alouette, s. f. *lark.*
Alpes, s. f. pl. *Alps.*
Altéré, past. part. *altered.*
Altéré, e, adj. *thirsty.*
Altérer, v. a. *to alter.*
Alternativement, adv. *alternatively.*
Altesse, s. f. *highness.*
Amande, s. f. *almond.*
Amant, s. m. *lover.*
Amante, s. f. *lover.*
Amas, s. m. *mass, heap.*
Amasser, v. a. *to amass, to heap up.*
Ambassadeur, s. m. *embassador.*
Âme, s. f. *soul, mind.*
Ambitieux, m. ambitieuse, f. adj. *ambitious.*
Ambitieux, s. m. *an ambitious person.*
Amener, v. a. *to bring, to lead.*
Amer, e. adj. *bitter.*
Amèrement, adv. *bitterly.*

Américain, s. m. *American.*
Amérique, s. f. *America.*
Amertume, s. f. *bitterness.*
Ami, s. m. *friend.*
Amie, s. f. *friend.*
Amidon, s. m. *starch.*
s'Amincir, v. r. *to become thinner.*
Amitié, s. f. *friendship.*
Amolli, e. *part, past, enervated, softened.*
Amonceler, v. a. *to heap up.*
Amour, s. m. *love.*
Amour-propre, s. m. *self-love.*
Amoureux, m. amoureuse, f. adj. *amorous.*
Amphithéâtre, s. m. *amphitheater.*
Ampleur, s. f. *amplitude.*
Ampoule, s. f. *blister.*
Amusant, part. pres. *amusing.*
Amuser, v. a. *to amuse.*
An, s. m. year.
Ananas, s. m. *pine-apple.*
Anathème, s. m. *anathema.*
Anchois, s. m. *anchovy.*
Ancien, ne, adj. *ancient, old.*
Ancien, s. m. *ancient, senior.*
Ane, s. m. *ass.*
Anéanti, e. part. past. *annihilated.*
Anfractuosité, s. f. *crook, turning.*
Ange, s. m. *angel.*
Anglais, e. adj. *English.*
Anglais, s.m. *English, Englishman.*
Angleterre, s. f. *England.*
Angoisse, s. f. *anguish, pain.*
Animal, s. m. (pl. animaux) *animal.*
Animer, v. a. *to animate.*
Année, s f. *year.*
Annoncer, v. a. *to announce.*
s'Annoncer, v. r. *to announce one's self.*
Anse, s. f. *creek, cove.*
Antichambre, s. f. *antechamber.*
Antioche, s. f. *Antioch.*
Antique, adj. *ancient.*
Antiquité, s. f. *antiquity.*
Apaiser, v. a. *to appease.*
s'Apaiser, v. r. *to be appeased.*
Apathie, s. f. *apathy.*
Apercevant, part. pres. *perceiving.*
Apercevoir, v. a. *to perceive.*
Aperçu, e. part. past. *perceived.*
Apis, s. m. *Apis.*
Aplanir, v. a. *to level.*
Aplati, e. part past. *flattened.*
s'Aplatissant, part. pres. *flattening one's self.*
Apollon, s. m. *Apollo.*
Apparaître, v. n. *to appear.*
Appareil, s. m. *equipage, apparatus.*
Apparemment, adv. *apparently*
Apparence, s. f. *appearance.*
Appartement, s. m. *apartment.*
Appartenir, v. n. *to belong.*
Appel, s. m. *call, appeal.*
Appelé, e. part. past. *called.*
Appeler, v. a. *to call, to appeal.*
s'Appeler, v. r. *to be called, to be named.*
Appétit, s. m. *appetite.*
Applaudi, part. past. *applauded.*
Applaudir, v. a. and n. *to applaud.*
s'Appliquer, v. r. *to apply, to apply one's self.*
Apporter, v. a. *to bring.*
Aprécier, v. a. *to appreciate, to esteem.*
Apprendre. v. a. *to learn, to teach, to acquaint with.*
Apprêt, s. m. *preparation.*
Apprêté, part. past. *prepared.*
Appris, e. part. past. *learned, taught.*
Apprivoiser, v. a. *to tame.*
s'Approchant, part. pres. *approaching.*
Approche, s. f. *approach.*
Approcher, v. a. *to approach.*

s' Approcher, v. r. *to approach.*
Approuver, v. a. *to approve.*
Appui, s. m. *support, prop.*
s' Appuyant, part. pres. *supporting one's self.*
s' Appuyer, v. r. *to support one's self, to lean.*
Appuyer, v. a. *to support, to hold up.*
Après, prep. *after.*
Aquilin, adj. *aquiline.*
Aquilon, s. m. *the north wind.*
Arabe, s. m. *an Arab.*
Arabe, adj. *Arabian.*
Arabie, s. f. *Arabia.*
Arbitraire, adj. *arbitrary.*
Arbitre, s. m. *arbiter.*
Arbre, s. m. *tree.*
Arboré, e. part. past, *hoisted up.*
Arbrisseau, s. m. *shrub, small tree.*
Arc-en-ciel, s. m. *rainbow.*
Arc, s. m. *bow, arch.*
Archiduchesse, s. f. *archduchess.*
Archipel, s. m. *archipelago.*
Architecte, s. m. *architect.*
Ardent, e. adj. *hot, glowing, ardent.*
Ardeur, s. f. *ardor.*
Ardoise, s. f. *slate.*
Arène, s. f. *sand, arena.*
Argent, s. m. *silver, money.*
Argenté, e. part. past, *silvered.*
Aride, adj. *arid, dry.*
Arme, s. f. *arm, weapon.*
Armé, e. part. past, *armed.*
Armée, s. f. *army.*
Arménien, ne adj. *Armenian.*
Arménien, s. *Armenian.*
Armer, v. a. *to arm.*
Armure, s. f. *armor.*
Aromatique, adj. *aromatic, spicy.*
Arraché, e. part. past, *torn away, forced away.*
Arracher, v. a. *to pull out, to force away.*
s' Arracher, v. r. *to force one's self away.*
Arranger, v. a. *to arrange.*
Arrêtant, part. pres. *stopping.*
Arrêté, e. past part. *arrested, stopped.*
s' Arrêter, v. r. *to stop.*
Arrière, s. m. *stern.*
en Arrière, adv. *backward.*
Arrivant, part. pres. *arriving.*
Arrivée, s. f. *arrival.*
Arriver, v. n. *to arrive, to happen.*
Arrondi, e. part. past, *rounded.*
Arroser, v. a. *to water.*
Artifice, s. m. *art, artifice.*
Artificiel, le. adj. *artificial.*
Artiste, s. m. *artist.*
Asie, s. f. *Asia.*
Asile, s. m. *asylum.*
Aspérité, s. f. *roughness.*
Aspirer, v. a. *to aspire, to draw up.*
Assailli, e. part. past. *assailed.*
Assaisonner, v. a. *to season.*
Assassin, s. m. *assassin.*
Assassiné, e. part. past, *assassinated.*
Assemblée, s. f. *assembly*
Assembler, v. a. *to collect, to bring together.*
Asseoir, v. a. *to set down, to seat.*
s' Asseoir, v. r. *to sit, to sit down.*
Assevrir, v. a. *to subject.*
Assez, adv. *enough, sufficiently.*
Assidu, e. adj. *assiduous, constant.*
Assiduité, s. f. *assiduity.*
Assiette, s. f. *plate, seat.*
Assigné, e. part. past, *summoned, assigned.*
Assigner, v. a. *to assign.*
Assis, e. part. past, (of asseoir,) *seated, set down.*
Assistant, s. m. *bystander.*
Assisté, e. part. past, *been present, assisted.*

Assister, v. n. *to be present, to assist.*

Assoupi, e. part. past, *drowsy, heavy.*

Assoupli, e. part. past, *supple, rendered flexible.*

Assujettir, v. a. *to put down, to subdue.*

Assuré, e. adj. *assured, trusty.*

Assurément, adv. *surely.*

Assurer, v. a. *to assure.*

Astre, s. m. *star, planet.*

Asyle, s. m. *asylum.*

Atelier, s. m. *workshop.*

Atome, s. m. *atom.*

Atours, s. m. pl. *ornaments.*

Attaché, e. part. past, *attached.*

Attachement, s. m. *attachment.*

Attacher, v. a. *to attach, to fasten.*

s' Attacher, v. r. *to take hold, to become attached, to apply one's self.*

Attaquer, v. a. *to attack.*

Attarder, v. a. *to delay.*

Atteindre, v. a. *to hit, to reach, to come to.*

Atteint, e. part. past, *come to.*

Atteinte, s. f. *blow, attack, harm.*

Atteler, v. a. *to tackle. to attach.*

Attendre, v. a. and n. *to wait for, to wait.*

s' Attendre, v. r. *to expect.*

Attendri, e. part. past, *affected, moved.*

Attendu, e. part. past, *expected.*

Attente, s. f. *expectation, waiting.*

Attentif, m. attentive, f. adj. *attentive.*

Attentivement, adv. *attentively.*

Attester, v. a. *to attest.*

Attique, s. f. *Attica.*

Attirer, v. a. *to attract, to draw.*

Attrait, s. m. *attraction, charm.*

Attribut, s. m. *attribute.*

Attrister, v. a. *to sadden.*

Au, *to the, as to the,* (contracted for à le.)

Aube, s. f. *dawn.*

Auberge, s. f. *inn, tavern.*

Aubergiste, s. m. *tavern-keeper.*

Aubier, s. m. *outer formation,* (of a tree,) *the sap-wood.*

Aucun, adj. *any,* (with *ne,*) *no, none, not any.*

Audace, s. f. *audacity, presumption.*

Au-delà, prep. and adv. *beyond.*

Au-dessous, adv. *below, under.*

Au-dessus, adv. *above, upwards.*

Audience, s. f. *audience.*

Augmenter, v. a. *to increase, to augment.*

Auguste, adj. *august.*

Auguste, s. *Augustus.*

Aujourd'hui, adv. *to-day, now-a-days.*

Aumônier, s. m. *almoner.*

Aune, s. m. *alder-tree.*

Auparavant, adv. *before.*

Auprès, prep. *near, with.*

Auquel, rel. pron. *to which, to whom.*

Auréole, s. f. *glory, aureola.*

Aurore, s. f. *morning, dawn, aurora, east.*

Aurore boréale, s. f. *aurora borealis.*

Auspice, s. m. *auspice.*

Aussi, adv. *also, so; as.*

Aussière, s. f. *hawser, small cable.*

Aussitôt, adv. *immediately.*

Aussitôt que, *as soon as.*

Austère, adj. *austere, stern.*

Austral, le. adj. *south, southern.*

Autant, adv. *as much, as many, so much.*

d' Autant, adv. *so much.*

Autel, s. m. *altar.*

Auteur, s. m. *author.*

Automne, s. m. and f. *autumn.*

Autour de, prep. *around.*
Autre, adj. and pron. *other.*
l' un et l' autre, *both.*
Autrefois, adv. *formerly.*
Autrement, adv. *otherwise,* in *another way.*
Autruche, s. f. *ostrich.*
Autrui, *others, other people.*
Aux, (for à les,) *to the, in the, by the.*
Avaler, v. a. *to swallow.*
s' Avançant, part. pres. *advancing.*
Avance, s. f. *advance.*
d' Avance, *beforehand.*
Avancé, e. part. pres. *advanced.*
Avancement, s. m. *advancement.*
s' Avancer, v. r. *to advance.*
Avant, prep. *before.*
Avant, s. m. *prow.*
Avant que, conj. *before.*
en Avant, adv. *forward.*
Avantage, s. m. *advantage.*
Avantageux, m. avantageuse, f. adj. *advantageous, assuming.*
Avare, adj. *avaricious, sparing.*
Avec, prep. *with.*
Avenir, s. m. *future.*
Aventure, s. f. *chance, luck, adventure.*
Avenue, s. f. *avenue.*
Averse, s. f. *violent shower.*
Avertir, v. a. *to warn, to notify, to caution.*
Aveu, s. m. *confession.*
Aveugle, adj. *blind.*
Aveuglement, s. m. *blindness.*
Avide, adj. *greedy.*
Avis, s. m. *opinion, information, advice.*
s' Aviser, v. r. *to think of, to take it into one's head.*
Avoir, v. a. *to have.*
Avoisiner, v. a *to border upon.*
Avouer, s. a. *to confess.*
Avril, s. m. *April.*
Ayant, part. pres. *having.*
Azur, s. m. *azure, blue.*
Azuré, e. adj. *azure.*

B.

Babylone, s. f. *Babylon.*
Babylonien, ne. s. and adj. *Babylonien.*
Babylonique, adj. *Babylonian.*
Badin, e. adj. *waggish, roguish.*
Badinant, part. pres. *playing, dallying.*
Bagage, s. m. *baggage, luggage.*
Bague, s. f. *ring.*
Baguette, s. f. *rod.*
Baie, s. f. *bay, gulf.*
Baigner, v. a. *to bathe, to wash.*
se' Baigner, v. r. *to bathe.*
Bâillant, part. pres. *yawning.*
Bain, s. m. *bath.*
Baiser, s. m. *kiss.*
Baissant, part. pres. *lowering.*
Baisser, v. n. *to decline, to bend down, to fall.* v. a. *to cast down, to lower.*
Bal, s. m. *ball.*
Balançant, part. pres. *balancing.*
Balancement, s. m. *swinging.*
Balancer, v. a. & n. *to balance, to swing.*
Balayer, v. a. *to sweep.*
Balbutier, v. n. *to lisp, to stammer.*
Baleine, s. f. *whale.*
Balle, s. f. *ball.*
Balustrade, s. f. *balustrade.*
Bambou, s. m. *bamboo.*
Banane, s. f. *banana.*
Bananier, s. m. *banana-tree.*
Banc, s. m. *bench, bank.*
Bande, s. f. *band, company, flock.*
Bandeau, s. m. *bandage, wreath.*

Bander, v. a. *to tighten, to bend.*
Bandeur, s. m. *bender, binder.*
Bannière, s. f. *banner, standard.*
Banquette, s. f. *bench, settee.*
Baptiser, v. a. *to baptise, to name.*
Barbare, s. m. *barbarian.*
Barbarie, s. f. *Barbary, barbarity.*
Barbarisme, s. m. *barbarism.*
Barbe, s. f. *beard.*
Barbe, s. m. *barb, Barbary-horse.*
Barbouillé, e. part. past. *daubed.*
Bariolé, e. part. past. *variegated, spangled.*
Barque, s. f. *bark, boat.*
Barre, s. f. *bar.*
Barrer, v. a. *to bar.*
Barrière, s. f. *bar, rail, barrier.*
Barrique, s. f. *cask.*
Bas, se. adj. *low.* là bas. *there, below.* en bas, adv. *down, at the bottom.*
Bas, s. m. *bottom.*
Basané, e. adj. *tawny, swarthy.*
Base, s. f. *base, foundation.*
Basque, s. f. *skirt.*
Basquine, s. f. *dress worn by Spanish women.*
Basse-cour, s. f. *poultry-yard.*
Bassin, s. m. *basin.*
Bassinet, s. m. *crow-foot, butter-cup.*
Bastion, s. m. *bastion.*
Bataille, s. f. *battle.*
Bateau, s. m. *boat.*
Bâti, e. part. past. *built.*
Bâtir, v. a. *to build.*
Bâton, s. m. *stick, staff.*
Battement, s. m. *clapping, fluttering, beating.*
Battre, v. a. *to beat.*
se' Battre, v. r. *to fight.*
Battu, e. part. past. *beaten, beat.*
Bavard, e. adj. *babbling, prating.*
Beau, (pl. beaux). adj. *fine, beautiful.* avoir beau, *to try in vain.*
Beaucoup, adv. *much, very much, many.*
Beauté, s. f. *beauty.*
Bec, s. m. *bill, beak.*
Bêche, s. f. *spade.*
Bêcher, v. a. *to dig.*
Becquée, s. f. *bill-full.*
Becqueter, v. a. *to peck.*
Bégayer, v. a. *to stammer out.*
Bel, (for beau before a vowel or a silent *h.*) belle, f. *fine, beautiful, handsome.*
Bêler, *to bleat.*
Belge, adj. *Belgian.*
Belge, s. m. & f. *Belgian.*
Belvédère, s. m. *Belvidere.*
Bengale, s. m. *Bengal.*
Bénir, v. a. *to bless.*
Berceau, s. m. *arbor, cradle.*
Berger, s. m. *shepherd.*
Bergère, s. f. *shepherdess.*
Berlue, s. f. avoir la berlue, *to be dim-sighted.*
en' Berne, adv. *as a waft.* son pavillon en berne, *its ensign denoting distress.*
Besogne, s. f. *work, business.*
Besoin, s. m. *need, want.*
Bête, s. f. *beast, brute.* adj. *stupid.*
Bêtise, s. f. *stupidity.*
Bien, adv. *well, very, much, indeed, surely.*
Bien, s. m. *good.*
Bien-être, s. m. *well-being.*
Bien que, conj. *although.*
Bienfaisance, s. f. *beneficence.*
Bienfaisant, e. adj. *beneficient.*
Bienfait, s. m. *benefit, advantage.*
Bientôt, adv. *soon.*
Bienveillance, s. f. *benevolence.*
Bigarré, e. part. past. *motley-colored.*

Bijou, s. m. *jewel.*
Bitume, s. m. *bitumen.*
Bitumineux, m. bitumineuse, f. adj. *bituminous.*
Bizarre, adj. *fantastic, strange.*
Bizarrement, adv. *oddly, fantastically.*
Bizarrerie, s. f. *caprice, singularity.*
Blâmer, v. a. *to blame.*
Blanc, m. blanche. f. adj. *white,* s. *white person.*
Blanchâtre, adj. *whitish.*
Blancheur, s. f. *whiteness.*
Blé, s. m. *corn.*
Blesser, v. a. *to wound.*
Blessure, s. f. *wound.*
Bleu, e. adj. *blue.*
Bleuâtre, adj. *bluish, somewhat blue.*
Blond, e. adj. *fair, flaxen, light.*
Blondine, s. f. *a fair-complexioned one.*
Bocage, s. m. *grove.*
Bœuf, s. m. *ox, beef.*
Boire, v. a. *to drink*
Bois, s. m. *wood.*
Boiserie, s. f. *wainscot.*
Boîte, s. f. *box.*
Bombe, s. f. *bomb.*
Bon, m. bonne. f. adj. *good*
Bondir, v. n. *to bound, to skip.*
Bondissant, part. pres. *bounding.*
Bonheur, s. m. *happiness, prosperity.*
Bonhomme, s. m. *worthy man.*
Bonnement, adv. *plainly, honestly.*
Bonnet, s. m. *cap.* bonnet de nuit, *night cap.*
Bonté, s. f. *goodness, favor.*
Bord, s. m. *bank, border, side.*
Bordé, e. part. past. *bordered.*
Border, v. a. *to border, to bound.*
se' Bornant, part. pres. *limiting one's self.*
Borne. s. f. *limit, bound.*
Borné, e, part. past. *bounded, limited.*
Borner, v. a. *to bound, to limit.*
Bossuet, s. m. *Bossuet,* (a French bishop.)
Botte, s. f. *boot.*
Bottine, s. f. *thin boot, buskin.*
Bouche, s. f. *mouth.*
Boucher, s. m. *butcher.*
Boudoir, s. m. *private room.*
Bouffant, e, adj. *puffed up, swelled.*
Bouffon, s. m. *buffoon.*
Bouillonnant, part. pres. *boiling up.*
Bouillonner, v. n. *to bubble up, to boil.*
Bouleau, s. m. *birch, birch-tree.*
Bouquet, s. m. *nosegay, bouquet, cluster.*
Bourbeux, m. bourbeuse, f. adj. *muddy.*
Bourdon, s. m. *staff, crook, drone-bee.*
Bourdonnant, adj. *humming.*
Bourg, s. m. *borough, town.*
Bourgeois, s. m. *burgess, citizen.*
Bourgeon, s. m. *bud.*
Bourre, s. f. *hair.*
Bourse, s. f. *purse.*
Boussole, s. f. *mariner's compass, direction.*
Bout, s. m. *end.* venir à bout, *to succeed.*
Boutade, s. f. *whim, start, caprice.*
Bouteille, s. f. *bottle.*
Boutique, s. f. *shop.*
Bouton, s. m. *button.*
Brame, s. m. *Bramin.*
Bramement, s. m. *crying, bleating.*
Brancard, s. m. *a litter.*
Branche, s. f. *branch, arm.*
Bras, s. m. *arm.*
Brasse, s. f. *fathom.*

Brebis, s. f. *ewe.*
Bretagne, s. f. *Brittany.*
Breton, ne, s. & adj. *of Brittany, native of Brittany.*
Bride, s. f. *bridle.*
Brillant, e. adj. *bright, brilliant.*
Brillant, s. m. *diamond, brilliant.*
Briller, v. n. *to shine, to glitter.*
Brin, s. m. *slip, straw,* brin à brin, *blade by blade.*
Brique, s. f. *brick.*
Briquet, s. m. *steel.*
Brise, s. f. *breeze.*
Briser, v. a. *to break, to dash.*
se Briser, v. r. *to break, to dash.*
Brochet, s. m. *pike,* (a fish.)
Brodequin, s. m. *sock.*
Broderie, s. f. *embroidery.*
Bronzé, e, part. past. *bronzed, browned.*
Brouillard, s. m. *fog.*
Brouter, v. a. &. n. *to browze.*
Broyer, v. a. *to grind, to masticate.*
Bruire, v. n. *to rustle, to sound confusedly.*
Bruissement, s. m. *roaring.*
Bruit, s. m. *noise.*
Brûlant, e. adj. *burning.*
Brûler, v. a. *to burn, to sear.*
Brumaire, s. m. *second month of the republican calendar.*
Brume, s. f. *fog.*
Brumeux, m. brumeuse, f. adj. *hazy, foggy.*
Brun, adj. *brown.*
Brusque, adj. *abrupt, sudden.*
Brusquement, adv. *abruptly.*
Bruyant, e. adj. *noisy, blustering.*
Bruyère, s. f. *heath.*
Bûcher, s. m. *funeral pile.*
Bûcheron, s. m. *wood-cutter.*
Buffet, s. m. *side-board.*
Buffle, s. m. *buffalo.*
Buisson, s. m. *bush, thicket.*
But, s. m. *mark, aim, object, end.*
Butin, s. m. *booty.*
Butte, s. f. *bank, hillock.*
Buvant, part. pres. *drinking.*

C.

C'. for ce, which see.
Ça, adv. *here, hither.*
Cabane, s. f. *hut, cottage.*
Cabaret, s. m. *wine-shop.*
Cabinet, s. m. *closet, small room, cabinet.*
Cabriole, s. f. *caper.*
Cachant, part. pres. *concealing.*
Cachemire, s. *Cashmere, cashmere.*
Cachemirien, ne, adj. *of Cashmere.*
Cachemirien, s. *inhabitant of Cashmere.*
Cacher, v. a. *to conceal, to hide.*
Cachot, s. m. *dungeon.*
Cadavre, s. m. *dead body.*
Cadet, te, adj. *younger.*
Cadi, s. m. *cadi.* (Turkish officer.)
Cadiz, s. *Cadiz.*
Caducité, s. f. *decay of age.*
Café, s. m. *coffee,* pied de café, *coffee-plant.*
Caftan, or Cafetan, s. m. *caftan,*(a Turkish vest.)
Cage, s. f. *cage,* cage à poulis, *hen coop.*
Cahute, s. f. *cabin.*
Caillou, s. m. *flint, flint-stone.*
Caïman, s. m. *cayman, alligator.*
Caisse, s. f. *box.*
Calcul, s. m. *calculation.*
Calculer, v. a. *to calculate.*
Calebasse, s. f. *calabash, gourd.*
Caleçon, s. m. *drawers.*
Calice, s. m. *chalice, cup.*
Calleux, m. calleuse, f. adj. *callous.*

Calme, adj. *calm.*

Calmer, v. a. *to calm, to allay.*

Calomnie, s. f. *calumny.*

Camarade, s. m. & f. *comrade.*

Caméléon, s. m. *chamelion.*

Camp, s. m. *camp.*

Campagne, s. f. *country, fields, campaign,* se mettre en campagne, *to take the field.*

Campé, e, part. past. *encamped.*

Camper, v. n. *to encamp.*

Canal, s. m. *channel.*

Canapé, s. m. *sofa.*

Candide, adj. *candid.*

Cane, s. f. *duck.*

Canicule, s. f. *dog-star.*

Canne, s. f. *cane.* canne à sucre, *sugar cane.*

Cannelé, e, part. past. *fluted, channeled.*

Cannelier, s. m. *cinnamon-tree.*

Canon, s. m. *cannon.*

Canot, s. m. *boat.*

Canton, s. m. *canton, district.*

Cap, s. m. *cape.*

Capitaine, s. m. *captain.*

Capital, adj. *capital, chief.*

Capitale, s. f. *capital city.*

Capote, s. f. *capote.*

Caprice, s. m. *caprice, whim.*

Captif, captive, adj. *captive.*

Caquetant, part. pres. *cackling.*

Car, conj. *for, because.*

Caractère, s. m. *disposition, character.*

Caractériser, v. a. *to characterize.*

Caravane, s. f. *caravan.*

Carême, s. m. *lent.*

Carène, s. f. *keel.*

Caressant, e, adj. *caressing, winning.*

Caresse, s. f. *caress.*

Caresser, v. a. *to caress.*

Caribou, s. m. *cariboo,* (a kind of *deer.*

Carnassier, adj. *carnivorous.*

Carrière, s. f. *course, quarry, career.*

Carousel, s. m. *carrousal.*

Carte, s. f. *card, map.*

Cas, s. m. *case,* faire peu de cas, *to think lightly of.*

Case, s. f. *cottage.*

Casque, s. m. *helmet, casque,*

Cassave, s. f. *cassava.*

Casser. v. a. *to break.*

Cassolette, s. f. *perfumery-vessel, censer.*

Cataracte, s. f. *cataract.*

Catholique, adj. *catholic.*

Caucase, s. m. *Caucasus.*

Cause, s. f. *cause,* à cause de, *on account of, because of.*

Causer, v. a. *to cause.*

Causer, v. n. *to converse, to chat, to talk.*

Causeur, m. causeuse, f. adj. *talkative.*

Cavalerie, s. f. *cavalry.*

Cavalier, s. m. *horseman.*

Caverne, s. f. *cavern.*

Ce, adj. *this, that, it,* ce que, *what.*

Cédrat, s. m. (a kind of,) *lemon.*

Cèdre, s. m. *cedar.*

Ceinture, s. f. *waist, girdle.*

Cela, pron. dem. *that.*

Célèbre, adj. *celebrated.*

Célébrer, v. a. *to celebrate.*

Célébrité, s. f. *celebrity.*

Céleste, adj. *celestial.*

Celle, dem. adj. *the one, that, she.*

Celui, (pl. ceux.) dem. adj. *the one, that, he, him,* celui-ci, *this one*

Cendre, s. f. *ashes.*

Censeur, s. m. *censor, critic.*

Cent, num. adj. *hundred.*

Cependant, adv. *in the mean time.*

Cependant. conj. *and yet, notwithstanding.*
Céphale, s. m. *Cephalus,*
Cercle, s. m. *circle.*
Cercueil, s. m. *coffin.*
Cérémonie, s. f. *ceremony.*
Cerf. s. m. *stag.*
Cerisier, *cherry-tree.*
Certain, e, adj. *certain.*
Certainement, adv. *certainly.*
Certes, adv. *indeed, surely.*
Cerveau, s. m. *brain.*
Ces, adj. (pl. of ce.) *these, those.*
Cesse, s. f. *ceasing, intermission.*
Cesser, v. a. *to cease.*
Cet, m. cette, f. dem. adj. *this, that it.*
Ceux, (pl. of celui.) *those.*
Chacal, s. m. *jackall.*
Chacun, e, adj. *each.*
Chagrin, s. m. *sorrow, grief.*
Chagrin, e, adj. *gloomy.*
Chaîne, s. f. *chain.*
Chair, s. f. *flesh.*
Chaire, s. f. *pulpit.*
Chaise, s. f. *chair,* chaise de poste, *post-chaise.*
Chaleur, s. f. *heat, warmth.*
Chaloupe, s. f. *longboat.*
Chalumeau, s. m. *pipe.*
Chambre, s. f. *apartment, chamber, room.*
Chameau, s. m. *camel.*
Champ, s. m. *field,* sur-le-champ, adv. *immediately.*
Champêtre, adj. *rural.*
Champion, s. m. *combattant.*
Chanceler, v n. *to reel, to stagger.*
Changeant, part. pres. *changing.*
Changer, v. a. *to change.*
Chanson, s. f. *song.*
Chant, s. m. *singing, crowing.*
Chantant, part. pres. *singing, crowing.*
Chanter, v. a. *to sing, to celebrate.*
Chanteur, s. m. *singer.*
Chantier, s. m. *dockyard.*
Chantre, s. m. *singer*
Chapeau, s. m. *hat.*
Chapitre, s. m. *chapter.*
Chaque, adj. *every, each.*
Char, s. m. *car, chariot.*
Chargé, e. part. past. *loaded, laden.*
Charger, v. a. *to load, to charge.*
Chariot, s. m. *wagon.*
Charité, s. f. *charity.*
Charmant, e, adj. *charming.*
Charme, s. m. *charm.*
Charmé, e, part. past. *charmed.*
Charmer, v. a. *to charm.*
Charrié, e, part. past. *drifted*
Charrue, s. f. *plow.*
Chasse, s. f. *hunt.*
Chasseur, s. m. *hunter.*
hâteau, s. m. *castle,* châteaux en Espagne, *castles in the air.*
Châtier, v. a. *to chastise, to flog.*
Chaud, s. m. *heat.*
Chaud, e, adj. *hot, warm, burning.*
Chaume, s. m. *stubble, thatch.*
Chaumière, s. f. *thatched house, cottage.*
Chausser, v. a. *to put on shoes, to shoe.*
Chef, s. m. *chief, head,* chef-d'-œuvre, *masterpiece.*
Chemin, s. m. *way, path,* chemin faisant, *traveling, by the way.*
Cheminer, v. n. *to walk, to go.*
Chemise, s. f. *shirt.*
Chêne, s. m. *oak.*
Cher, m. chère, f. adj. *dear.*
Cherchant, part. pres. *seeking.*
Chercher, v. a. *to seek, to look for.*
Chère, s. f. *cheer, fare.*
Chèrement, adv. *dearly.*
Chéri, e, part. past. *beloved.*
Cheval, s. m. *horse,* à cheval, *on*

horseback, cheval de course, *race-horse.*
Chevalier, s. m. *knight.*
Chevelure, s. f. *hair, scalp.*
Chevet, s. m. *pillow.*
Cheveu, s. m. *hair, tress.*
Chèvre, s. f. *goat.*
Chevreau, s. m. *kid.*
Chèvre-feuille, s. m. *honeysuckle.*
Chez, prep. *at the house of, with.*
Chicane, s. f. *chicane, cavil.*
Chien, s. m. *dog.*
Chienne, s. f. *bitch.*
Chiffoner, v. a. *to rumple.*
Chimère, s. f. *chimera.*
Chimérique, adj. *chimerical.*
Chine, s. f. *China.*
Chirurgien, s. m. *surgeon.*
Chœur, s. m. *choir.*
Choisi, e. part. past. *chosen.*
Choisir, v. a. *to choose.*
Choix, s. m. *choice.*
Chorus, s. m. *chorus.*
Chose, s. f. *thing.*
Chou, s. m. *cabbage.*
Choyé, e. part. past, *fondled.*
Chrétien, s. m. *Christian.*
Chrétien, ne, adj. *Christian.*
Christianisme, s. m. *Christianity.*
Chuchoter, v. a. & n. *to whisper.*
Chute, s. f. *fall.*
Cicatrice, s. f. *scar, cicatrice.*
Cidre, s. m. *cider.*
Ciel, s. m. *heaven*, (cieux, pl.)
Cil, s. m. *eyelashes.*
Cime, s. f. *top, summit.*
Cimenter, v. a. *to cement.*
Cimeterre, s. m. *cimeter.*
Cinq, num. adj. *five.*
Cinquante, num. adj. *fifty.*
Cintré, e, part. past. *arched.*
Circassien, ne, s. m. and f. *Circassian.*
Circonférence, s. f. *circumference.*
Circonspect, e, adj. *circumspect.*
Circonstance, s. f. *circumstance.*
Circuit, s. m. *circuit.*
Circulant, part. pres. *circulating, passing about.*
Circuler, v. n. *to circulate.*
Cirque, s. m. *circus.*
Citadin, s. m. *citizen.*
Cité, s. f. *city.*
Citer, v. a. *to cite, to name.*
Citoyen, s. m. *citizen.*
Citronnier, s. m. *citron-tree, lemon-tree.*
Civil, e, adj. *civil.*
Clair, e, adj. clear, s. m. *light, shining.*
Clarté, s. f. *light, clearness.*
Classe, s. f. *class, rank.*
Classique, adj. *classic.*
Clergé, s. m. *clergy.*
Clignotant, e, adj. *winking.*
Climat, s. m. *climate.*
Clin-d'œil, s. m. *twinkling of an eye.*
Clos, e, part. past. *inclosed.*
Cocotier, s. m. *cocoa-tree.*
Cœur, s. m. *heart.*
Coffre, s. m. *chest.*
Coiffure, s. f. *head-dress.*
Coin, s. m. *corner, wedge.*
Colère, s. f. *anger.*
Colère, adj. *choleric, bad-tempered.*
Colibri, s. m. *humming-bird.*
Collation, s. f. *collation.*
Collèr, v. a. *to glue.*
Collier, s. m. *necklace, collar.*
Colline, s. f. *hill.*
Colombe, s. f. *dove.*
Colonie, s. f. *colony.*
Colonne, s. f. *column.*
Colorer, v. a. *to color.*
Colossal, e, adj. *colossal, giant-like.*
Combat, s. m. *combat.*

Combattre, v. a. *to fight.*
Combattu, e, part. past, *fought.*
Comblé, e, part. past, *filled up, loaded.*
Combler, v. a. *to load, to heap up.*
Commander. v. a. *to command.*
Comme, adv. *as, as it were.*
Commencé, e, part. past, *begun.*
Commencer, v. a. *to begin, to commence.*
Comment, adv. *how.*
Commettre, v. a. *to commit, to strive.*
Commode, adj. *convenient, commodious.*
Commodité, s. f. *convenience.*
Commun, e, adj. *common.*
Communiquer, v. a. *to communicatè.*
Compagne, s. f. *companion.*
Compagnie, s. f. *company.*
Compagnon, s. m. *companion.*
Compagnies, *flocks, companies.*
Comparaison, s. f. *comparison.*
Comparant, part. pres. *comparing.*
Comparer, v. a. *to compare.*
Compatissant, e, adj. *compassionate.*
Compatriote, s. m. *fellow-countryman.*
se' Complaire, v. r. *to please each other.*
Complaisance, s. f. *complacency.*
Complaisant, e, adj. *complaisant, civil.*
Complet, m. complète, f. adj. *complete.*
Complètement, adv. *completely.*
Complice, s. m. and f. *accomplice.*
Complimenter, v. a. *to compliment.*
Comporter, v. a. *to favor, allow.*
Composant, part. pres. *composing.*
Composé, s. m. *compound.*
Composer, v. a. *to compose, to form.*
Comprendre, v. a. *to understand.*
Compris, e, part. past, *inclusive.*
Compromettre, v. a. *to compromise.*
Comptant, part. pres. *counting.*
Compte, s. m. *account.*
Compter, v. a. *to count*, à pas comptés, *with measured steps.*
Concert, s. m. *concert*, de concert, *in concert.*
Concevoir, v. a. *to conceive.*
Conciliateur, s. m. *conciliator.*
Conclure, v. a. *to conclude.*
Concombre, s. m. *cucumber.*
Concourir, v. n. *to concur.*
Concours, s. m. *concourse, concert.*
Conçu, e, past. past, *conceived.*
Condamné, e, part. past, *condemned.*
Conducteur, s. m. *conductor.*
Conduire, v. a. *to conduct, to drive.*
Conduit, e, part. past, *conducted.*
Conduite, s. f. *conduct.*
Confesser, v. a. *to confess.*
Confiance, s. f. *confidence.*
Confident, s. m. *confident.*
Confier, v. a. *to intrust.*
Confiner, v. n. *to border upon, to confine.*
Confondre, v. a. *to confound, to mix, to blend.*
Confondu, e, part. past, *confounded.*
Conforme, adj. *conformable.*
se Conformer, v. r. *to conform one's self.*
Confronter, v. a. *to confront.*
Confus, e, adj. *confused.*
Confusément, adv. *confusedly.*
Congé, s. m. *leave, dismission.*
Congédié, e, part. past, *dismissed.*
Congrès, s. m. *congress.*
Conjugal, e, adj. *conjugal.*
Conjurer, v. a. *to conjure, to exorcise.*

Connaissance, s. f. *knowledge, acquaintance.*
Connaisseur, s. m. *connoisseur, judge.*
Connaître, v. a. *to know, to acknowledge.*
se Connaître, v. r. *to know one's self,* se connaître à, or, en quelque chose, *to be skilled in.*
Connu, e, part. past, *known.*
Conquérant, s. m. *conqueror.*
Conquérir, v. a. *to conquer.*
Conquis, e, past. past, *conquered.*
Conscience, s. f. *consciousness, conscience.*
Conseil, s. m. *counsel.*
Conseiller, v. a. *to counsel, to advise.*
Consentir, v. n. *to consent, to agree.*
par Conséquent, adv. *consequently.*
Conservation, s. f. *preservation.*
Conserver, v. a. *to preserve, to keep.*
Considérer, v. a. *to consider.*
Consigner, v. a. *to order a sentinel,* seront consignés, *will be forbidden to pass.*
Consistance, s. f. *consistence, firmness.*
Consister, v. n. *to consist.*
Consoler, v. a. *to console.*
Consommé, e, part. past, *perfect, consummated.*
Constamment, adv. *constantly.*
Constance, s. f. *constancy, firmness.*
Constant, e, adj. *constant.*
Consterné, e, part. past, *dismayed.*
Construire, v. a. *to construct.*
Construit, e, part. past, *constructed.*
Consulat, s. m. *consulate.*
Consulter, v. a. *to consult.*
Consumer, v. a. *to consume.*
Contempler, v. a. *to contemplate.*
Contemporaire, s. m. *contemporary.*
Contenance, s. f. *countenance.*
Contenir, v. a. *to contain.*
Content, e, adj. *contented, satisfied.*
Contentement, s. m. *contentment.*
Conter, v. a. *to tell, to relate.*
Conteur, s. m. conteuse, f. *story-teller, narrator.*
Continu, e, adj. *continuous.*
Continué, e, part. past, *continued.*
Continuel, le, adj. *continual.*
Continuellement, adj. *continually.*
Continuer, v. a. & n. *to continue.*
Contour, s. m. *contour, outline.*
se Contracter, v. r. *to contract.*
se Contraindre, v. r. *to constrain one's self.*
Contraint, e. adj. *constrained, forced.*
Contraire, s. m. *contrary.*
au Contraire, adv. *on the contrary.*
Contraste, s. m. *contrast.*
Contre, prep. *against, in exchange for.*
Contrebalancer, v. a. *to counterbalance.*
Contrée, s. f. *country.*
sans Contredit, adv. *undoubtedly.*
Contrefaire, v. a. *to counterfeit.*
Contrescarpe, s. f. *counterscarp.*
Contrevent, s. m. *outside-shutters.*
Contribuer, v. a. *to contribute.*
Convaincant, e. adj. *convincing.*
Convaincre, v. a. *to convince.*
se Convaincre, v. r. *to convince one's self.*
Convenable, adj. *suitable, proper.*
Convenance, s. f. *conformity.*
Convenir, v. n. *to own, to suit.*
Convier, v. a. *to invite.*
Convive, s. m. *guest.*
Coq, s. m. *cock.*
Coquille, s. f. *shell.*

Corail, s. m. *coral.*
Coran, s. m. *Koran*, *alcoran.*
Corbeau, s. m. *raven.*
Corbeille, s. f. *basket.*
Corde, s. f. *corde*, *rope.*
Cordial, s. m. *cordial.*
Corne, s. f. *horn.*
Corniche, s. f. *cornice.*
Corps, s. m. *body.*
Corrigeant, part. pres. *correcting.*
Corriger, v. a. *to correct.*
Corrompre, v. a. *to corrupt.*
Corrompu, e, part. past. *corrupted*, *corrupt.*
Corrosif, m. corrosive, f. adj. *corrosive*, *corroding.*
Cortége, s. m. *train*, *retinue.*
Corvée, s. f. *statute-labor*, *service.*
Côté, s. m. *side*, *way.*
Coteau, s. m. *declivity.*
Coton, s. m. *cotton.*
Cotonnier, s. m. *cotton-tree.*
Cotoyer, v. a. *to go by the side of.*
Cotte de mailles, s. f. *coat of mail.*
Cotret, s. m. *fagot.*
Cou, s. m. *neck.*
Couchant, adj. *setting.*
Couchant, s. m. *west.*
Couche, s. f. *bed.*
Couché, e, part. past, *lying.*
Coucher, v. a. and n. *to lay down*, *to put to bed*, *to lie*, *to sleep.*
se Coucher, v. r. *to lie down*, *to go to bed.*
Coucher, s. m. *lying down*, *setting.*
Coudrier, s. m. *hazel-tree.*
Couler, v. a. and n. *to flow*, *to glide*, *to pass away.*
Couleur, s. f. *color.*
Coup, s. m. *blow*, *report*, *enterprise*, tout d' un coup, *suddenly*, coup d' œil, *a glance*, *look.*
Coupable, adj. *culpable*, *guilty.*
Coupe, s. f. *cutting*, *cup*, demi-coupe, *half-cup.*
Couper, v. a. *to cut.*
Cour, s. f. *court.*
Courage, s. m. *courage.*
Courant, s. m. *current.*
Courant, part. pres. *running.*
Courber, v. a. and n. *to bend.*
Coureur, s. m. *runner*, *racer.*
Courge, s. f. *gourd.*
Courir, v. n. *to run*, *to run along.*
Couronne, s. f. *crown.*
Couronné, e, part. past, *crowned.*
Couronnement, s. m. *top*, *tafferel.*
Couronner, v. a. *to crown.*
Courroie, s. f. *strap.*
Cours, s. m. *course.*
Course, s. f. *course*, *career.*
Coursier, s. m. *steed.*
Court, e, adj. *short.*
Courtisan, s. m. *courtier.*
Couru, e, part. past, *run.*
Cousin, s. m. cousine, f. *cousin.*
Coussin, s. m. *cushion.*
Couteau, s. m. *knife.*
Coûter, v. n. *to cost.*
Coûteux, m. coûteuse, f. adj. *expensive*, *costly.*
Coutume, s. f. *custom*, avoir coutume, *to be accustomed.*
Couver, v. a. *to sit* (on eggs.)
Couvert, e, part. past, *covered*
Couverture, s. f. *covering.*
Couvrir, v. a. *to cover.*
Craindre, v. a. *to fear.*
Crainte, s. f. *fear.*
Craintif, m. craintive, f. adj. *fearful*, *timid.*
Craquer, v. n. *to creak*, *to crackle*, *to crack.*
Créateur, s. m. *Creator.*
Créature, s. f. *creature.*
Crédule, adj. *credulous.*
Credulité, s. f. *credulity.*

Créer, v. a. *to create.*
Créole, s. m. and f. *creole.*
Crépuscule, s. m. *twilight.*
Cresson, s. m. *cresses.*
Crète, s. f. *Crete.*
Crête, s. f. *crest, ridge.*
Creuser, v. a. *to hollow, to dig.*
Creux, m. creuse, f. adj. *hollow.*
Creux, s. m. *hollow.*
Crevasse, s. f. *crevice, gap.*
Cri, s. m. *cry.*
Criant, part. pres. *crying.*
Crier, v. a. and n. *to cry, to cry out, to creak.*
Crieur, s. m. *crier.*
Criminel, s. m. *criminal.*
Crisper, v. a. *to contract.*
Cristal, s. m. *crystal.*
Cristallin, e, adj. *crystalline.*
Critiquant, part. pres. *criticising.*
Croasser, v. n. *to croak.*
Crocodile, s. m. *crocodile.*
Croire, v. a. *to believe.*
Croisade, s. f. *crusade.*
Croisant, part. pres. *crossing.*
Croisée, s. f. *window.*
Croiser, v. a. *to cross.*
se Croiser, v. r. *to cross each other.*
Croissant, s. m. *crescent.*
Croître, v. n. *to grow.*
Crotone, s. f. *Crotona.*
Crouler, v. n. *to sink, to give way.*
Croupe, s. f. *brow, top, ridge.*
Croyant, s. m. *believer.*
Cru, e, part. past. *believed.*
Cru, e, adj. *raw, not cooked.*
Cruel, le, adj. *cruel.*
Cueillir, v. a. *to gather.*
Cuiller, s. f. *spoon.*
Cuir, s. m. *leather.*
Cuirasse, s. f. *cuirass.*
Cuisant, e, adj. *sharp, cutting.*
Cuisse, s. f. *thigh.*
Cuit, e, part. past, *cooked.*
Culbuté, e, part. past, *overthrown, upset.*
Culte, s. m. *worship.*
Cultivateur, m. cultivatrice, f. adj. *agricultural.*
Cultivé, e, part. past. *cultivated.*
Cultiver, v. a. *to cultivate.*
Curieux, m. curieuse, f. adj. *curious.*
Curiosité, s. f. *curiosity.*
Curule, adj. *curule.*
Cyprès, s. m. *cypress.*
Cytise, s. m. *cytisus.*
Czar, s. m. *czar, emperor of Russia.*

D.

D' (before a vowel or silent *h,*) for *de*, which see.
Daigner, v. n. *to deign.*
Daim, s. m. *deer.*
Dame, s. f. *lady.*
Danemarc, s. m. *Denmark.*
Dangereux, m. dangereuse, f. adj. *dangerous.*
Dans, prep. *in, within.*
Danse, s. f. *dancing, dance.*
Danser, v. n. *to dance.*
Danseur, s. m. danseuse, s. f. *dancer.*
Dard, s. m. *dart.*
Darder, v. a. *to dart.*
Davantage, adv. *more.*
Datte, s. f. *date.*
De, prep. *of, from, some, for, than,* de ce que, conj. *because.*
se Débander, v. r. *to slacken, to extend one's self.*
Débarquer, v. a. and n. *to land, to disembark.*
Débordé, part. past. *overflowed.*

Debout, adv. *upright, standing in readiness.*

Débris, s. m. *remains, wreck, ruins.*

Début, s. m. *beginning.*

en Deçà, adv. *on this side.*

Décharger, v. a. *to discharge, to unload.*

Décharné, e, part. past, *emaciated.*

Déchirer, v. a. *to tear.*

Décider, v. a. *to decide.*

Décisif, m. décisive, f. adj. *decisive*

Déclarer, v. a. *to declare.*

Déclin, s. m. *decline.*

Décoiffer, v. a. *to uncoif, to take off the head dress.*

Décomposer, v. a. *to decompose.*

Décorer, v. a. *to decorate.*

Découper, v. a. *to carve, to cut up.*

Découvert, e, part. past, *uncovered.*

à Découvert, adv. *in open air, plainly.*

Découverte, s. f. *discovery.*

Découvrir, v. a. *to discover.*

Décrire, v. a. *to describe.*

Déçu, e, part. past, *deceived.*

Dédaigner, v. a. *to disdain, to scorn.*

Dédain, s. m. *disdain.*

Dedans, s. m. *inside.*

Dédommagement, s. m. *compensation.*

Défaire, v. a. *to undo, to defeat.*

Défaite, s. f. *defeat.*

Défaut, s. m. *defect,* au défaut de, *for want of.*

Défendre, v. a. *to defend.*

Défier, v. a. *to challenge, to dare.*

Défiguré, e, part. past, *disfigured.*

Défricher, v. a. *to clear.*

Défunt, e, adj. *deceased.*

Dégager, v. a. *to disengage.*

se Dégager, v. r. *to disengage one's self.*

Dégel, s. m. *thaw.*

Dégénérant, part. pres. *degenerating.*

Dégénérer, v. n. *to degenerate.*

Degoûté, e, part. past, *disgusted.*

Degré, s. m. *degree.*

Déguisé, e, part. past, *disguised.*

Dehors, adv. and prep. *out of doors, out of,* au dehors, *abroad.*

Déjà, adv. *already.*

Déjeuner, s. m. *breakfast.*

Delà, au-delà, prep. and adv. *beyond.*

Délai, s. m. *delay.*

Délaissé, e, part. past, *abandoned.*

Délicat, e, adj. *delicate.*

Délicatesse, s. f. *delicacy.*

Délice, s. m. *delight.*

Délicieusement, adv. *deliciously, delightfully.*

Délicieux, m. délicieuse, f. adj. *delicious.*

Délié, e, adj. *slender, unconfined.*

Délire, s. m. *delirium, frenzy.*

Déloger, v. a. and n. *to remove, to go away.*

Delta, s. m. *Delta* (of Egypt.)

Demain, adv. *to-morrow,* après-demain, *the day after to-morrow.*

Demandant, part. pres. *asking.*

Demande, s. f. *request.*

Demander, v. a. and n. *to ask, to demand, to require, to need.*

Démarche, s. f. *gait, step.*

se Démener, v. r. *to struggle, to strive.*

Démenti, e, part. past, *failed, disappointed, falsified.*

se Démentir, v. r. *to fail.*

Demeure, s. f. *abode, dwelling.*

Demeurer, v. n. *to remain, to live, to stop.*

Demi, e, adj. *half,* demi-heure, *half-hour.*

à Demi, adv. *half, by halves.*
Demi-voilé, e, *half-veiled.*
Demoiselle, s. f. *young lady.*
Démon, s. m. *demon, fiend.*
Dénoncer, v. a. *to denounce.*
Denrée, s. f. *provisions.*
Dent, s. f. *tooth.*
Départ, s. m. *departure*
Dépêcher, v. a. *to dispatch.*
se Dépêcher, v. r. *to make haste.*
Dépendant, adj. *dependent.*
Dépendre, v. n. *to depend on.*
Dépens, s. m. pl. *expense.*
Dépeuplé, e, part. past, *depopulated.*
Dépit, s. m. *vexation, pet.*
Déplaire, v. n. *to displease.*
Déplaisir, s. m. *grief, pain.*
Déplier, v. a. *to unfold.*
Déplorer, v. a. *to deplore.*
Déployant, part. pres. *spreading, unfolding, displaying.*
Déployer, v. a. *to display.*
Déplumé, e, part. past, *stripped of feathers.*
Déposé, e, part. past, *laid down, deposited.*
Déposer, v. a. *to deposit, to lay down, to settle.*
Dépôt, s. m. *deposit.*
Dépouillé, e, past, part. *stript, bare.*
Dépouiller, v. a. *to strip, to divest.*
Dépouilles, s. f. pl. *spoils.*
Dépourvu, e, part. past, *deprived.*
Dépravation, s. f. *depravity.*
se Dépraver, v. r. *to become depraved.*
Depuis, adv. & prep. *since, from.*
Déraciné, past part. *uprooted.*
Déraciner, v. a. *to uproot.*
Dérèglement. s. m. *disorder, depravity.*
Dernier, m. dernière, f. adj. *last.*
Dérober, v. a. *to rob, to take away.*
se Dérober, v. a. *to steal away, to disappear.*
Dérouler, v. a. *to unroll, to spread out.*
se Dérouler, v. r. *to spread out, to unroll.*
Derrière, prep. de derrière, adv. *back of, behind,* par derrière, adv. *behind.*
Des, (contracted for, *de les*) *of the, from the, some.*
Dès, prep. *from, since, at.* dès que. *as soon as.*
se Désaltérer, v. r. *to quench thirst.*
Désastreux, m, désastreuse, adj. *disastrous.*
Descendant, part. pres. *descending.*
Descendre, v. n. *to descend.*
Descente, s. f. *descent, going down.*
Désert, e, adj. *desert.*
Désert, s. m. *desert.*
Désespérant, part. pres. *despairing.*
Désespéré, e, part. past. *in despair.*
en Désespéré, *as a mad person.*
Désespérer, v. n. *to despair.*
se Désespérer, v. r. *to despair.*
Désespoir, s. m. *despair;* au désespoir, *in despair.*
Déshérité, e, past. part. *disinherited.*
Désintéressement, s. m. *disinterestedness.*
Désir, s. m. *desire.*
Désirer, v. a. *to desire.*
Désolé, e, past. part. *desolated.*
Désolé, e, adj. *desolate, sad, distressed.*
Despote, s. m. *despot.*
Despotisme, s. m. *despotism.*
Desquelles, pl. of duquel. *of which.*

Desséché, part. past. *dried.*
Dessécher, v. a. *to dry.*
Dessein, s. m. *design.*
Dessert, s. m. *dessert.*
Dessiner, v. a. *to draw, to sketch.*
au-Dessous prep. *below, under.* là dessous, adv. *there on.*
Dessus, adv. *on it, therein;* au-dessus, *above.*
par-Dessus, prep. *over, above.*
Destin, s. m. *destiny, fate.*
Destinée, s. f. *destiny, fate.*
Destiner, v. a. *to destine, to intend.*
Détachement, s. m. *detachment.*
Détacher, v. a. *to detach, to unbind.*
Détail, s. m. *retail;* en détail, *by retail.*
Déterminer, v. a. *to determine.*
Détour, s. m. *turn, winding.*
Détourner, v. a. *to turn away.*
se Détourner, v. r. *to turn aside.*
Détresse, s. f. *distress.*
Détrôner, v. a. *to dethrone.*
Détruire, v. a. *to destroy.*
Détruit, e, part. past. *destroyed.*
Deuil, s. m. *mourning.*
Deux, adj. *two;* tous deux *both.*
Dévancer, v. a. *to precede, to out strip.*
Devant, prep. *before;* par-devant, adv. *before;* au-devant de, *before.*
Développement, s. m. *unfolding, developement.*
Développer, v. a. *to develope.*
se Développer, v. r. *to become developed*
Devenir, v. n. *to become, to become of.*
Devenu, e, past. part. *become, become of.*
Deviner, v. a. *to divine, to guess.*
Devoir, s. m. *duty.*
Devoir, v. a. *to owe, ought, should, to be about to.*
Dévorant, e, adj. *devouring, ravenous.*
Dévorer, v. a. *to devour.*
Dévouement, s. m. *devotion.*
Dévouer, v. a. *to devote.*
Dextérité, s. f. *dexterity.*
Diable, s. m. *devil.*
Diadème, s. m. *crown, diadem.*
Diamant, s. m. *diamond.*
Diaphane, adj. *transparent.*
Dictame, s. m. *dittany.* (a plant.)
Dicter, v. a. *to dictate.*
Dictionnaire, s. m. *dictionary.*
Dieu, s. m. *God.*
Différemment, adv. *differently.*
Différer, v. a. *to defer, postpone.*
Difficile, adj. *difficult.*
Difforme, adj. *deformed.*
Digne, adj. *worthy, deserving.*
Dignement, adv. *worthily.*
Dignité, s. f. *dignity.*
Dimanche, s. m. *sunday.*
Diminuer, v. a. & n. *to diminish.*
Dîner, v. n. *to dine.*
Dîner, s. m. *dinner.*
Dire, v. a. *to say, to tell.*
Directement, adv. *directly.*
Dirigeant, part. pres. *directing.*
Diriger, v. a. *to direct.*
Disant, part. pres. *saying.*
Discernement, s. m. *discernment.*
Discerner, v. a. *to distinguish.*
Discorde, s. f. *discord.*
Discourir, v. n. *to discourse.*
Discours, s. m. *discourse.*
Discrétion, s. f. *discretion;* à discrétion, *at will.*
Disgrâce, s. f. *disgrace.*
Disparaître, v. n. *to disappear.*
Disparu, e, part. past. *disappeared.*
Dispenser, v. a. *to dispense with.*
Dispersé, e. *scattered, dispersed.*

Disperser, v. a. *to separate, to disperse.*
Disposé, e, part. past, *disposed.*
se Disposer, v. r. *to prepare.*
Disputant, part. pres. *disputing.*
Disputer, v. a. and n. *to dispute, to contend for.*
Dissimuler, v. a. *to dissemble.*
se Dissiper, v. r. *to be dissipated, to be dispersed.*
Dissiper, v. a. *to dissipate.*
Distingué, e, part. past, *distinguished.*
Distinguer, v. a. *to distinguish.*
Distraction, s. f. *diversion.*
Distraire, v. a. *to divert, to distract.*
Distrait, e, adj. *distracted.*
Distribué, e, part. past, *distributed.*
Distribuer, v. a. *to distribute.*
Dit, e, part. past, *said, spoken, told.*
Divers, e, adj. *various.*
Diversement, adv. *variously.*
Diversifié, e, part. past, *diversified.*
Diversité, s. f. *diversity.*
se Divertir, v. r. *to divert one's self.*
Divertissement, s. m. *diversion.*
Divin, e, adj. *divine.*
Divinité, s. f. *divinity.*
Divisé, e, part. past, *divided.*
Diviser, v. a. *to divide.*
Dix, num. adj. *ten.*
Dix-huit, num. adj. *eighteen.*
Dixaine, s. f. *ten, half a score.*
Docilité, s. f. *docility.*
Doigt, s. m. *finger.*
Doit, *ought*, (from devoir.)
Domaine, s. m. *domain.*
Dôme, s. m. *dome, cupola.*
Domestique, s. m. *family, household.*
Domestique, s. m. and f. *servant, domestic.*
Domestique, adj. *tame, domestic.*
Dominer, v. a. *to rule, to govern, to rise up.*
Domingue, s. m. *Domingo.*
Dompter, v. a. *to subdue, to tame, to cultivate.*
Don, s. m. *gift.*
Donc, conj. *then, therefore.*
Donnant, part. pres. *giving.*
Donner, v. a. *to give;* donner sur, *to overlook.*
se Donner, v. r. *to give each other.*
Dont, pron. rel. *of which, of whom, whose, with whom, with which, from which.*
Doré, e, part. past. *gilded, gilt, golden.*
Dorer, v. a. *to gild.*
Dormir, v. n. *to sleep.*
Dos, s. m. *back.*
Douce, adj. (fem. of doux,) *sweet, gentle.*
Doucement, adv. *softly, gently.*
Douceur, s. f. *sweetness.*
Doué, e, part. past, *endowed.*
Douleur, s. f. *pain, grief.*
Douloureusement, adv. *grievously.*
Douloureux, m. douloureuse, f. adj. *painful, sad.*
Doura, s. m. *doura.*
Doutant, part. pres. *doubting.*
Doute, s. m. *doubt;* sans doute, adv. *no doubt.*
Douter, v. n. *to doubt.*
Doux, m. douce, f. adj. *sweet, mild, soft, gentle.*
Douzaine, s. f. *dozen;* demi-douzaine, *half dozen.*
Douze, num. adj. *twelve.*
Dragme, s. f. *dram.*
Dragon, s. m. *dragon.*
Dramatique, adj. *dramatic.*
Drame, s. m. *drama.*
Drap, s. m. *cloth.*
Drapeau, s. m. *flag, colors.*

Dresser, v. a. *to set up, to set, to lay.*
Droit, e, adj. *right, straight;* tout droit, *directly.*
Droite, s. f. *right hand;* à droite, *on the right.*
Drôle, adj. *droll, strange;* drôle d'idée, *droll idea.*
Dromadaire, s. m. *dromedary.*
Dryade, s. f. *dryad.*
Du, (contracted for de le,) *of the, from the, some.*
Dû, e, part. past, *owed, been obliged.*
Duc, s. m. *duke.*
Duchesse, s. f. *duchess.*
Duquel, pron. rel. *of which, which.*
Dur, e, adj. *hard.*
Durant, prep. *during.*
Durée, s. f. *duration.*
Durer, v. n. *to last, endure.*

E.

Eau, s. f. *water;* eau-de-vie, *brandy.*
Ébène, s. f. *ebony.*
Éblouir, v. a. *to dazzle.*
Éblouissant, e. adj. *dazzling.*
Ébranlé, e. part past. *shaken.*
Ébranlement, s. m. *shock.*
Ébranler, v. a. *to shake, to move.*
Écaille, s. f. *scale.*
Écarté, e, adj. *separated.*
s' Échancrer, v. r. *to scollop, to cut in circularly.*
Échange, s. m. *exchange.*
Échapper, v. a. *to escape.*
Écharpe, s. f. *scarf, dress.*
Échauffé, e. part. past. *warmed.*
Échelle, s. f. *ladder, scale.*
Échevelé, e. adj. *dishevelled, with dishevelled hair.*
Écho, s. m. *echo, echoing.*
Éclair, s. m. *lightning, flash of lightning.*
s' Éclaircir, v. r. *to clear.*
Éclairé, e, adj. *enlightened, light.*
Éclairer, v. a. & n. *to light, to give light.*
Éclat, s. m. *splinter, splendor, glitter, burst of laughter.*
Éclatant, e, adj. *bright, glittering.*
Éclatant, part. pres. *bursting forth.*
Éclater, v. n. *to break out, to burst, to glitter.*
Éclipser, v. a. *to eclipse.*
Éclore, v. n. *to dawn, to open, to hatch.*
Éclos, e, part. past. *opened.*
École, s. f. *school.*
Écolier, s. m. *scholar.*
Économie, s. f. *economie.*
Écorce, s. f. *bark.*
Écouler, v. n. *to flow.*
Écouter, v. a. & n. *to listen.*
Écraser v. a. *to crush.*
s' Écrier, v. r. *to cry out, to cry, to exclaim.*
Écrire, v. a. & n. *to write.*
Écrit, e, part. past. *written.*
Écrit, s. m. *writing.*
Écriture, s. f. *writing, scripture.* Écritures, *scriptures.*
Écrivain, s. m. *writer.*
s' Écrouler, v. r. *to fall down, to be fallen down.*
Écueil, s. m. *reef, rock.*
Écumant, e, adj. *foaming.*
Écume, s. f. *foam.*
Écumer, v. n. *to foam.*
Écureuil, s. m. *squirrel.*
Écurie, s. f. *stable.*
Écuyer, s. m. *squire.*
Effacer, v. a. *to efface.*
s' Effacer, v. r. *to become effaced.*
Effet, s. m. *effect;* en effet, *in fact.*
Effleurant, part. pres. *touching upon.*

Effleurer, v. a. *to pass lightly over, to graze.*

Effrayant, e, adj. *fearful, frightful.*

Effrayé, e, part. past. *affrighted, aghast.*

Effrayer, v. a. *to affright, to terrify.*

s' Effrayer, v. r. *to be frightened.*

Effroi, s. m. *fright.*

Effroyable, adj. *frightful.*

Égal, e, adj. *equal.*

Également, adv. *equally.*

Égaler, v. a. *to equal.*

Égalité, s. f. *equality.*

Égard, s. m. *regard, respect.*

Égaré, e, part. past. *wandering, lost, distracted.*

Égarer, v. a. *to lead astray.*

s' Égarer, v. r. *to wander, to err, to stray away, to become lost.*

Égayer, v. a. *to enliven, to make gay.*

Église, s. f. *church.*

Égoïsme, s. m. *egotism.*

Egypte, s. f. *Egypt.*

Egyptien, s. m. *Egyptian.*

Eh, int. *oh!*

s' Élancer, v. r. *to spring, to shoot up, to dart.*

Élargi, e, adj. *dilated, enlarged.*

Élasticité, s. f. *elasticity.*

Électricité, s. f. *electricity.*

Elégance, s. f. *elegance.*

Élégant, e, adj. *elegant.*

s' Élevant, part. pres. *rising.*

Élève, s. m. and f. *pupil, scholar.*

Élevé, e, part. past, *elevated, raised.*

Élever, v. a. *to bring up, to raise.*

s' Élever, v. r. *to arise, to rise.*

Élisa, s. f. *Eliza.*

Éloge, s. m. *eulogy, praise.*

s' Éloignant, part. pres. *going away, becoming distant.*

Éloigné, e, part. past, *removed, remote.*

Éloignement, s. m. *distance, estrangement.*

s' Éloigner, v. r. *to withdraw, to go farther off.*

Élysée, s. m. *Elysium.*

Emaillé, e, adj. *enamelled.*

s' Embarquer, v. r. *to embark.*

Embarras, s. m. *embarrassment.*

Embarrassé, e, part. past, *obstructed.*

Embaumé, e, part. past, *embalmed.*

Embelli, e, part. past, *embellished.*

Embellir, v. a. *to embellish, to beautify.*

s' Emboîter, v. r. *to joint, to fit.*

Embouchure, s. f. *mouth,* (of a river,) *conflux.*

Embrasé, e, part. past, *set on fire, inflamed.*

Embrassant, part. past, *embracing.*

Embrasser, v. a. *to embrace.*

Embûche, s. f. *ambush.*

Émeraude, s. f. *emerald.*

Emigré, e, adj. and s. *emigrant.*

Emmener, v. a. *to carry away.*

Emmiellé, e, part. past, *honeyed.*

Émouvoir, v. a. *to move, to stir up.*

s' Emparer, v. r. *to possess one's self of.*

Empêcher, v. a. *to prevent, to hinder.*

Empire, s. m. *empire.*

Emploi, s. m. *employment, office, use.*

Employé, e, part. past, *employed.*

Employer, v. a. *to employ.*

Emporter, v. a. *to carry away;* l'emporter, *to excel.*

Empourpré, e, adj. *purple, empurpled.*

Empreint, e, part. past, *imprinted.*

Empressé, e, adj. *eager, bustling.*

Empressement, s. m. *eagerness, haste.*

s' Empresser, v. r. *to be eager for.*
Emprisonné, e, part. past, *imprisoned.*
Emprunté, e, part. past, *borrowed, assumed.*
Ému, e, part. past, *moved, affected.*
En, prep. *in, as, like.*
En, pron. *of it, of them, from it, from them.*
Encablure, s. f. *cable-length.*
Enceinte, s. m. *inclosure, circuit.*
Encens, s. m. *incense.*
Enchaîné, e, part. past, *chained.*
Enchantement, s. m. *enchantment.*
Enchanter, v. a. *to enchant.*
Enchanteur, m. enchanteresse, f. adj. *enchanting.*
Enclos, s. m. *inclosure.*
Enclos, e, part. past, *inclosed.*
Encore, (also) encor, adv. *yet, again, still, besides.*
Encourager, v. a. *to encourage.*
Encre, s. f. *ink.*
Encrier, s. m. *inkstand.*
Endormi, e, part. past, *at rest, asleep.*
Endormir, v. a. *to cause to sleep.*
s' Endormir, v. r. *to fall to sleep, to sleep.*
Endroit, s. m. *place.*
Energie, s. f. *energy.*
Enfance, s. f. *childhood, infancy.*
Enfant, s. m. and f. *child.*
Enfantin, e, adj. *childish.*
Enfer, s. m. *hell, infernal regions.*
Enfermé, e, part. past, *shut up, inclosed.*
Enfermer, v. a. *to shut up.*
Enfin, adv. *finally, at last.*
Enflammé, e, part. past, *fiery, on fire.*
s' Enflammer, v. r. *to be inflamed.*
Enflé, e, *swelled.*
Enfoncé, e, part. past, *sunk.*
Enfoncer, v. a. *to plunge.*
s' Enfoncer, v. r. *to plunge down.*
s' Enfuir, v. r. *to run away, to fly.*
Enfumé, e, part. past, *smoked, smoky.*
Engager, v. a. *to engage.*
s' Engager, v. r. *to become engaged, to enter.*
Engloutir, v. a. *to swallow up.*
s' Engloutir, v. . *to be swallowed up.*
s' Engouffrer, v. r. *to run in, to be ingulfed.*
Engourdi, e, adj. *torpid, benumbed.*
Engraisser, v. a. *to fatten, to make fat.*
Énigme, s. f. *enigma, riddle.*
Enivré, e, adj. *intoxicated.*
s' Enivrer, v. r. *to become intoxicated.*
Enjouement, s. m. *playfulness.*
Enlacé, e, part. past, *entwined, interlaced.*
Enlever, v. a. *to carry off, to take away.*
Ennemi, s. m. *enemy.*
Ennoblir, v. a. *to ennoble.*
Ennui, s. m. *weariness, sorrow.*
s' Ennuyer, v. r. *to be tired, to be weary.*
Ennuyeux, m. ennuyeuse, f. adj. *tiresome, wearisome.*
s' Enorgueiller, v. r. *to be proud.*
Enorme, adj. *enormous, huge.*
Enormité, s. f. *vastness.*
Enrayer, v. a. and n. *to lock the wheels of.*
Enrichir, v. a. *to enrich.*
Enseigner, v. a. *to teach.*
Ensanglanté, e, part. past, *bloody, made bloody.*
Ensemble, adv. *together.*
Ensemble, s. m. *the whole.*
Ensevelir, v. a. *to shroud, to bury.*

Ensuite, adv. *then, afterwards.*
Entassé, e, part. past, *crowded, heaped.*
Entassement, s. m. *heap, piling up.*
Entasser, v. a. *to heap, to pile up.*
Entendant, part. pres. *hearing.*
Entendre, v. a. *to understand, to hear.*
s' Entendre, v. r. *to be understood.*
Entendu, e, part. past, *heard.*
Enterré, e, part. past, *buried.*
Enterrer, v. a. *to bury.*
Enthousiasme, s. m. *enthusiasm.*
Entier, m. entière, f. adj. *entire.*
en Entier, adv. *entirely.*
Entièrement, adv. *entirely, wholly.*
Entonner, v. a. *to begin singing, to sing.*
à l' Entour, adv. *round about.*
Entourer, v. a. *to surround.*
s' Entourer, v. r. *to surround one's self.*
Entrailles, s. f. *bowels, tender feelings.*
Entraîner, v. a. *to carry away, to draw along.*
Entrant, part. pres. *entering.*
Entravé, e, part. past, *fettered.*
Entraves, s. f. pl. *fetters.*
Entre, d' Entre, prep. *among, between.*
s' Entr'-aider, v. r. *to aid each other.*
Entre-bailler, v. a. *to half-open, to set ajar.*
Entrée, s. f. *entrance, entry.*
Entrelacer, v. a. *to interlace.*
Entremêlé, e, part. past, *intermingled.*
Entreprendre, v. a. *to undertake.*
Entrepris, e, part. past, *undertaken.*
Entreprise, s. f. *enterprise.*
Entrer, v. n. *to enter, to go in.*
Entretenir, v. a. *to maintain, to keep up, to entertain.*
s' Entretenir, v. r. *to keep, to converse with.*
Entretenu, e, part. past, *maintained.*
Entretien, s. m. *conversation, maintenance.*
Entrevoir, v. a. *to see partly, to have a glimpse of.*
Entr' ouvert, e, part. past, *opened in part.*
Entr' ouvrir, v. a. *to open in part.*
Enveloppe, s. f. *envelope.*
Enveloppé, e, part. past, *enveloped.*
Envelopper, v. a. *to envelope.*
Envergure, s. f. *spread of wings.*
Envers, prep. *towards.*
Envie, s. f. *envy, desire.*
Envier, v. a. *to envy.*
Environ, prep. *about.*
Environné, e, part past, *surrounded.*
Environner, v. a. *to surround.*
Environs, s. m. pl. *environs.*
s' Envoler, v. r. *to fly away.*
Envoyer, v. a. *to send.*
Épais, se, adj. *thick.*
Épais, s. m. *thicket.*
Épaisseur, s. f. *thickness, denseness.*
Épaissir, v. a. *to thicken.*
s' Épanouir, v. r. *to bloom, to gladden.*
Épargne, s. f. *parsimony, savings.*
Épargner, v. a. *to save, to spare.*
Éparpiller, v. a. *to scatter.*
Épars, e, adj. *scattered.*
Épaule, s. f. *shoulder.*
Épée, s. f. *sword.*
Éperdu, e, adj. *distracted.*
Éperdument, adv. *desperately.*
Éperon, s. m. *spur.*
Épervier, s. m. *hawk.*
Éphémère, adj. *ephemeral.*
Ephèse, s. f. *Ephesus.*
Épi, s. m. *ear of corn.*

Épiant, part. pres. *spying.*
Épier, v. a. *to watch, to spy out.*
Épilepsie, s. f. *epilepsy.*
Épingle, s. f. *pin.*
Épouse, s. f. *spouse, bride.*
Épousé, e, part. past, *espoused.*
Épouser, v. a. *to espouse.*
Épouvantable, adj. *frightful.*
Épouvanter, v. a. *to frighten, to terrify.*
Époux, s. m. *spouse, husband.*
Épreuve, s. f. *trial.*
Épris, e, adj. *inflamed, smitten.*
Éprouver, v. a. *to prove, to experience.*
Épuisement, s. m. *exhaustion.*
Épuiser, v. a. *to exhaust.*
Équilibre, s. m. *balance.*
Équipage, s. m. *crew, habiliment.*
Erable, s. m. *maple.*
Errant, e, adj. & part. *wandering.*
Errer, v. n. *to wander, to rove, to err.*
Erreur, s. f. *error.*
Escalader, v. a. *to scale, to climb.*
Escalier, s. m. *stair-case, steps, stairs.*
Escamoter, v. a. *to pilfer away.*
Escarpé, e, adj. *steep, cragged.*
Esclave, s. m. & f. *slave.*
Ésope, s. m. *Esop.*
Espagne, s. f. *Spain.*
Espace, s. m. *space.*
Espalier, s. m. *espalier.*
Espèce, s. f. *kind.*
Espérance, s. f. *hope.*
Espérant, part. pres. *hoping.*
Espérer, v. a. *to hope.*
Espion, s. m. *spy.*
Espoir, s. m. *hope.*
Esprit, s. m. *mind, spirit, wit.* esprit-de-vin, *spirit of wine.*
Esquif, s. m. *skiff.*
Essai, s. m. *trial.*
Essaim, s. m. *swarm.*
Essayer, v. a. *to try, to experience.*
Essence, s. f. *essence.*
Essentiel, s. m. *essential, main point.*
Essouflé, e, part. past. *out of breath.*
Essuyer, v. a. *to endure, to wipe away.*
Est, s. m. *east.*
Estime, s. f. *esteem, respect.*
Estimer, v. a. *to estimate, to esteem.*
Estomac, s. m. *stomach.*
Esturgeon, s. m. *sturgeon.*
Et, conj. *and.*
Étable, s. f. *stable.*
Établi, e, part. past, *established.*
Établir, v. a. *to establish, to fix.*
s' Établissant, part. pres. *establishing.*
Établissement, s. m. *establishment.*
Étaler, v. a. *to display.*
Étang, s. m. *pond.*
Étant, part. pres. *being.*
État, s. m. *state, condition, profession.*
États-Unis, *United States.*
Été, s. m. *summer.*
Éteindre, v. a. *to extinguish, to put out.*
s' Éteindre, v. r. *to be extinguished.*
Éteint, e, part. past, *extinguished.*
Étendard, s. m. *standard.*
s' Étendre, v. r. *to extend.*
Étendu, e, *extended.*
Étendue, s. f. *extent.*
Éternel, le, adj. *eternal, perpetual.*
Éterniser, v. a. *to immortalize.*
Étincelant, e, adj. *sparkling.*
Étinceler, v. n. *to sparkle.*
Étincelle, s. f. *spark.*
Étoffe, s. f. *stuff, cloth.*
Étoile, s. f. *star.*
Étoilé, e, adj. *starry.*
Étonnant, e, adj. *astonishing.*

Étonnement, s. m. *astonishment.*
Étonner, v. a. *to astonish.*
s' Étonner, v. r. *to be astonished, to be concerned, to wonder.*
Etouffant, e, adj. *sultry.*
Étouffé, e, part. past, *stifled, choked, suppressed.*
Étouffer, v. a. *to stifle, to suppress.*
Étourdi, e, past. past, *stunned, giddy, confounded.*
Étourdir, v. a. *to stun, to deafen.*
Étourdissant, e, adj. *stunning, astounding.*
Étrange, adj. *strange.*
Étranger, s. m. *stranger.*
Étranger, m. étrangère, f. adj. *foreign, unknown.*
Étranglé, e, part. past, *strangled.*
Étrangler, v. a. *to strangle, to choke.*
Être, v. n. *to be.*
Être, s. m. *being.*
Étroit, e, adj. *close, narrow.*
Étude, s. f. *study.*
Étudier, v. a. *to study.*
Étudié, e, part. past, *studied.*
Étui, s. m. *case.*
Eu, e, part. past, (of avoir) *had.*
Euphrate, s. m. *Euphrates.*
Euripide, s. m. *Euripides.*
Européen, ne, adj. *European.*
Eux, pron. *them, they,* eux-mêmes, *themselves.*
Évangile, s. m. *gospel.*
Évanoui, e, part. past, *in a swoon, vanished away.*
s' Évanouir, v. r. *to vanish away.*
s' Évaporer, v. r. *to evaporate.*
Éveillé, e, part. past, *awake, awakened.*
Éveiller, v. a. *to awaken.*
Événement, s. m. *event.*
Éventail, s. m. *fan.*
Évêque, s. m. *bishop.*
Éviter, v. a. *to avoid.*
Évoquer, v. a. *to raise up.*
Exagérer, v. a. *to exaggerate.*
Exaltation, s. f. *exaltation, pride.*
Exalté, e, part. past, *exalted.*
Examiner, v. a. *to examine.*
Exaucer, v. a. *to hearken to, to hear.*
Excellence, s. f. *excellence,* par excellence, adv. *above all.*
Excepté, prep. *except.*
Excès, s. m. *excess.*
Excessif, m. excessive, f. adj. *excessive.*
Exciter, v. a. *to excite.*
Exclure, v. a. *to exclude.*
Exclusif, m. exclusive, f. adj. *exclusive.*
Excuser, v. a. *to excuse.*
Exécuter, v. a. *to execute.*
Exemple, s. m. *example;* à l'exemple, *after the example.*
Exempt, e, adj. *exempt.*
s' Exempter, v. r. *to be exempt.*
Exerçant, part. pres. *exercising.*
Exercer, v. a. *to exercise.*
s' Exercer, v. r. *to be exercised, to practice.*
Exhaler, v. a. *to exhale, to breathe.*
Exiger, v. a. *to demand, to require.*
Exil, s. m. *exile.*
Exister, v. n. *to exist.*
Expédient, s. m. *expedient.*
Expirer, v. n. *to expire.*
Expliquer, v. a. *to explain.*
Exploré, e, part. past, *examined, explored.*
Explorer, v. a. *to examine, to explore.*
Exposé, e, part. past, *exposed.*
Exposer, v. a. *to expose.*
s' Exposer, v. r. *to expose one's self.*

Exprès, adv. *purposely, for the purpose.*
Exprimer, v. a. *to express.*
Extase, s. f. *ecstacy.*
Extérieur, e, adj. *exterior, outward.*
Extérieur, s. m. *exterior, outside.*
Extraordinaire, adj. *extraordinary.*
Extrémité, s. f. *extremity.*

F.

Façade, s. f. *front.*
Face, s. f. *face,* en face, *in front.*
Facétie, s. f. *facetiousness, humor.*
Fâché, e, adj. *displeased, sorry.*
Facile, adj. *easy.*
Facilement, adv. *easily.*
Facilité, s. f. *facility, ease.*
Façon, s. f. *form, fashion, way,* à la façon, *in the manner.*
Factice, adj. *factitious.*
Faculté, s. f. *faculty.*
Fade, adj. *insipid, dull.*
Fagot, s. m. *fagot.*
Fagotin, s. m. *pug, monkey.*
Faible, adj. *weak, feeble.*
Faiblesse, s. f. *weakness.*
Faim, s. f. *hunger.*
Faire, v. a. *to do, to make.*
se Faire, v. r. *to take place, to be made.*
Faisant, part. pres. *making.*
Fait, s. m. *deed, fact.*
Fait, e, part. past, *made, done, formed.*
Faîte, s. m. *top, summit.*
Faix, s. m. *burden.*
Falaise, s. f. *cliff.*
Falloir, v. imp. *to be necessary.*
Fallu, e, part. past, *been necessary.*
Fameux, m. fameuse, f. adj. *famous.*
Familier, m. familière, f. adj. *familiar.*
Familièrement, adv. *familiarly.*
Famille, s. f. *family.*
Fanatisme, s. m. *fanaticism.*
Fané, e, adj. & part. *withered.*
se Faner, v. r. *to wither, to fade.*
Faneur, m. faneuse, f. s. *haymaker.*
Fanfare, s. f. *flourish of a trumpet.*
Fanfaron, ne, adj. *boastful.*
Fantaisie, s. f. *fancy, humor.*
Fantastique, adj. *fantastic.*
Fantôme, s. m. *phantom.*
Faquir, s. m. *fakir, dervise.*
Farce, s. f. *farce.*
Farine, s. f. *flour.*
Fatalité, s. f. *fatality.*
Fatiguer, v. a. *to fatigue, to tire.*
Fatigue, s. f. *fatigue.*
Faucher, v. a. *to reap.*
Faucille, s. f. *sickle.*
Il Faut, v. imp. *it is necessary, must.*
Faute, s. f. *fault, error.*
Fauteuil, s. m. *arm-chair.*
Fauvette, s. f. *linnet.*
Faux, m. fausse, f. adj. *false, fictitious, counterfeit.*
Faux, s. f. *scythe.*
Faveur, s. f. *favor.*
Favorable, adj. *favorable.*
Favori, s. m. *favorite.*
Favoriser, v. a. *to favor.*
Fécond, e, adj. *fruitful.*
Fécondité, s. f. *fruitfulness.*
Fécule, s. f. *sediment, flour, starch.*
Feindre, v. a. *to pretend, to feign.*
Félicité, s. f. *felicity.*
Femelle, s. f. *female.*
Femme, s. f. *woman, wife.*
Fendant, part. pres. *cleaving.*
Fendre, v. a. & n. *to split, to cleave.*

Fendeur, s. m. *cleaver.*
Fenêtre, s. f. *window.*
Fente, s. f. *cleft, crevice.*
Fer, s. m. *iron.*
Ferme, adj. *firm.*
Fermenter, v. n. *to ferment.*
Fermer, v. a. *to shut, to inclose.*
Fermeté, s. f. *firmness.*
Fermier, s. m. *farmer.*
Fermoir, s. m. *clasp.*
Féroce, adj. *ferocious, fierce, cruel.*
Fertiliser, v. a. *to fertilize.*
Festin, s. m. *feast.*
Feston, s. m. *festoon.*
Fête, s. f. *festival, feast.*
Fêter, v. a. *to celebrate with holiday, to feast.*
Fétu, s. m. *straw.*
Feu, s. m. *fire.*
Feuillage, s. m. *foliage.*
Feuille, s. f. *leaf.*
Feuillée, s. f. *bower..*
Feuillet, s. m. *leaf.*
Fibre, s. f. *fiber.*
Fibreux, m. fibreuse, f. adj. *fibrous.*
Ficelle, s. f. *pack thread.*
Fidèle, adj. *faithful.*
Fidèlement, adj. *faithfully.*
Fidélité, s. f. *fidelity.*
Fiel, s. m. *gall.*
Fier, m. fière, f. adj. *proud, bold.*
Fierté, s. f. *pride, haughtiness.*
Fièvre, s. f. *fever.*
Figure, s. f. *figure, face.*
Figurer, v. a. *to figure, represent.*
Fil, s. m. *thread.*
Filament, s. m. *filament, thread.*
File, s. f. *row, file, train.*
Filer, v. a. *to spin.*
Filet, s. m. *small thread.*
Filial, e, adj. *filial.*
Fille, s. f. *daughter, girl,* petite-fille, *grand-daughter.*
Fils, s. m. *son, child.*
Fin, e, adj. *fine.*
Fin, s. f. *end,* à la fin, *at last.*
Fini, e, part. past, *finished.*
Finir, v. a. *to finish, to end.*
Fixe, adj. *fixed.*
Fixé, e, part. past, *fixed.*
Fixer, v. a. *to fix.*
Flairer, v. a. *to smell.*
Flamant, s. m. *flamingo.*
Flambant, e, adj. *blazing.*
Flambeau, s. m. *flambeau, taper.*
Flamboyer, v. n. *to shine.*
Flamme, s. f. *flame.*
Flanc, s. m. *flank, side.*
Flattant, part. pres. *flattering, fawning upon.*
Flatter, v. a. *to flatter.*
Flatterie, s. f. *flattery.*
Flatteur, s. m. *flatterer.*
Flèche, s. f. *shoot, sprout, arrow.*
Fléchir, v. a. *to bend.*
Flétri, e, part. past, *faded, tarnished.*
Flétrir, v. a. *to tarnish.*
Fleur, s. f. *flower,* à fleur de, *even with,* à fleur de l'eau, *on a level with the water.*
Fleuri, e, part. past, *flowery.*
Fleuve, s. m. *a river.*
Flocon, s. m. *flake, flock.*
Flore, s. f. *Flora.*
Floride, s. f. *Florida.*
Flot, s. m. *wave.*
Flottant, e, adj. *floating.*
Flotte, s. f. *fleet.*
Flotter, v. n. *to float.*
Flux, s. m. *flow, flowing, flux.*
Foi, s. f. *faith.*
Foire, s. f. *fair, market.*
Fois, s. f. *time,* à la fois, *at once.*
Folâtre, adj. *playful.*
Folie, s. f. *folly, foolishness, frenzy.*

Folle, (fem. of fou) *mad, senseless, foolish.*
Fonction, s. f. *duty, office, function.*
Fond, s. m. *bottom, groundwork.*
Fondateur, s. m. *founder.*
Fonder, v. a. *to found.*
Fondre, v. n. *to fall upon.*
Fontaine, s. f. *fountain.*
Force, s. f. *strength,* à force, *by means.*
Forcé, e, part. past, *forced.*
Forcer, v. a. *to force.*
Forêt, s. f. *forest.*
Forge, s. f. *forge.*
Forgeron, s. m. *blacksmith.*
Formant, part. pres. *forming.*
Formé, e, part. past, *formed.*
Forme, s. f. *form.*
Former, v. a. *to form,* se Former, v. r. *to be formed.*
Formule, s. f. *form, formula.*
Fort, adv. *very, very much.*
Fort, e, adj. *strong.*
Fortement, adv. *strongly.*
Fortifier, v. a. *to strengthen.*
Fortuné, e, adj. *fortunate, happy.*
Fosse, s. f. *hole, ditch, grave.*
Fou, m. folle, f. adj. *mad, senseless, foolish.*
Foudre, s. m. & f. *thunder.*
Foudroyer, v. a. *to thunderstrike.*
Fougueux, m. fougueuse, f. adj. *fiery, unruly.*
Fouiller, v. a. *to excavate, to dig, to pry into.*
Foule, adj. *multitude.*
Foulé, e, part. past, *trodden, trod.*
Fouler, v. a. *to tread.*
Fouet, s. m. *whip.*
Fouetter, v. a. *to whip.*
Fourchette, s. f. *fork.*
Fournir, v. a. *to furnish.*
Fourrage, s. m. *fodder, forage.*
Fourrager, v. a. *to forage.*
Fourré, s. m. *thicket, woods.*
Fourré, e, past part. *crowded, dense.*
Fourreau, s. m. *scabbard, case.*
Fourrure, s. f. *fur, fur-lining.*
Foyer, s. m. *hearth, fire.*
Fracas, s. m. *crash, noise.*
Fragilité, s. f. *frailty.*
Frai, s. m. *spawn.*
Fraîcheur, s. f. *freshness, coolness.*
Frais, m. fraîche, f. adj. *fresh.*
Frais, s. m. pl. *expenses, cost.*
Fraise, s. f. *strawberry.*
Français, s. m. *Frenchman.*
Français, adj. *French.*
Franchir, v. a. *to get over, to pass.*
Franchise, s. f. *frankness, freedom.*
Frapper, v. a. *to strike, to knock.*
Frayé, e, part. past, *opened, marked.*
Frein, s. m. *bit, bridle, check.*
Frêle, adj. *frail.*
Frémir, v. n. *to shudder, to murmur.*
Fréquemment, adv. *frequently, often.*
Fréquent, e, adj. *frequent.*
Fréquenté, e, part. past, *frequented.*
Frère, s. m. *brother.*
Fresque, s. f. *fresco-painting.*
Fripon, s. m. *rogue, cheat.*
Frisé, e, part. past, *curled.*
Frissonner, v. n. *to shiver.*
Frivole, adj. *frivolous.*
Frivolité, s. f. *frivolity.*
Froid, s. m. *cold,* adj. *cold.*
Froidement, adv. *coldly.*
Froidure, s. f. *cold.*
Froissement, s. m. *rustling.*
Froisser, v. a. *to rumple, to bruise.*
Fromage, s. m. *cheese.*
Froment, s. m. *wheat.*
Froncer, v. a. *to frown, to contract.*

Front, s. m. *forehead, brow, face.*
Frontière, s. f. *frontier.*
Frotter, v. a. *to rub.*
se Frotter, v. r. *to rub each other, to strike.*
Fructifiant, part. pres. *being fruitful.*
Fruit, s. m. *fruit.*
Fruitier, s. m. *fruit-tree.*
Fugitif, m. fugitive, f. adj. *fugitive.*
Fuir, v. n. *to fly.*
Fumer, v. a. & n. *to smoke.*
Fumée, s. f. *smoke.*
Funèbre, adj. *funereal, dismal.*
Funérailles, s. f. pl. *funeral rites.*
Funeste, adj. *fatal, sad.*
Fureur, s. f. *fury.*
Furie, s. f. *fury.*
Furieux, m. furieuse, f. adj. *furious.*
Futile, adj. *futile, frivolous.*

G.

Gage, s. m. *pledge.*
Gagner, v. a. *to gain, to come over.*
Gai, e, adj. *gay, lively.*
Gaieté, s. f. *gaiety, mirth.*
Gain, s. m. *gain, profit.*
Gaîne, s. f. *sheath, scabbard.*
Gaîté, s. f. *gaiety, good humor.*
Galanterie, s. f. *gallantry.*
Galère, s. f. *galley.*
Galerie, s. f. *gallery.*
Galop, s. m. *gallop.*
Galoper, v. n. *to gallop.*
Galvaniser, v. a. *to galvanize.*
Garanti, e, part. past, *secured, guaranteed.*
Garantir, v. a. *to guarantee, to secure.*
se Gardant, part. pres. *guarding against.*
Garde, s. m. *guard, keeper.*
Carde, s. f. *guard, care;* prendre garde, *to take care, to take heed.*
Garder, v. a. *to guard, to keep.*
Gardien, s. m. *guardian.*
Garni, e, part. past, *furnished.*
Garnison, s. f. *garrison.*
Gascon, s. m. *Gascon.*
Gâté, e, part. past, *spoiled, depraved.*
Gâteau, s. m. *cake.*
Gauche, adj. *left, awkward;* à gauche, adv. *on the left, to the left.*
Gaulois, s. m. *Gaul.*
Gaze, s. f. *gauze.*
Gazon, s. m. *green turf, grass.*
Gazouillement, s. m. *warbling.*
Geai, s. m. *jay.*
Geler, v. a. & n. *to freeze.*
Gémeaux, s. m. pl. *Gemini, twins.*
Gémir, v. n. *to groan.*
Gémissant, part. past, *groaning.*
Gémissement, s. m. *groan.*
Gendre, s. m. *son-in-law.*
Généalogie, s. f. *genealogy, pedigree.*
Gêner, v. a. *to obstruct, to restrain.*
Généralement, adv. *generally.*
Généreusement, adv. *generously.*
Généreux, m. généreuse, f. adj. *generous.*
Générosité, s. f. *generosity.*
Genêt, s. m. *broom, furze.*
Génie, s. m. *genius.*
Génisse, s. f. *heifer.*
Genou, s. m. *knee.*
Genre, s. m. *kind, species.*
Gens, s. m. *people.*
Gentilhomme, s. m. *gentleman.*
Géographie, s. m. *geography.*
Gerbe, s. f. *sheaf.*

Germain, e, adj. cousin germain, *first cousin.*
Germain, e, adj. & s. *German.*
Germanique, adj. *German, Germanic.*
Germer, v. n. *to germinate, to bud.*
Geste, s. m. *gesture, action.*
Gibier, s. m. *game.*
Gigantesque, adj. *gigantic,* s. m. *gigantic size.*
Giraumont, s. m. *pumpkin.*
Giroflée, s. f. *gilly-flower.*
Giroflier, s. m. *clove-tree.*
Gîte, s. m. *lair, lodging.*
Glaçant, part. pres. *freezing.*
Glace, s. f. *ice.*
Glacé, e, *icy, chilling, frozen.*
Glacer, v. a. *to freeze.*
Glacial, adj. *frozen, icy.*
Glacier, s. m. *glacier.*
Glaçon, s. m. *piece of ice, mass of ice.*
Glaneur, s. m. *gleaner.*
Glapissant, e, adj. *yelping, cackling.*
Glissant, e, adj. *slippery.*
Glisser, v. n. *to glide.*
Globule, s. m. *globule.*
Gloire, s. f. *glory.*
Glorieux, m. glorieuse, f. adj. *glorious.*
Glorifier, v. a. *to glorify.*
Gluau, s. m. *lime-twig.*
Golfe, s. m. *gulf.*
Gommier, s. m. *resinous plant.*
Gondole, s. f. *gondola.*
Gonfler, v. n. *to swell.*
se Gonfler, v. r. *to swell, to be swollen.*
Gorge, s. f. *throat.*
Gosier, s. m. *throat, windpipe, strain.*
Gothique, adj. *gothic.*
Gouffre, s. m. *abyss.*
Goût, s. m. *taste.*
Goûter, v. a. *to taste.*
Goutte, s. f. *gout, drop.*
Gouvernement, s. m. *government.*
Gouverner, v. a. *to rule, to govern.*
Gouverneur, s. m. *governor.*
Grâce, s. f. *favor, pardon, grace, thanks.*
Gracieux, m. gracieuse, f. adv. *graceful, gracious.*
Grade, s. m. *rank, degree.*
Gradins, s. m. pl. *rising seats.*
Gradus, s. m. *gradus, dictionary of prosody.*
Grain, s. m. *corn, grain, kernel.*
Graine, s. f. *seed.*
Graisse, s. f. *fat, grease.*
Graminées, s. f. pl. *grasses.*
Grand, e, adj. *great, large, tall, abundant.*
Grandeur, s. f. *greatness, grandeur, length.*
Grandir, v. n. *to grow, to increase.*
Grange, s. f. *barn.*
Grappe, s. f. *bunch of grapes, cluster.*
Gras, se, adj. *fat.*
Gratant, part. pres. *scratching.*
Gravement, adv. *gravely.*
Graver, v. a. *to engrave.*
Gravier, s. m. *gravel.*
Gravissant, part. pres. *climbing.*
Gravure, s. f. *engraving, cut.*
Grec, s. m. *Greek.*
Grec, m. grecque, f. adj. *Greek.*
Grèce, s. f. *Greece.*
Greffe, s. f. *graft.*
Greffé, e, part. past, *grafted.*
Grêle, adj. *slender, thin.*
Grenade, s. f. *pomegranate.*
Grève, s. f. *strand.*
Griffe, s. f. *claw, fang.*
Grimace, s. f. *grimace.*
Grimper, v. n. *to climb.*

Gris, e, adj. *gray.*
Grisâtre, adj. *grayish.*
Grondant, part. pres. *muttering, growling.*
Gronder, v. n. & a. *to growl, to mutter, to scold.*
Gros, m. grosse, f. adj. *big, large,* en gros, *by wholesale.*
Grosseur, s. f. *bigness, size.*
Grossier, m. grossière, f. adj. *coarse, clumsy.*
Grossir, v. n. & a. *to grow bigger, to increase.*
Grossissant, part. pres. *enlarging.*
Grotesque, adj. *grotesque.*
Grotte, s. f. *grotto, cave.*
Groupe, s. m. *group.*
Groupé, e, part. past, *grouped.*
Gué, s. m. *ford,* à gué, *by fording.*
Guèbre, s. m. *Gueber, (fire worshipper.)*
Guère, adv. *but little, seldom.*
Guéridon, s. m. *stand.*
Guérir, v. a. *to cure.*
Guerre, s. f. *war.*
Guerrier, m. guerrière, f. adj. *warlike.*
Guerrier, s. m. *warrior.*
Gueule, s. f. *mouth, jaws.*
Gueux, s. m. *beggar.*
Guide, s. m. *guide.*
Guidé, e, part. past, *conducted.*
Guider, v. a. *to guide, to conduct.*
Guillotine, s. f. *guillotine.*
Guinée, s. f. *guinea.*
Guirlande, s. f. *garland.*

H.

Habile, adj. *able.*
Habileté, s. f. *skill.*
Habillement, s. m. *clothing.*
Habiller, v. a. *to dress.*
Habit, s. m. *dress, coat.*
Habitant, s. m. *inhabitant.*
Habiter, v. a. *to inhabit.*
Habitude, s. f. *habit.*
Habituel, le, adj. *habitual.*
Hache, s. f. *hatchet, axe.*
Haie, s. f. *hedge.*
Haine, s. f. *hate, hatred.*
Haïr, v. a. *to hate.*
Hâlé, part. past, *tanned, swarthy.*
Haleine, s. f. *breath,* en haleine, *in breathing from exercise.*
Haletant, adj. and part. pres. *panting.*
Hameau, s. m. *hamlet.*
Harangueur, s. m. *speaker, haranguer.*
Hardi, e, adj. *bold, hardy.*
Hardiesse, s. f. *boldness, hardihood.*
Hareng, s. m. *herring.*
Harmonie, s. f. *harmony.*
Harmonieux, m. harmonieuse, f. adj. *harmonious.*
Hasard, s. m. *chance,* par hasard, *accidentally.*
Hasarder, v. a. *to risk, to hazard.*
Hâte, s. f. *haste,* à la hâte, *in haste.*
se Hâter, v. r. *to make haste.*
Hausser, v. a. *to raise, to shrug.*
Haut, e, *high, tall.*
Haut, s. m. *top, height.*
en Haut, adv. *above, up stairs, at the top.*
là-Haut, *above;* tout haut, *aloud.*
Hauteur, s. f. *height, pride.*
Hé, int. *ho! ah!*
Hébraïque, adj. *Hebrew.*
Hébreu, s. m. *Hebrew.*
Hébreux, s. m. pl. *Hebrews.*
Hélas! int. *alas!*
Hennir, v. n. *to neigh.*
Hennisant, part. pres. *neighing.*

Hennissement, s. m. *neighing.*
Henri, s. m. *Henry.*
Héraut s. m. *herald.*
Herbe, s. f. *herb grass.*
Hercule, s. m. *Hercules.*
Hérissé, e, part. and adj. *bristled, rough.*
Héritage, s. m. *heritage.*
Héritier, s. m. *heir.*
Héro, s. m. *hero.*
Héroique, adj. *heroic.*
Heure, s. f. *hour, o'clock.*
de bonne heure, *early.*
tout à l' heure, *presently.*
Heureusement, adv. *happily.*
Heureux, m. heureuse, f. adj. *happy.*
Hibou, s. m. *owl.*
Hideux, m. hideuse, f. adj. *hideous.*
Hippopotame, s. m. *hippopotamus.*
Histoire, s. f. *history, story.*
Historien, s. m. *historian.*
Historiette, s. f. *little story.*
Historiographe, s. m. *writer of history.*
Hiver, s. m. *winter.*
Homère, s. m. *Homer.*
Hommage, s. m. *homage.*
Homme, s. m. *man.*
Honnête, adj. *honest.*
Honneur, s. m. *honor.*
Honorer, v. a. *to honor.*
Honte, s. f. *shame.*
Honteux, m. honteuse, f. adj. *shameful, ashamed.*
Horreur, s. f. *horror.*
Hors, prep. *out, except.*
Hospitalité, s. f. *hospitality.*
Hôte, s. m. *host, guest, tenant.*
Hôtel, s. m. *mansion;* maître d' hôtel, *steward, major-domo.*
Hottée, s. f. *basket-full.*
Housse, s. f. *housing.*
Huile, s. f. *oil.*
Huissier, s. m. *door-keeper.*
Huit, num. adj. *eight.*
Huitième, adj. *eighth.*
Huitre, s. f. *oyster.*
Hulotte, s. f. *owl.*
Humain, e, adj. *humane, human.*
Humanité, s. f. *humanity.*
Humblement, adv. *humbly.*
Humeur, s. f. *humor, ill-humor.*
Humide, adj. *humid, moist.*
Humiliant, e, adj. *humiliating.*
Humilié, e, part. past, *humiliated.*
Hune, s. f. *top,* (of a mast.)
Hurlant, part. pres. *howling.*
Hurlement, s. m. *howl, howling.*
à la Hussarde, adv. *like the hussars.*
Hutte, s. f. *hut.*
Hydre, s. f. *hydra.*
Hymen, s. m. *Hymen, marriage.*
Hymne, s. m. and f. *hymn.*

I.

Ichthyophage, s. m. *fish-eater.*
Ici, adv. *here.*
Idéal, e, *ideal.*
Idée, s. f. *idea.*
Idolâtre, s. m. and f. *idolater.*
Ignorant, e, s. *ignorant one, ignoramus.*
Ignoré, e, adj. *unknown.*
Ignorer, v. a. *to be ignorant of.*
Il, pron. *he, it.*
Île, s. f. *isle, island.*
Illimité, e, adj. *unlimited.*
Illustre, adj. *illustrious.*
Îlot, s. m. *islet, small island.*
Ils, pron. *they.*
Imaginer, v. a. *to imagine.*
Iman, s. m. *Iman,* (a Mahometan priest.)
Imbécile, adj. and s. *imbecile, fool.*
s' Imbiber, v. r. *to imbibe.*
Imiter, v. a. *to imitate.*

Immédiatement, adv. *immediately.*
Immense, adj. *immense.*
Immensité, s. f. *immensity.*
Immobile, adj. *immoveable.*
Immodéré, adj. *immoderate.*
Immondices, s. f. pl. *impurities, filth.*
Impassible, adj. *impassive, insensible.*
Impénétrable, adj. *impenetrable.*
Imperceptiblement, adv. *imperceptibly.*
Impérial, e, adj. *imperial.*
Impérissable, adj. *imperishable.*
Impétueux, m. impétueuse, f. *impetuous.*
Impétuosité, s. f. *impetuosity.*
Impiété, s. f. *impiety.*
Impitoyable, adj. *unmerciful.*
Implorer, v. a. *to implore.*
Impoli, e, adj. *impolite.*
Importer, v. n. *to import, to matter.*
Importun, s. m. *tiresome person.*
Importun, e, adj. *tiresome.*
Importuner, v. a. *to incommode, to importune.*
Imposant, e, adj. *imposing.*
en Imposer, v. n. *to impose on.*
Imprévu, e, adj. *unforeseen.*
Imprimer, v. a. *to impress, to imprint.*
Imprimeur, s. m. *printer.*
à l' Improviste, adv. *on a sudden.*
Imprudemment, adv. *imprudently.*
Imprudent, e, adj. *imprudent.*
Impuissant, e, adj. *impotent, weak.*
Inaltérable, adj. *unchangeable.*
Inattendu, e, adj. *unexpected.*
Incendie, s. m. *fire, burning.*
Incertain, e, adj. *uncertain.*
Incliné, e, adj. *inclined.*
Incliner, v. a. *to incline.*
Incommoder, v. a. *to incommode.*
Incomparablement, adv. *incomparably.*
Inconcevable, adj. *inconceivable.*
Inconnu, e, adj. *unknown.*
Inconsidéré, e, adj. *inconsiderate.*
Inconstance, s. f. *change, inconstancy.*
Inconstant, e, adj. *inconstant, fickle.*
Incorporel, le, adj. *incorporeal.*
Incrédule, adj. *incredulous.*
Incroyable, adj. *incredible.*
Inde, s. f. *India;* Indes-Occidentales, *West Indies.*
Indéfinissable, adj. *indefinable.*
Indépendance, s. f. *independence.*
Indépendant, e, adj. *independent.*
Index, s. m. *index, fore-finger.*
Indice, s. m. *indication.*
Indien, ne, adj. *Indian.*
Indien, s. m. *Indian.*
Indifféremment, adv. *indiscriminately.*
Indifférent, e, adj. and s. *indifferent.*
Indignement, adv. *unworthily.*
s' Indigner, v. r. *to be indignant.*
Indiquer, v. a. *to indicate, to show.*
Indiscret, m. indiscrète, f. adj. *indiscreet.*
Individu, s. m. *individual.*
Indomptable, adj. *untameable.*
Industrie, s. f. *skill, industry, art.*
Industrieux, m. industrieuse, f. adj. *industrious.*
Ineffaçable, adj. *indelible.*
Inégal, e, adj. *unequal.*
Inégalité, s. f. *inequality.*
Inévitable, adj. *inevitable, unavoidable.*
Inexprimable, adj. *inexpressible.*
Infailliblement, adv. *infallibly.*
Infecté, e, part. past, *infected.*
Inférieur, e, adj. *inferior, lower.*
Infesté, e, part. past, *infested.*

Infidèle, adj. *faithless, false.*
Infini, e, adj. *infinite;* à l'infini, *infinitely.*
Infinité, s. f. *infinity, vast-deal.*
Infirme, adj. *infirm.*
Inflexible, adj. *inflexible, hard-hearted.*
Influer, v. n. *to influence, to have an influence.*
Informe, adj. *unformed, misshapen.*
Informer, v. a. *to inform.*
Infortuné, e, adj. *unfortunate.*
Infortune, s. f. *misfortune.*
Ingénu, e, adj. *frank, ingenuous.*
Ingrat, e, adj. *ungrateful.*
Inhabité, e, adj. *uninhabited.*
Inhumain, e, adj. *inhuman.*
Inhumanité, s. f. *inhumanity.*
Inintelligible, adj. *unintelligible.*
Initié, e, part. past, *initiated.*
Injure, s. f. *injury, insult, abuse.*
Injuste, adj. *unjust.*
Injustice, s. f. *injustice, wrong.*
Innocent, e, adj. *innocent.*
Inonder, v. a. *to overflow, to deluge.*
Inouï, e, adj. *unheard of.*
Inquiet, m. inquiète, f. adj. *restless, unquiet.*
Inquiéter, v. a. *to disquiet.*
Inquiétude, s. f. *anxiety.*
Inquisiteur, s. m. *inquisitor.*
Insaisissable, adj. *unseizable, imperceptible.*
Insecte, s. m. *insect.*
Insensé, e, adj. *senseless, mad.*
Insigne, s. m. *ensign.*
Inspiré, e, part. past, *inspired.*
Inspirer, v. a. *to inspire.*
Instant, s. m. *moment, instant.*
Instituteur, s. m. *tutor, teacher.*
Institutrice, s. f. *instructress.*
Instructif, m. instructive, f. adj. *instructive.*
Instruire, v. a. *to instruct.*
s'Instruire, v. r. *to learn, to instruct one's self.*
Instruit, e, part. past, *informed.*
Insuffisant, e, adj. *insufficient.*
Insulte, s. f. *insult.*
Insulter, v. a. *to insult.*
Intarissable, adj. *inexhaustible.*
Intempérant, e, adj. *intemperate.*
Interdire, v. a. *to prohibit.*
Interdit, e, part. past, *prohibited.*
Intéressant, e, adj. *interesting.*
Intéresser, v. a. *to interest.*
Intérêt, s. m. *interest.*
Intérieur, e, adj. *interior, inner part.*
Interlocuteur, s. m. *interlocutor.*
Intermédiaire, adj. *intermediate.*
Interposé, e, part. past, *interposed.*
Interprété, e, part. past, *interpreted.*
Interroger, v. a. *to interrogate.*
Interrompre, v. a. *to interrupt.*
Interrompu, e, part. past, *interrupted.*
Intervalle, s. m. *interval.*
Intime, adj. *intimate.*
Intrépidité, s. f. *intrepidity.*
Introduire, v. a. *to introduce.*
Introduit, e, part. past, *introduced.*
Inutile, adj. *useless.*
Inutilité, s. f. *uselessness.*
Inventant, part. pres. *inventing.*
Inventer, v. a. *to invent.*
Inviter, v. a. *to invite.*
Invoquer, v. a. *to invoke.*
Iolof, s. m. *Iolof, negro of Senegal.*
Iris, s. f. *iris, rainbow.*
Ironique, adj. *ironical.*
Ironiquement, adv. *ironically*
Irrégulier, m. irrégulière, f. adj. *irregular.*
Irréprochable, adj. *irreproachable.*
Irrité, e, part. past, *irritated.*
Irriter, v. r. *to become irritated.*
Isaïe, s. m. *Isaiah.*

Isis, s. *Isis.*
Islande, s. f. *Iceland.*
Isolé, e, adj. and part. past, *solitary, isolated.*
Issue, s. f. *outlet, egress.*
Italie, s. f. *Italy.*
Ivoire, s. m. *ivory.*

J.

Jadis, adv. *of old, formerly.*
Jaillir, v. a. *to burst out, to gush out.*
Jalousie, s. f. *jealousy, envy.*
Jaloux, m. jalouse, f. adj. *jealous,*
Jamais, adv. ne jamais, *never.*
à jamais, *forever.*
Jambe, s. f. *leg.*
Jardin, s. m. *garden.*
Jardinier, s. m. *gardener.*
Jaseur, m. jaseuse, f. *chatterer.*
Jasmin, s. m. *jessamine.*
Jaunâtre, adj. *yellowish.*
Jaune, adj. *yellow.*
Jaunissant, e, adj. *turning yellow.*
Javelot, s. m. *dart, javelin.*
Je, pron. *I.*
Jean, s. m. *John.*
Jeanne, s. f. *Joanna.*
Jet, s. m. *spout, jet.*
Jetant, part. pres. *casting.*
Jeter, v. a. *to throw, to cast.*
Jeu, s. m. *play, game, gaming.*
à Jeun, adv. *fasting, without eating.*
Jeune, adj. *young.*
Jeunesse, s. f. *youth.*
Joailler, s. m. *jeweller.*
Joie, s. f. *joy.*
Joindre, v. a. *to join.*
Joint, e, part. past, *joined.*
Joli, e, adj. *pretty.*
Joncher, v. a. *to strew.*
Joue, s. f. *cheek.*
Joué, e, part. past, *played.*
se Jouer, v. r. *to sport, to play.*
Jouet, s. m. *toy, plaything.*
Joueur, s. m. *player.*
Joug, s. m. *yoke.*
Jouir, v. n. *to enjoy, to possess.*
Jouissance, s. f. *enjoyment.*
Jour, s. m. *day, light, life.*
Journal, s. m. *journal.*
Journée, s. f. *day.*
Juge, s. m. *judge.*
Jugement, s. m. *judgement.*
Juger, v. a. and n. *to judge.*
Juin, s. m. *June.*
Junon, s. f. *Juno.*
Jupon, s. m. *petticoat, dress.*
Jurer, v. a. and n. *to swear.*
Jus, s. m. *juice.*
Jusque, prep. *till, until, to.*
jusqu' ici, *until now, hitherto.*
jusqu' à ce que, *until.*
Juste, adj. *just.*
Justesse, s. f. *justness, correctness.*

K.

Khan, s. m. *Khan.*

L.

L' for *le* or *la*, which see.
Là, adv. *there, thither;* là-bas, *there below;* par là, *by that.*
La, art. fem. *the;* pron. *her, it.*
Laboratoire, s. m. *laboratory.*
Laborieux, m. adj. laborieuse, f. *laborious.*
Labour, s. m. *plowing.*
Labourage, s. m. *tillage.*

Labourer, v. a. *to plow.*
Laboureur, s. m. *plowman.*
Labyrinthe, s. m. *labyrinth.*
Lac, s. m. *lake.*
Lâche, adj. *base, loose.*
Lâcher, v. a. *to loose, to let loose.*
Lâcheté, s. f. *cowardice, baseness.*
Laine, s. f. *wool.*
Laissant, part. pres. *letting, having.*
Laissé, part. past, *left.*
Laisser, v. a. *to let, to leave, to allow.*
Lait, s. m. *milk.*
Laitage, s. m. *milk-food.*
Lambeau, s. m. *rag, fragment.*
Lame, s. f. *thin plate, surge.*
Lamenter, v. a. n. or r. *to lament.*
se Lamenter, v. r. *to lament.*
Lampe, s. f. *lamp.*
Lance, s. f. *lance.*
Lancer, v. a. *to dart, to throw.*
Lande, s. f. *uncultivated land.*
Langage, s. m. *language.*
Langue, s. f. *tongue, language.*
Langueur, s. f. *languor.*
Languir, v. n. *to languish.*
Languissant, e, adj. *languishing.*
Laponie, s. f. *Lapland.*
Laquais, s. m. *lackey, footman.*
Lard, s. m. *fat, blubber* (of whales.)
Laquelle, pron. rel. *which.*
Large, adj. *wide.*
Large, s. m. *high sea;* au large, *out at sea.*
Largeur, s. f. *breadth.*
Larme, s. f. *tear.*
Lasser, v. a. *to weary, to tire.*
Lassitude, s. f. *lassitude, weariness.*
Latanier, s. m. *macair-tree, latanier.*
Latéral. e, adj. *lateral, side.*
Latin, adj. *Latin.*
Laurier, s. m. *laurel.*
Lave, s. f. *lava.*
Laver, v. a. *to wash.*
Le, art. mas. *the;* pron. *him, it.*
Lécher, v. a. *to lick.*
Leçon, s. f. *lesson.*
Lecture, s. f. *reading.*
Léger, m. légère, f. adj. *light, slight.*
Légèrement, adv. *lightly.*
Légèreté, s. f. *lightness.*
Législateur, s. m. *legislator, lawgiver.*
Légitime, adj. *legitimate.*
Légitemement, adv. *lawfully.*
Légume, s. m. *legume, greens, vegetables.*
Lendemain, s. m. *next day, morrow.*
Lent, e, adj. *slow.*
Lentement, adv. *slowly.*
Lenteur, s. f. *slowness.*
Lequel, pron. rel. *which, which one, whom.*
Lerne, s. f. *Lerna.*
Les, art. pl. *the;* pron. *them.*
Leste, adj. *light, nimble.*
Lettre, s. f. *letter.*
Leur, *them, their, to them, from them.*
Levant, part. pres. *raising up.*
Lever, v. a. *to raise, to remove.*
se Lever, v. r. *to rise, to get up.*
Lever, s. m. *rising.*
Levier, s. m. *lever.*
Lèvre, s. f. *lip.*
Lézard, s. m. *lizard.*
Liaison, s. f. *joining, intimacy.*
Liane, s. f. *weed, vine.*
Libéralité, s. f. *liberality.*
Libérateur, s. m. *liberator.*
Liberté, s. f. *liberty*
Libre, adj. *free.*
Libye, *a country of Africa, Libia.*
Lice, s. f. *list, field.*

Licence, s. f. *license, licentiousness.*
Licorne, s. f. *unicorn.*
Lié, e, part. past, *bound, bound together.*
Liège, s. m. *cork.*
Lier, v. a. *to bind.*
se Lier, v. r. *to become attached.*
Lierre, s. m. *ivy.*
Lieu, s. m. *place.*
Lieue, s. f. *league.*
Ligne, s. f. *line.*
Ligneux, m. ligneuse, f. adj. *woody.*
Lilas, s. m. *lilac.*
Limite, s. f. *limit.*
Limon, s. m. *slime, ooze.*
Limoneux, m. limoneuse, f. *muddy.*
Limpide, adj. *clear, limpid.*
Lin, s. m. *flax, lint, linen.*
Linge, s. m. *linen.*
Lion, s. m. *lion.*
Liqueur, s. f. *liquor.*
Lire, v. a. *to read.*
Lisières, s. f. pl. *borders.*
Lit, s. m. *bed.*
Littéraire, adj. *literary.*
Livide, adj. *livid, black.*
Livre, s. m. *book.*
Livre, s. f. *pound.*
Livrer, v. a. *to deliver.*
Loger, v. n. *to lodge.*
Logis, s. m. *house, lodging.*
Loi, s. f. *law.*
Loin, adv. *far;* au loin, *far off.*
Lointain, e, adj. *distant, far off.*
Loisir, s. m. *leisure.*
Londres, s. m. *London.*
Long, ue, adj. *long.*
Long, s. m. *length.*
le long de, prep. *along.*
au long, *along.*
Long-temps, adv. *long, for a long time.*
Longueur, s. f. *length.*
Lord, s. m. *lord.*
Lors même que, *even when.*
Lorsque, conj. *when.*
Lot, s. m. *lot, portion.*
Louable, adj. *laudable.*
Louange, s. f. *praise.*
Louer, v. a. *to hire, to let.*
Louer, v. a. *to praise.*
Loup, s. m. *wolf.*
Lourd, e, adj. *heavy.*
Lourdement, adv. *heavily.*
Louvetier, s. m. (public) *wolf-hunter.*
Louvre, s. m. *the Louvre.*
Lu, e, part. past, *read.*
Lueur, s. f *glimmer, light.*
Lugubre, adj. *doleful.*
Lui, pron. *he, him, to him, to her, to it;* lui-même, *himself.*
Luire, v. n. *to shine, to gleam, to glitter.*
Lumière, s. f. *light.*
Lumineux, m. lumineuse, f. adj. *luminous.*
Lundi, s. m. *Monday.*
Lune, s. f. *moon.*
Lunettes, s. f. pl. *spectacles.*
Lusitanique, adj. *Portuguese.*
Lustré, e, part. past, *glossy.*
Lustre, s. m. *lustre, splendor.*
Lutte, s. f. *struggle, wrestling.*
Lutter, v. n. *to struggle, to wrestle.*
Luxe, s. m. *luxury.*
Lys, *also* lis, s. m. *lily.*

M.

M., contracted for *Monsieur.*
Mâchoire, s. f. *jaw.*
Madame, s. f. *madam.*
Mademoiselle, s. f. *miss.*
Mages, s. m. pl. *magi, wise men.*

Magicien, s. m. *magician.*
Magie, s. f. *magic.*
Magistrat, s. m. *magistrate.*
Magistrature, s. f. *magistracy.*
Magnanimité, s. f. *magnanimity.*
Magnifique, adj. *magnificent.*
Magnifiquement, adv. *magnificently.*
Mai, s. m. *May.*
Maigre, adj. *lean, thin.*
Main, s. f. *hand;* à la main, *in hand.*
Maintenant, adv. *now.*
Maintenu, e, part. past. *maintained.*
Maintien, s. m. *deportment, support.*
Maïs, s. m. *Indian-corn, maize.*
Mais, conj. *but.*
Maison, s. f. *house.*
Maître, s. m. *master.*
Maîtresse, s. f. *mistress.*
Maîtriser, v. a. *to master.*
Majesté, s. f. *majesty.*
Majestueux, m. majestueuse, f. adj. *majestic.*
Mal, adv. *badly, ill.*
Mal, s. m. *evil, disease;* pl. maux.
Malabar, e, adj. *of Malabar.*
Malade, adj. and s. *sick, sick person.*
Mâle, s. m. *male.*
Malgré, prep. *in spite of, notwithstanding.*
Maheur, s. m. *misfortune, evil.*
Malheureux, m. malheureuse, f. adj. *unhappy.*
Malheureux, s. m. *wretch, unfortunate one.*
Malice, s. f. *malice.*
Malin, m. maligne, f. adj. *malicious, roguish, teasing.*
Malpropre, adj. *slovenly, unclean.*
Maman, s. f. *mama, mamma.*
Mamelle, s. f. *breast, teat.*
Mameluk, s. m. *Mameluke.*
Manche, s. f. *sleeve, British Channel.*
Mander, v. a. *to write word, to write, to send for.*
Manège, s. m. *horsemanship.*
Manger, v. a. *to eat.*
Manger, s. m. *food.*
Mangle, s. m. *manglier, mangrove-tree.*
Mangue, s. f. *mango.*
Manier, v. a. *to handle, to manage.*
Manière, s. f. *manner, way.*
de manière, *in such a way.*
Manifeste, adj. *manifest.*
Manifestement, adv. *manifestly.*
Manifester, v. a. *to manifest.*
Manioc, s. m. *manioc.*
Manoir, s. m. *manor, mansion.*
Manquer, v. n. *to fail.*
Manteau, s. m. *cloak.*
Mantille, s. f. *a woman's mantle.*
Manuscrit, s. m. *manuscript.*
Maquereau, s. m. *mackerel.*
Marais, s. m. *marsh.*
Marbre, s. m. *marble.*
Marchand, s. m. *merchant;* marchand en gros, *wholesale dealer.*
Marchant, part. pres. *walking.*
Marche, s. f. *walk, walking, march.*
Marché, s. m. *market, bargain.*
Marcher, v. n. *to walk, to go.*
Marécage, s. m. *swamp, fen.*
Marécageux, m. marécageuse, f. adj. *marshy, fenny.*
Maréchal, s. m. *marshal;* maréchal-de-camp, *lieutenant-general.*
Marguerite, s. f. *Margaret.*
Mari, s. m. *husband.*
Mariage, s. m. *marriage.*
Marie, s. f. *Mary.*
Marier, v. a. *to marry.*
se Marier, v. r. *to be married.*

Marin, e, adj. *marine, of the sea.*
Marine, s. f. *sea affairs, navy.*
Marque, s. f. *mark.*
Marquer, v. a. *to mark, to show.*
Marquis, s. m. *marquis.*
Marquisat, s. m. *marquisate.*
Marron, ne, adj. *fugitive, runaway.*
Marronnier, s. m. *chestnut-tree, (of a large kind of fruit.)*
Marsouin, s. m. *porpoise, sea-hog.*
Martial, e, adj. *martial.*
Martyre, s. m. *martyrdom.*
Martyrisé, e, part. past, *made to suffer martyrdom.*
Masque, s. m. *mask.*
Masquer, v. a. *to mask, to conceal, to cover.*
Massacrer, v. a. *to massacre.*
Masse, s. f. *mass, lump.*
Mât, s. m. *mast;* mât de hune, *topmast.*
Matelas, s. m. *mattress.*
Matelot, s. m. *sailor.*
Matériaux, s. m. pl. *materials.*
Maternel, le, adj. *maternal.*
Matière, s. f. *material.*
Matin, s. m. *morning;* le matin, *in the morning.*
Matrone, s. f. *matron.*
Maudire, v. a. *to curse.*
Maudit, e, adj. *cursed.*
Maure, s. m. *Moor.*
Mauvais, e, adj. *bad.*
Maux, pl. (of *mal*) *evils.*
Maxime, s. f. *maxim.*
Mécanique, s. f. *mechanics.*
Méchant, e, adj. *wicked.*
Mèche de cheveux, *lock of hair.*
Mécontent, e, adj. *dissatisfied.*
Médecin, s. m. *physician.*
Médiatement, adv. *mediately.*
Médiocre, adj. *middling, ordinary.*
Médiocrité, s. f. *mediocrity.*
Méditer, v. a. and n. *to meditate, to consider.*
Méditerrannée, adj. *inland, Mediterranean.*
Meilleur, e, adj. *better,* (with art,) *best.*
Mélancolie, s. m. *melancholy.*
Mélancolique, adj. *melancholy.*
Mélange, s. m. *mixture.*
Mélodie, s. f. *melody.*
Mélodieux, m. mélodieuse, f. adj. *melodious.*
Mêlé, e, part. past, *mixed, mingled;* se mêler, v. r. *to mingle, to become mingled.*
Même, *same, self, even;* de même, *in the same manner.*
Mémoire, s. m. *memorial;* pl. *memoirs.*
Mémoire, s. f. *memory.*
Menaçant, e, adj. *threatening.*
Menace, s. f. *threat.*
Menacer, v. a. *to threaten.*
Ménage, s. m. *housekeeping.*
Ménager, v. a. *to husband.*
Ménagerie, s. f. *menagerie.*
Mendiant, s. m. *beggar.*
Mener, v. a. *to conduct, to lead, to bring.*
Mensonge, s. m. *falsehood, lie.*
Mensonger, m. mensongère, f. adj. *deceitful.*
Menteur, m. menteuse, f. adj. *false, lying.*
Mentir, v. n. *to lie.*
Menu, e, adj, *small, minute.*
Mépris, s. m. *contempt.*
Mépriser, v. a. *to despise.*
Mer, s. f. *the sea.*
Mercure, s. m. *Mercury.*
Mère, s. f. *mother.*
Méridional, e, adj. *southern.*
Mérinos, s. m. *Spanish sheep.*
Mérite, s. m. *merit.*

Mériter, v. a. *to merit.*
Merle, s. m. *black-bird.*
Merveille, s. f. *wonder;* à merveille, *admirably.*
Merveilleux, m. merveilleuse, f. adj. *wonderful.*
Mes, adj. (plu. of mon) *my.*
Messe, s. f. *mass.*
Messieurs, s. m. plu. *gentlemen, sirs.*
Mesure, s. f. *measure;* à mesure que, *in proportion as.*
Mesurer, v. a. *to measure.*
Métairie, s. f. *establishment, farm.*
Métal, s. m. *metal.*
Mets, s. m. *dish.*
Mettre, v. a. *to put, to place, to put on.*
Meuble, s. m. *furniture.*
Meuglement, s. m. *bellowing.*
Meurtri, e, part. past, *bruised.*
Meurtrier, s. m. *murderer.*
Meurtrière, s. f. *murderess.*
Miche, s. f. *loaf.*
Midi, s. m. *south, noon, mid-day.*
Miel, s. m. *honey.*
Mieux, adv. *better;* le mieux, *the best.*
Mil, s. m. *millet.*
Milieu, s. m. *middle, midst;* au milieu, *in the midst.*
Militaire, adj. and s. *military, soldier.*
Mille, num. adj. *a thousand.*
Millier, s. m. *thousand.*
Million, s. m. *million.*
Milon, s. m. *Milo.*
Mince, adj. *slender, thin.*
Mine, s. f. *mine, ore, look;* mine d' argent, *silver ore.*
Miner, v. a. *to mine.*
Minéral, s. m. *mineral.*
Mineur, s. m. *miner.*
Minuit, s. m. *midnight.*
Ministre, s. m. *minister, servant.*
Miracle, s. m. *miracle.*
Miraculeux, m. miraculeuse, f. adj. *miraculous.*
Mire, s. f. *aim,* coin de mire, *aiming-wedge.*
Mirza, s. m. *mirza.*
Mirzasse, s. f. *a female of the rank of a mirza.*
Mis, e, part. past, (of mettre,) *put, set.*
Misérable, adj. *miserable.*
Misérable, s. m. *wretch.*
Misérablement, adv. *miserably.*
Misère, s. f. *misery.*
Miséricorde, s. f. *mercy.*
Mobile, adj. *movable, changing.*
Mode, s. f. *fashion, mode;* à la mode, *in the fashion.*
Modèle, s. m. *model.*
Modeler, v. a. *to model.*
Moderne, e, adj. *modern.*
Modeste, adj. *modest.*
Modestement, adv. *modestly.*
Modestie, s. f. *modesty.*
Modifier, v. a. *to modify.*
Modique, adj. *moderate.*
Mœurs, s. m. pl. *manners, morals.*
Moi, pron. *I, me, to me;* moi-même, *myself.*
Moindre, adj. *less;* le moindre, *the least.*
Moineau, s. m. *sparrow.*
Moins, adv. *less,* au moins, *at least,* à moins que, *unless.*
Moire, s. f. *changeable, colored stuff.*
Mois, s. m. *month*
Moisson, s. f. *harvest.*
Moissonner, v. a. *to mow, to reap.*
Moissonneur, s. m. *mower, reaper.*
Moitié, s. f. *half,* à moitié, *in part.*

Molle, adj. (fem. of *mou*,) *soft*, *gentle*.
Mollement, adv. *softly*, *gently*.
Mollesse, s. f. *softness*.
Momie, s. f. *mummy*.
Monarchie, s. f. *monarchy*.
Monarchique, adj. *monarchical*.
Monarque, s. m. *monarch*.
Monde, s. m. *world*, *people*.
Monotone, adj. *monotonous*.
Monseigneur, s. m. *my lord*.
Monsieur, s. m. *sir*, *gentleman*, *mister*.
Monstre, s. m. *monster*.
Mont, s. m. *mountain*.
Montagne, s. f. *mountain*.
Monté, e, part. past, *mounted*.
Monter, v. a. & n. *to go up*, *to mount*.
Montre, s. f. *watch*.
Montrer, v. a. *to show*, *to exhibit*.
Monture, s. f. *saddle-horse*, *mounting*.
se Moquer, v. a. *to mock*, *to ridicule*, *to jest*.
Moqueur, m. moqueuse, f. adj. *mocking*.
Moral, e, adj. *moral*.
Morale, s. f. *morality*.
Moraliste, s. m. *moralist*.
Morceau, s. m. *piece*, *bit*.
Mordienne, à la mordienne, adv. *frankly*, *bluntly*.
Mordre, v. a. *to bite*.
More, s. m. *moor*, *negro*.
Morne, s. m. *bluff*, *mount*.
Morsure, s. f. *biting*, *bite*.
Mort, s. f. *death*.
Mort, e, part. past, *died*, *dead*.
Mort, s. m. *dead body*.
Mortel, e, adj. & s. *mortal*, *deadly*.
Mortier, s. m. *mortar*.
Mortifier, v. a. *to mortify*.
Morue, s. f. *cod*, *codfish*.
Mot, s. m. *word*.
Motif, s. m. *motive*.
Mou, m. molle, f. adj. *soft*, *gentle*.
Mouche, s. f. *fly*.
Mouche-asyle, s. f. *ox-fly*.
Mouillé, e, part. past, *wet*.
Mouiller, v. n. *to come to anchor*.
Moulin, s. m. *mill*.
Moulinet, s. m. *windlass*, *stick for chocolate*.
Mourant, e, adj. *dying*, *fading*.
Mourant, s. m. *dying man*.
Mourir, v. n. *to die*.
Mousquet, s. m. *musket*.
Moussache, s. f. *moussache*.
Mousseline, s. f. *muslin*.
Mousser, v. n. *to froth*.
Mouton, s. m. *wether*, *sheep*.
Mouvement, s. m. *motion*, *movement*.
Mouvoir, v. a. *to move*.
Moyen, s. m. *means*, *way*; au moyen, *by means*.
Muet, te, adj. *mute*.
Mugir, v. n. *to bellow*, *to roar*.
Mugissant, e, adj. *roaring*.
Mulet, s. m. *mule*.
Multiplié, e, part. past, *multiplied*.
Multiplier, v. a. *to multiply*.
Muni, e, part. past, *furnished with*.
Mur, s. m. *wall*.
Mûr, e, adj. *mature*, *ripe*.
Muraille, s. f. *wall*.
Mûri, e, part. past, *matured*.
Murmurant, part. pres. *murmuring*.
Murmure, s. m. *murmur*.
Murmurer, v. n. *to murmur*.
Muscade, s. f. *nutmeg*.
Muscle, s. m. *muscle*.
Muse, s. f. *muse*.
Museau, s. m. *muzzle*, *snout*, *mouth*.

Musicien, s. m. *musician.*
Musique, s. f. *music.*
Mutilé, e, adj. *mutilated.*
Mutuel, le, adj. *mutual.*
Mutuellement, adv. *mutually.*
Myrrhe, s. m. *myrrh.*
Mystère, s. m. *mystery.*
Mystérieux, m. mystérieuse, f. adj. *mysterious.*
Mystique, adj. *mystic.*

N.

Nage, s. f. *swimming;* à la nage, *by swimming;* en nage, *in a sweat.*
Nageant, part. pres. *swimming.*
Nager, v. n. *to swim, to float.*
Nageur, s. m. *swimmer.*
Naïf, m. naïve, f. adj. *artless.*
Nain, e, s. m. & f. *dwarf.*
Naissance, s. f. *birth.*
Naissant, e, adj. *newly-born, rising, budding.*
Naître, v. n. *to be born, to spring up.*
Naïveté, s. f. *simplicity.*
Narine, s. f. *nostril.*
Natal, e, adj. *natal, native.*
National, e, adj. *national.*
Natte, s. f. *mat.*
Naturel, s. m. *disposition, temper.*
Naturel, le, adj. *natural.*
Naturellement, adv. *naturally.*
Naufrage, s. m. *shipwreck.*
Navette, s. f. *wild turnip, shuttle.*
Navigateur, s. m. *navigator.*
Ne, adv. (with *pas* or *point,*) *no, not,* (with *que* after the verb,) *but, only.*
Né, e, part. past, of *naître, born.*
Néanmois, conj. *nevertheless.*
Néant, s. m. *nothing.*
Nébuleux, m. nébuleuse, f. adj. *cloudy.*
Nécessaire, adj. *necessary.*
Nécessité, s. f. *necessity.*
Nectar, s. m. *nectar.*
Négliger, v. a. *to neglect.*
Nègre, s. m. *negro.*
Négresse, s. f. *black woman, negress.*
Neige, s. f. *snow.*
Némé, e, adj. *Nemean.*
Nerf, s. m. *nerve.*
Nerveux, m. nerveuse, f. adj. *nervous.*
Nettement, adv. *clearly.*
Neuf, num. adj. *nine.*
Nez, s. m. *nose.*
Ni, conj. *nor, neither.*
Niais, e, adj. *silly.*
Nid, s. m. *nest.*
Nier, v. a. *to deny.*
Nil, s. m. *Nile.*
Ninive, s. f. *Ninevah.*
Noble, adj. *noble.*
Noblesse, s. f. *nobility.*
Noce, noces, s. f. *wedding, nuptials.*
Noir, e, adj. *black,* s. m. *black.*
Noisetier, s. m. *hazel-tree.*
Nom, s. m. *name.*
Nombre, s. m. *number.*
Nombreux, m. nombreuse, f. adj. *numerous.*
Nommé, e, part. past, *named.*
Nommer, v. a. *to name, to call.*
se Nommer, v. r. *to be named.*
Non, adv. *no, not.*
Nonchalant, e, adj. *careless, negligent.*
Nord, s. m. *north.*
Normandie, s. f. *Normandy.*
Nos, poss. adj. (pl. of notre,) *our.*
Note, s. f. *note, notice, remark.*
Noué, e, part. past, *tied, fastened.*

Nourri, e, past. past, *nourished, fed.*
Nourrir, v. a. *to nourish.*
Nourrissant, e, adj. *nourishing.*
Nourrisson, s. m. *nursling, child at the breast.*
Nourriture, s. f. *nourishment, food.*
Nous, pron. pers. *we, us, to us.*
Nouveau, m. nouvelle, f. adj. *new.*
de Nouveau, adv. *anew, again.*
Nouvelle, s. f. *news.*
Noyau, s. m. *fruit-stone.*
Noyer, v. a. *to drown.*
Noyer, s. m. *walnut-tree.*
Nu, e, adj. *naked, destitute;* nu-pieds, *barefoot.*
Nuage, s. m. *cloud, mist.*
Nuance, s. f. *shade.*
Nuancé, e, part. past, *shaded.*
Nue, s. f. *cloud.*
Nuée, s. f. *cloud.*
Nuire, v. n. *to hurt.*
Nuisible, adj. *hurtful.*
Nuit, s. f. *night;* la nuit, *in the night.*
Nul, le, adj. *no, not any;* nulle part, *nowhere.*
Nuptial, e, adj. *nuptial.*

O.

Obéir, v. n. *to obey.*
Objet, s. m. *object.*
Obliger, v. a. *to oblige, to compel.*
Obliquité, s. f. *obliquity.*
Obole, s. f. *obolus,* (a coin.)
Obscur, e, adj. *obscure.*
Obscurci, e, part. past. *obscured, dimmed.*
Obscurcir, v. a. *to obscure.*
Obscurité, s. f. *obscurity, darkness.*
Observant, part. pres. *observing.*
Observateur, s. m. *observer.*
s' Obstiner, v. r. *to be obstinate, to insist on.*
Obtenir, v. a. *to obtain, to get.*
Occident, s. m. *occident, west.*
Occidental, e, adj. *western.*
Occuper, v. a. *to occupy.*
Odeur, s. f. *odor, fragrance.*
Odieux, m. odieuse, f. adj. *odious.*
Odorant, e, adj. *fragrant.*
Œil, s. m. (pl. yeux,) *eye.*
Œillet, s. m. *carnation, pink.*
Œuf, s. m. *egg.*
Œuvre, s. f. & m. *work.*
Offensé, e, part. pres. *offended.*
Offenser, v. a. *to offend, to hurt.*
Officier, s. m. *officer.*
Offrant, part. pres. *offering.*
Offrir, v. a. *to offer.*
Oiseau, s. m. *bird.*
Oiseau-mouche, s. m. *humming-bird.*
Oiseleur, s. m. *bird-catcher, fowler.*
Oisif, m. oisive, f. adj. *idle.*
Olivâtre, adj. *olive-colored.*
Olivier, s. m. *olive-tree.*
Olympe, s. m. *Olympus.*
Ombrage, s. m. *shade, shadow.*
Ombrager, v. a. *to shade.*
Ombre, s. f. *shade, spirit.*
On, pron. *one, they, people, we.*
Once, s. f. *ounce.*
Onde, s. f. *wave, water.*
Ondée, s. f. *shower.*
Ondoyant, e, adj. *waving.*
Ondulation, s. f. *undulation, waving.*
Onéreux, m. onéreuse, f. adj. *burdensome.*
Ongle, s. m. *nail, claw, talon.*
Opiniâtre, adj. *obstinate.*
Opiniâtreté, s. f. *obstinacy.*
Opposé, e, adj. *opposite.*
Opposer, v. a. *to oppose.*

à l' Opposite, adv. *opposite.*
Or, s. m. *gold.*
Orage, s. m. *storm.*
Orageux, m. orageuse, f. adj. *stormy.*
Oranger, s. m. *orange-tree.*
Orchestre, s. m. *orchestra.*
Ordinaire, s. m. *mail.*
Ordinaire, adj. *ordinary, common;* pour l' ordinaire, *most commonly;* d' ordinaire, *commonly.*
Ordinairement, adv. *generally, commonly.*
Ordonner, v. a. *to order, to command, to arrange.*
Ordre, s. m. *order.*
Oreille, s. f. *the ear.*
Organe, s. m. *organ.*
Orge, s. f. *barley.*
Orgue, s. m. *organ.*
Orgueil, s. m. *pride.*
Orgueilleux, m. orgueilleuse, f. adj. *proud.*
Orient, s. m. *orient, east.*
Oriental, e, adj. *oriental, eastern.*
Oriental, s. m. *oriental,* pl. *orientals.*
Originaire, adj. *native.*
Orignal, s. m. *elk.*
Originalité, s. f. *originality.*
Ormeau, s. m. *elm.*
Orné, e, part. past, *adorned.*
Orner, v. a. *to adorn.*
Ornement, s. m. *ornament.*
Orphelin, e. a. *orphan.*
Ortolan, s. m. *ortolan,* (a bird.)
Os, s. m. *bone.*
Oser, v. a. & n. *to dare.*
Oter, v. a. *to take away, to take off.*
Ou, conj. *or, either.*
Où, adv. *where,* pron. rel. *in which;* d' où, *whence, from which;* par-où, *by which way.*
Ouate, s. f. *wadding, fine cotton.*
Oublier, v. a. *to forget.*
Ouest, s. m. *west.*
Ouïe, s. f. *hearing.*
Ouïr, v. a. *to hear.*
Ouragan, s. m. *hurricane.*
Ourdir, v. a. *to warp, to plot.*
Ours, s. m. *bear.*
Outil, s. m. *tool.*
Outre, prep. *beyond, out, of.*
Outre que conj. *besides that.*
Ouvert, e, part. past, (of ouvrir,) *opened, open.*
Ouvertement, adv. *openly.*
Ouverture, s. f. *opening.*
Ouvrage, s. m. *work, business.*
Ouvrier, s. m. *workman.*
Ouvrir, v. a. *to open.*
s' Ouvrir, v. r. *to open.*
Ovipare, adj. *oviparous.*

P.

Pacha, s. m. *pacha.*
Pacifique, adj. *pacific, peaceable.*
Pacte, s. m. *compact.*
Pactole, s. m. *Pactolus.*
Page, s. m. *page.*
Pagne, s. m. *a sort of cotton drawers.*
Paille, s. f. *straw.*
Paillette, s. f. *particle, spangle.*
Pain, s. m. *bread, loaf.*
Pair, s. m. *peer.*
Paisible, adj. *peaceable.*
Paisiblement, adv. *peacefully.*
Paître, v. a. *to graze.*
Paix, s. f. *peace.*
Palais, s. m. *palace.*
Pâle, adj. *pale.*
Pâlir, v. n. *to become pale.*
Palissade, s. f. *palisade.*
Palmier, s. m. *palm-tree.*

Palmiste, s. m. *palm-tree.*
Palpable, adj. *palpable.*
Pampre, s. m. *vine-branch.*
Pan, s. m. *flap, face, front.*
Panier, s. m. *basket.*
Pantalon, s. m. *pantaloons.*
Pantoufle, s. f. *slipper.*
Papier, s. m. *paper.*
Papillon, s. m. *butterfly.*
Papillote, s. f. *curl-paper* (for the hair.)
Paquebot, s. m. *packet-boat.*
Paquet, s. m. *bundle, parcel.*
Par, prep. *by, at, in.*
Paradis, s. m. *paradise.*
Paraître, v. n. *to seem, to appear.*
Parallèle, s. f. *parallel.*
Paralyser, v. a. *to paralyse.*
Paralysie, s. f. *palsy, paralysis.*
Parapluie, s. m. *umbrella.*
Parasange, s. f. *parasang.*
Parc, s. m. *park.*
Parce que, conj. *because.*
Parchemin, s. m. *parchment.*
Parcourant, part. pres, *surveying, passing over.*
Parcourir, v. a. *to run over, to pass through.*
Parcouru, e, part. past, *gone over, run over.*
Pardienne! int. *my faith!*
Pardonner, v. a. *to pardon.*
Paré, e, part. past, *adorned, set off.*
Pareil, le, adj. *like.*
Parent. e, s. m. & f. *relation.*
Parer, v. a. *to adorn, to attire.*
Parfait, e, adj. *perfect.*
Parfum, s. m. *perfume.*
Parfumer, v. a. *to perfume.*
Parhélie, s. m. *mock-sun.*
Pari, s. m. *bet, wager.*
Parier, v. a. & n. *to bet.*
Parlant, part. pres. *speaking.*
Parlement, s. m. *parliament.*
Parler, v. n. *to speak, to talk.*
Parmi, prep. *among.*
Paroi, s. f. *partition, side.*
Parole, s. f. *word, speech;* homme de parole, *man of his word.*
Parrain, s. m. *sponsor, godfather.*
Parsemé, part. past, *strown, covered.*
Part, s. f. *part.*
Partage, s. m. *share, lot.*
Partagé, e, part. past, *parted, divided.*
Partager, v. a. *to divide, to share.*
Parti, s. m. *party, match.*
Participer, v. n. *to partake, to participate.*
Particularité, s. f. *particulars, peculiarity.*
Particulier, m. particulière, f. adj. *particular;* en particulier, *by one's self.*
Particulièrement, adv. *particularly.*
Partie, s. f. *part, party;* en partie, *in part.*
Partir, v. n. *to set out, to depart, to go forth.*
Partisan, s. m. *partisan.*
Partout, adv. *every where.*
Parure, s. f. *dress, attire.*
Parvenir, v. n. *to arrive, to attain, to reach.*
Parvenu, e, part. past, *arrived, being come.*
Pas, adv. *not.*
Pas, s. m. *step.*
Passage, s. m. *passage, passing.*
Passager, s. m. *passenger.*
Passant, pr. part. *passing.*
Passant, s. m. *passenger.*
Passé, e, past part. *passed.*
Passé, s. m. *past.*
Passer, v. a. *to pass.*

se Passer, v. r. *to take place, to happen.*
Passereau, s. m. *sparrow.*
Passionné, e, adj. *impassioned.*
Passionnément, adv. *passionately.*
Pasteur, s. m. *pastor, minister.*
Patate, s. f. *potato.*
Pâté, s. m. *pie, pastry.*
Paternel, le, adj. *paternal.*
Pâtre, s. m. *shepherd.*
Patrie, s. f. *native land.*
Patrimoine, s. m. *patrimony.*
Patron, s. m. *patron, commander.*
Patte, s. f. *claw.*
Pâture, s. f. *food.*
Pauvre, adj. *poor.*
Pauvrement, adv. *poorly.*
Pauvreté, s. f. *poverty.*
Paver, v. a. *to pave.*
Pavillon, s. m. *pavilion, ensign, canopy, flag;* pavillon en berne, *ensign denoting distress.*
Payer, v. a. *to pay, to pay for.*
Pays, s. m. *country.*
Paysan, s. m. *peasant, countryman.*
Peau, s. f. *skin.*
Pêche, s. f. *peach, fishery.*
Pêcheur, s. m. *fisherman.*
Pédantesque, adj. *pedantic.*
Peindre, v. a. *to paint.*
Peine, s. f. *pain, trouble;* à peine, adv. *hardly.*
Peintre, s. m. *painter.*
Pélérin, s. m. *pilgrim.*
Penchant, s. m. *inclination, declivity.*
Penché, e, part. past, *bent.*
Pencher, v. n. and a. *to lean, to bend.*
Pendant, prep. *during;* pendant que, conj. *awhile.*
Pendant, e, adj. *hanging, pendulous.*
Pendre, v. n. and a. *to hang.*
Pénétrer, v. a. and n. *to penetrate.*
Pénible, adj. *painful, toilsome.*
Péniblement, adv. *painfully.*
Pensant, part. pres. *thinking.*
Pensée, s. f. *thought.*
Penser, v. n. *to think.*
Pente, s. f. *declivity, slope.*
Pépinière, s. f. *nursery.*
Perçant, part. pres. *piercing.*
Perçant, e, adj. *shrill, sharp.*
Percer, v. a. *to pierce.*
Perché, e, part. past, *perched.*
Percher, v. a. *to perch.*
Perdant, part. pres. *losing.*
Perdition, s. f. *destruction, wreck, going to wreck.*
Perdre, v. a. *to lose, to destroy.*
Perdrix, s. f. *partridge.*
Perdu, e, part. past, *lost.*
Père, s. m. *father.*
Perfectionner, v. a. *to improve.*
Perfide, adj. *perfidious.*
Perfidie, s. f. *perfidy, treachery.*
Péril, s. m. *peril, danger.*
Périlleux, m. périlleuse, f. adj. *perilous.*
Période, s. f. *period.*
Périr, v. n. *to perish.*
Perle, s. f. *pearl.*
Permettre, v. a. *to permit.*
se Permettre, v. r. *to take liberties, to allow one's self.*
Permis, e, part. past, *permitted.*
Perpendiculaire, adj. *perpendicular.*
Perpétuer, v. a. *to perpetuate.*
Perplexité, s. f. *perplexity.*
Perron, s. m. *raised steps.*
Perroquet, s. m. *parrot.*
Perse, s. f. *Persia.*
Persécuter, v. a. *to persecute.*
Persique, adj. *Persian.*
Persistant, part. pres. *persisting.*
Persister, v. n. *to persist.*

Personnage, s. m. *personage, character.*
Personne, s. f. *any person;* with a negative, *nobody.*
Personnel, le, adj. *personal.*
Personnellement, adv. *personally.*
Perspective, s. f. *perspective, prospect.*
Persuadé, e, part. past, *persuaded.*
Perte, s. f. *loss, ruin, fall.*
Pesamment, adv. *heavily.*
Pesant, e, adj. *heavy.*
Peser, v. n. and a. *to weigh.*
Pétale, s. f. *petal.*
Petit, e, adj. *small, little;* s. *little one.*
Peu, adv. *little, few;* peu à peu, *little by little.*
Peuple, s. m. *people, nation.*
Peuplier, s. m. *poplar.*
Peur, s. f. *fear;* de peur de, *for fear of.*
Peut-être, adv. *perhaps.*
Pharaon, s. m. *Pharaoh.*
Phénix, s. m. *phœnix.*
Philomèle, s. f. *Philomela.*
Philosophe, s. m. *philosopher.*
Philosophie, s. f. *philosophy.*
Phosphorique, adj. *phosphoric.*
Physionomie, s. f. *countenance.*
Physique, adj. *physical.*
Pic, s. m. *peak.*
Picardie, s. f. *Picardy.*
Pie, s. f. *magpie.*
Pièce, s. f. *piece, bit.*
Pied, s. m. *foot;* à pied, *on foot;* mettre pied à terre, *to alight.*
Piège, s. m. *snare.*
Pierre, s. f. *stone;* pierre à fusil, *flint.*
Pierre, s. m. *Peter.*
Pierreries, s. f. pl. *jewels.*
Piété, s. f. *piety.*
Pilote, s. m. *pilot.*
Pin, s. m. *pine.*
Pinceau, s. m. *pencil.*
Pingouin, s. m. *penguin,* (a sea-fowl.)
Piquant, e, adj. *stinging, keen.*
Piquer, v. a. *to prick, to excite.*
Piquet, s. m. *picket, pole.*
Pirogue, s. f. *pirogue.*
Pis, adv. *worse.*
Pistache, s. f. *pistachio.*
Piston, s. m. *piston.*
Pitié, s. f. *pity.*
Piton, s. m. *peak.*
Pitoyablement, adv. *piteously.*
Pittoresque, adj. *picturesque.*
Pivert, s. m. *woodpecker.*
Placé, e, part. past, *placed.*
Place, s. f. *place, office.*
Placer, v. a. *to place.*
Plafond, s. m. *ceiling.*
Plaider, v. a. and n. *to plead.*
Plaie, s. f. *wound.*
Plaindre, v. a. *to pity.*
se Plaindre, v. r. *to complain.*
Plaine, s. f. *plain.*
Plainte, s. f. *complaint.*
Plaintif, m. plaintive, f. adj. *plaintive.*
Plaire, v. n. *to please.*
Plaisance, s. f. maison de plaisance, *pleasure-house.*
Plaisant, e, adj. *pleasant.*
Plaisant, s. m. *jester.*
Plaisanterie, s. f. *pleasantry, jesting.*
Plaisir, s. m. *pleasure.*
il Plaît, v. imp. *it pleases.*
Plan, s. m. *plan.*
Planche, s. f. *plank, board, bed, border.*
Plancher, s. m. *floor, ceiling.*
Plane, adj. *level.*
Planer, v. n. *to float, to hover, to sail.*

Plante, s. f. *plant.*
Planter, v. a. *to plant.*
Plat, s. m. *dish.*
Platane, s. m. *plane-tree.*
Plateau, s. m. *table-land, flat.*
Plate-forme, s. f. *platform, flat roof.*
Platon, s. m. *Plato.*
Plein, e, adj. and s. m. *full.*
Pleurer, v. a. and n. *to weep, deplore.*
Pleurs, s. m. pl. *tears.*
Pli, s. m. *fold.*
Plier, v. n. and a. *to bend, to fold.*
Plomb, s. m. *lead.*
Plongeant, part. pres. *plunging.*
Plonger, v. a. and n. *to plunge, to dive.*
Ployant, part. pres. *folding, bending.*
Plu, e, part. past, *pleased.*
Pluie, s. f. *rain.*
Plume, s. f. *feather, pen, plumage.*
Plupart, s. f. *most, greatest part.*
Plus, adv. *more;* le plus, *the most;* de plus, *furthermore.*
Plusieurs, adj. *several, many.*
Pluton, s. m. *Pluto.*
Plutôt, adv. *rather, sooner.*
Pluvieux, m. pluvieuse, f. adj. *rainy.*
Poème, s. m. *poem.*
Poésie, s. f. *poesy, poetry.*
Poète, s. m. and f. *poet.*
Poétique, adj. *poetic.*
Poids, s. m. *weight.*
Poignard, s. m. *poniard, dagger.*
Poil, s. m. *hair.*
Poing, s. m. *fist.*
Point, s. m. *point;* point du jour, *break of day.*
Point, adv. *no, not.*
Pointe, s. f. *point.*
Pointu, e, adj. *pointed, sharp.*
Pois, s. m. *pea*
Poisson, s. m. *fish.*
Poissonneux, m. poissonneuse, f. adj. *abounding in fish.*
Poitrail, s. m. *breast.*
Poitrine, s. f. *breast.*
Polaire, adj. *polar.*
Poli, e, part. past, (of polir,) *polished.*
Police, s. f. *police.*
Polir, v. a. *to polish.*
Politique, s. m. *politician, statesman.*
Politique, adj. *politic, of politics.*
Politique, s. f. *policy, politics.*
Pomme, s. f. *apple.*
Pomme de terre, s. f. *potato.*
Pommier, s. m. *apple-tree.*
Pompe, s. f. *pomp, pump.*
Pomper, v. a. and n. *to pump.*
Pompeux, m. pompeuse, f. adj. *pompous, stately.*
Pont, s. m. *Pontus.*
Pont, s. m. *bridge, deck.*
Populeux, m. populeuse, f. adj. *populous.*
Port, s. m. *port, burden, bearing.*
Portant, part. pres. *carrying.*
Porte, s. f. *door.*
Porté, e, part. past. *carried.*
Portée, s. f. *reach.*
Porte-feuille, s. m. *portfolio, pocket-book.*
Porter, v. a. *to carry, to wear, to bear.*
Posé, e, part. past, *placed, set.*
Poser, v. a. *to place, to set, to put, to put down.*
se Poser, v. r. *to alight, to fix one's self.*
Positif, m. positive, f. adj. *p*
Possédant, part. pres. *posses*
Posséder, v. a. *to possess.*
Possesseur, s. m. *possessor.*
Poste, s. m. *post.*

Postérité, s. f. *offspring, posterity.*
Postillion, s. m. *postilion.*
Potager, s. m. *kitchen-garden.*
Potentat, s. m. *potentate.*
Pouce, s. m. *inch, thumb.*
Poudre, s. f. *dust, powder.*
Poule, s. f. *hen.*
Pouls, s. m. *pulse.*
Poupe, s. f. *poop, stern.*
Pour, prep. *for, to, in order to, as for.*
Pourpre, s. m. *purple.*
Pourpré, e, adj. *purple.*
Pourquoi, adv. *why.*
Poursuite, s. f. *pursuit.*
Poursuivi, e, part. past, *pursued.*
Poursuivre, v. a. *to pursue.*
Pourtant, conj. *however.*
Pourvoir, v. a. *to provide, to furnish.*
Poussant, part. pres. *pushing, uttering.*
Pousser, v. a. *to push, to drive, to utter.*
Poussière, s. f. *dust.*
Poutre, s. f. *beam.*
Pouvant, part. pres. *being able.*
Pouvoir, v. n. and a. *to be able, can.*
Prairie, s. f. *meadow.*
Pratiqué, e, part. past, *practiced, wrought out.*
se Pratiquer, v. r. *to be practiced.*
Pré, s. m. *meadow.*
Précédent, e, adj. *preceding.*
Précéder, v. a. *to precede.*
Précepteur, s. m. *preceptor, teacher.*
Précieux, m. précieuse, f. adj. *precious.*
Précipice, s. m. *precipice.*
Précipiter, v. a. *to precipitate.*
Précis, e, adj. *precise, exact.*
Précisément, adv. *precisely.*
Préconiser, v. a. *to extol.*
Précurseur, s. m. *forerunner, precursor.*
Prédécesseur, s. m. *predecessor.*
Préfecture, s. f. *prefectship.*
Préférable, adj. *preferable.*
se Préférant, part. pres. *preferring himself.*
Préférer, v. a. *to prefer.*
Préjugé, s. m. *prejudice.*
Prématuré, e, adj. *premature.*
Premier, m. première, f. adj. *first, former.*
Prenant, part. pres. *taking.*
Prendre, v. a. *to take, to catch hold;* prendre garde, *to beware of;* prendre la parole, *to begin to speak.*
se Prendre, v. r. *to set about, to begin to be taken.*
Préparatif, s. m. *preparation.*
Préparé, e, part. past, *prepared.*
Préparer, v. a. *to prepare.*
Près, prep. *near;* à peu près, adv. *nearly.*
Presbytère, s. m. *parsonage.*
Prescrit, e, part. past. *prescribed.*
Présent, s. m. *present.*
Présentant, part. pres. *presenting.*
Présenter, v. a. *to present, to offer.*
Préserver, v. a. *to preserve.*
Présider, v. n. and a. *to preside.*
Présomptueux, m. présomptueuse, f. adj. *presumptuous.*
Presque, adv. *almost.*
Presqu' île, s. f. *peninsula.*
Pressant, e, adj. *pressing.*
Pressé, e, part. past, *crowded, pressed.*
Presser, v. a. *to hasten, to press.*
Pression, s. f. *pressure.*
Pressoir, s. m. *press, wine-press.*
Prestesse, s. f. *quickness.*
Présumant, part. pres. *presuming.*
Prêt, e, adj. *ready, prepared.*
Prétendant, s. m. *candidate, suitor.*

Prétendre, v. a. *to claim, to pretend, to maintain, to intend.*
Prêter, v. a. *to lend.*
se Prêter, v. r. *to lend each other, to afford one another.*
Prétexte, s. m. *pretext.*
Prêtre, s. m. *priest.*
Preuve, s. f. *proof.*
Prévenant, e, adj. *anticipating, obliging.*
Prévenir, v. a. *to anticipate, to inform.*
Prévention, s. f. *prejudice.*
Prévoir, v. a. *to foresee.*
Prier, v. a. *to ask, to beg, to pray.*
Prière, s. f. *prayer.*
Primevère, s. f. *primrose.*
Primitif, m. primitive, f. adj. *primitive, original.*
Princesse, s. f. *princess.*
Principalement, adv. *principally.*
Principauté, s. f. *principality.*
Principe, s. m. *principle, source, beginning.*
Printemps, s. m. *spring.*
Pris, e, part. past, *taken.*
Prise, s. f. *taking, hold, strife.*
Prisonnier, s. m. *prisoner.*
Privé, e, adj. *private.*
Priver, v. a. *to deprive.*
Prix, s. m. *price, value.*
Procédé, s. m. *behavior, treatment.*
Procès, s. m. *law-suit, ligitation, trial.*
Prochainement, adv. *shortly.*
Procurer, v. a. *to procure.*
Prodigalité, s. f. *prodigality.*
Prodige, s. m. *prodigy, wonder.*
Prodigieux, m. prodigieuse, f. adj. *prodigious.*
Prodiguer, v. a. *to lavish.*
Produire, v. a. *to produce.*
Produit, s. m. *produce.*
Profiter, v. n. *to profit.*
Profond, e, adj. *deep, profound.*
Profondément, adv. *profoundly, deeply.*
Profondeur, s. f. *depth.*
Progéniture, s. f. *offspring.*
Progrès, s. m. *progress.*
Proie, s. f. *prey.*
Projet, s. m. *project.*
Prolonger, v. a. *to lengthen, to prolong.*
Promenade, s. f. *promenade, trip, excursion, walk.*
se Promenant, part. pres. *walking.*
Promener, v. a. *to lead about, to carry about.*
se Promener, v. r. *to go to walk, to ride.*
Promeneur, s. m. *walker, stroller.*
Promesse, s. f. *promise.*
Promettant, part. pres. *promising.*
Promettre, v. a. *to promise.*
Promis, e, past. part, *promised.*
Prompt, e, adj. *prompt, quick.*
Promptement, adv. *quickly.*
Prononcer, v. a. *to pronounce.*
se Propager, v. r. *to be propagated.*
Prophète, s. m. *prophet.*
Prophétie, s. f. *prophecy.*
Propos, s. m. *talk, design.*
Proposé, e, part. pres. *proposed.*
Proposer, v. a. *to propose.*
Propre, adj. *neat, clean, own, proper;* amour-propre, *self-love.*
Propreté, s. f. *neatness.*
Propriété, s. f. *property.*
Proscrit, e, part. past, *proscribed.*
Prospérité, s. f. *prosperity.*
se Prosterner, v. r. *to prostrate one's self.*
Protecteur, s. m. *protector.*
Protéger, v. a. *to protect.*
Protester, v. n. *to protest.*
Protocole, s. m. *protocol.*
Proue, s. f. *prow.*

Prouver, v. a. to prove.
Proverbe, s. m. *proverb.*
Province, s. f. *province.*
Provincial, e, adj. *provincial.*
Pu, e, part. past, *been able.*
Public, m. publique, f. adj. *public.*
Publié, e, part. past, *published.*
Publiquement, adv. *publicly.*
Pudeur, s. f. *shame, modesty.*
Puéril, e, adj. *puerile.*
Puis, adv. *then, after that.*
Puiser, v. a. and n. *to draw, to fetch.*
Puisque, conj. *since.*
Puissamment, adv. *powerfully.*
Puissance, s. f. *power.*
Puissant, e, adj. *powerful.*
Punir, v. a. *to punish.*
Puits, s. m. *well.*
Punition, s. f. *punishment.*
Pur, e, adj. *pure.*
Purête, s. f. *purity.*
Puritain, e, s. *puritan.*
Purpurin, e, adj. *purplish.*
Pupitre, s. m. *desk.*
Pyramide, s. f. *pyramid.*
Pyrope, s. m. *pyrope,* (a mineral.)
Pythagore, s. m. *Pythagoras.*
Pythagorique, adj. *Pythagorean.*

Q.

Quadrille, s. m. *quadrille.*
Quadrupède, s. m. *quadruped.*
Qualité, s. f. *quality.*
Quand, adv. *when.*
Quant à, prep. *as to.*
Quarante, num. adj. *forty.*
Quart, s. m. *quarter;* quart d'-heure, *a quarter of an hour;* quart de lieue, *quarter of a league.*
Quartier, s. m. *quarter, past.*
Quatre, num. adj. *four.*
Quatre-vingts, num. adj. *eighty, fourscore.*
Que, pro. *which, that, whom, what.*
Que, conj. *that, as;* after a verb with ne before it, *only, but; than how, why.*
Quel, m. quelle, f. adj. *what, which.*
Quelconque, adj. *whatever, whatsoever.*
Quelque, adv. *however.*
Quelque, adj. *some, a few;* quelque part, *somewhere, anywhere.*
Quelque chose, *something.*
Quelquefois, adv. *sometimes.*
Quelques-uns, pro. m. pl. *some, any.*
Quereller, v. n. *to quarrel.*
Quêtant, part. pres. *hunting, seeking.*
Quêter, v. a. and n. *to hunt, to search.*
Queue, s. f. *tail.*
Qui, pron. rel. *who, that, which, whom?*
Quiconque, pron. *whoever.*
Quitté, e, part. past, *left.*
Quitter, v. a. *to leave, to quit.*
Quoi, *what, which;* de quoi, *wherewith.*
Quoique, conj. *although.*

R.

Raboteux, m. raboteuse, f. adj. *rugged, rough.*
Race, s. f. *race.*
Racine, s. f. *root.*
Raconter, v. a. *to relate, to tell.*
Radeau, s. m. *raft.*
Radoteur, radoteuse, s. m. and f. *dotard.*

Raffermir, v. a. *to harden, to confirm.*
Rafraîchir, v. a. *to refresh.*
se Rafraîchir, v. n. *to take refreshment, to refresh one's self.*
Rafraîchissement, s. m. *refreshment.*
Ragoût, s. m. *ragout, highly seasoned dish.*
Raide, adj. *stiff, steep.*
se Raidir, v. r. *to resist, to strive under.*
Rais, s. m. pl. *rays.*
Raisin, s. m. *grapes, bunch of grapes.*
Railler, v. a. *to rally, to scoff at.*
Raillerie, s. f. *raillery.*
Railleur, m. railleuse, f. adj. *scoffing.*
Raisonner, v. n. *to reason.*
Raisonneur, s. m. *reasoner.*
Ralentir, v. a. *to abate.*
Ramage, s. m. *warbling.*
Ramasser, v. a. *to gather, to pick up.*
se Ramasser, v. r. *to gather together, to assemble.*
Rame, s. f. *oar.*
Rameau, s. m. *branch.*
Ramenant, part. pres. *bringing back.*
Ramener, v. a. *to bring back.*
Ramer, v. n. *to row.*
Rameur, s. m. *rower.*
Rampant, part. pres. *creeping.*
Ramper, v. n. *to creep.*
Rang, s. m. *rank, row.*
Rangé, e, part. past, *arranged.*
Rangée, s. f. *row, rank.*
Ranimer, v. a. *to reanimate, to enliven.*
Rapide, adj. *rapid, swift, steep.*
Rapidement, adv. *rapidly.*
Rapidité, s. f. *rapidity, steepness.*
Rappeler, v. a. *to recall, to call to mind.*
Rapport, s. m. *report, affinity, profit, benefit.*
Rapporter, v. a. *to bring back, to report, to refer.*
se Rapporter, v. r. *to agree, to correspond.*
se Rapprochant, part. pres. *drawing near.*
Rapprochement, s. m. *drawing near, joining.*
Rapprocher, v. a. *to draw near.*
Rare, adj. *rare, unfrequent.*
Rarement, adv. *seldom, rarely.*
Rasant, part. pres. *shaving, smoothing.*
Rassasié, e, part. past, *satisfied, satiated.*
Rassembler, v. a. *to collect.*
se Rassembler, v. r. *to assemble, to come together.*
Rassurer, v. a. *to encourage, to reassure.*
Râteau, s. m. *rake.*
Rattacher, v. a. *to attach, to fasten again.*
Ravage, s. m. *ravage, damage.*
Ravagé, e, part. past, *ravaged.*
Ravager, v. a. *to ravage.*
Ravi, e, part. past, *transported.*
Ravir, v. a. *to transport, to delight.*
Ravissant, e, adj. *admirable.*
Ravissement, s. m. *rapture.*
Rayé, e, adj. *striped.*
Rayon, s. m. *beam, ray* (of light.)
Rayonner, v. n. *to radiate, to spread, to circle.*
Réalité, s. f. *reality.*
Rebelle, s. m. and f. *rebel.*
Rebrousser, v. a. *to turn back, to rebound.*
se Rebuter, v. r. *to be discouraged.*
Recéler, v. a. *to conceal.*

Recevant, part. pres. *receiving.*
Recevoir, v. a. *to receive, to admit company.*
Réchapper, v. n. *to escape.*
Réchauffant, part. pres. *warming, reanimating.*
Réchauffer, v. a. *to warm, to reanimate.*
Recherché, e, part. past, *sought for, rare.*
Récif, s. m. *reef, ridge of rocks.*
Réciproque, adj. *reciprocal.*
Réciproquement, adv. *reciprocally.*
Récit, s. m. *recital.*
Réciter, v. a. *to recite, to repeat.*
Récolte, s. f. *crop.*
Recommencer, v. a. *to recommence.*
Récompense, s. f. *reward, recompense.*
Récompenser, v. a. *recompensate.*
Recompter, v. a. *to recount, to count again.*
Reconduire, v. a. *to conduct back.*
Reconnaissance, s. f. *gratitude, recognition.*
Reconnaissant, e, adj. *grateful.*
Reconnaître, v. a. *to recognize, to find.*
Reconnu, e, part. past, *acknowledged, recognized.*
Recours, s. m. *recourse.*
Recouvrement, s. m. *recovery.*
Recouvrir, v. a. *to cover again, to cover.*
Récréer, v. a. *to delight.*
Reçu, e, part. past, *received.*
Recueillir, v. a. *to gather, to collect.*
Reculé, e, part. past, *drawn back, distant.*
Reculer, v. n. and a. *to draw back.*
Redemander, v. a. *to demand back.*
Redescendre, v. n. *to descend again.*
Redoubler, v. a. *to redouble.*
Redoutable, adj. *formidable.*
Redoute, s. f. *redoubt.*
Redouter, v. a. *to fear, to dread.*
Redressant, part. pres, *holding up, elevating.*
Réduire, v. a. *to reduce, subdue.*
se Réduire, v. r. *to amount to.*
Réduit, e, part. past, *reduced.*
Réédification, s. f. *rebuilding.*
Réel, le, adj. *real.*
Réellement, adv. *really, in fact.*
Réfléchi, e, adj. *deliberate.*
Réfléchir, v. n. *to reflect.*
Réfléchissant, part. pres, *reflecting.*
Reflet, s. m. *reflection.*
Refléter, v. a. *to reflect.*
Réflexion, s. f. *reflection.*
Reflux, s. m. *reflux, ebb.*
Réformer, v. a. *to reform.*
Refrain, s. m. *burden, strain.*
Refroidir, v. a. *to cool, to chill.*
Refuser, v. a. *to refuse.*
Regagner, v. a. *to regain.*
Regard, s. m. *look, regard.*
Regardant, part. pres. *regarding.*
Regarder, v. a. *to look at, to regard.*
Régime, s. m. *diet, bunch* (of fruits.)
Régiment, s. m. *regiment, multitude.*
Régistre, s. m. *register, record.*
Réglé, e, part. past, *regulated.*
Régler, v. a. *to regulate.*
Règne, s. m. *reign, kingdom.*
Régner, v. n. *to reign.*
Regret, s. m. *regret.*
Regretter, v. a. *to regret, to miss.*
Régulier, m. régulière, f. adj. *regular.*
Régulièrement, adv. *regularly.*
Reims, s. m. *Rheims.*

Reins, s. m. pl. *loins.*
Rejeter, v. a. *to reject, to throw back.*
Rejeton, s. m. *sprout.*
Rejoindre, v. a. *to rejoin.*
Rejoint, part. past, *rejoined.*
Réjouir, v. a. *to rejoice, to gladden.*
se Réjouir, v. r. *to rejoice.*
Réjouissance, s. f. *rejoicing.*
Relancement, s. m. *resally, going out again.*
Relatif, m. relative, f. adj. *relative.*
Relever, v. a. *to lift up again, to repair, to relieve.*
se Relever, v. r. *to rise, to get up.*
Relief, s. m. *relief, embossed work.*
Remarquer, v. a. *to remark, to distinguish.*
Rembruni, e, part. and adj. *brown, browned.*
Remener, v. a. *to lead again, to take again.*
Remercier, v. a. *to thank.*
Remercîment, s. m. *thanks.*
Remettre, v. a. *to send back, to put back, to put off, to deliver.*
se Remettre, v. r. *to put, to seat one's self.*
Remis, e, part. past, *put back, restored.*
Remontant, e, part. pres. *reascending.*
Remonter, v. a. *to go up again, to reascend.*
Remontrance, s. f. *remonstrance.*
Remontrer, v. a. *to remonstrate.*
Remords, s. m. *remorse.*
Remplacer, v. a. *to replace, to take the place.*
Rempli, e, adj. *full, filled.*
Remplir, v. a. *to fill.*
se Remplir, v. r. *to become full.*
Remporter, v. a. *to carry back.*
Remuant, part. pres. *moving.*
Remuer, v. a. *to move.*
Renaître, v. n. *to be born again, to revive, to reappear.*
Renard, s. m. *fox.*
Rencontrant, part. pres. *meeting.*
Rencontre, s. f. *meeting.*
Rencontré, e, part. past, *met.*
Rencontrer, v. a. *to meet with.*
se Rencontrer, v. r. *to meet each other.*
Rendant, part. pres. *giving back, rendering.*
Rendez-vous, s. m. *rendezvous.*
Rendre, v. a. *to render, to give back, to return.*
se Rendre, v. r. *to go, to betake one's self to, to make return.*
Rendu, e, part. past, *returned.*
Renfermer, v. a. *to include, to contain, to shut up.*
Renommée, s. f. *fame, renown.*
Renoncer, v. n. *to renounce, to give up.*
se Renouveler, v. r. *to be renewed.*
Rentrée, s. f. *re-entrance, return.*
Rentrer, v. n. *to re-enter, to return.*
à la Renverse, adv. *backward.*
Renversé, part. past, *overthrown.*
se Renverser, v. r. *to fall down.*
Renverser, v. a. *to overthrow.*
Renvoyé, e, part. past, *sent back.*
Renvoyer, v. a. *to send back.*
Répandre, v. a. *to spread, to shed.*
Répandu, e, part. past, *spread, diffused.*
Reparaître, v. n. *to reappear.*
Réparer, v. a. *to repair.*
Réparti, e, part. past, *divided.*
Repartir, v. a. *to reply.*
Repartir, v. n. *to go back again, to set out again.*
Repas, s. m. *meal, repast.*
Repasser, v. n. and a. *to repass.*

Répéter, v. a. *to repeat, to reflect.*
se Répéter, v. r. *to be repeated.*
se Replier, v. r. *to wind one's self, to coil.*
Replier, v. a. *to fold, to wind.*
Répondre, v. n. *to answer.*
Réponse, s. f. *answer.*
Reporter, v. a. *to carry back.*
Repos, s. m. *repose.*
Reposé, e, part. past, *reposed, rested.*
se Reposer, v. r. *to repose one's self.*
Reposer, v. n. *to repose, to rest.*
Repoussant, part. pres. *repelling.*
Repousser, v. a. *to repel.*
Reprendre, v. a. *to take again, to resume.*
Représentant, part. pres. *representing.*
Représenter, v. a. *to represent.*
se Représenter, v. s. *to fancy, to imagine.*
Repris, e, part. past, *retaken, recovered.*
Reprise, s. f. *repetition, renewing.*
Reprochant, part. pres. *reproaching.*
Reproche, s. m. *reproach.*
Reprocher, v. a. *to reproach.*
Républicain, e, adj. *republican.*
Républicain, s. m. *republican.*
République, s. f. *republic.*
Réseau, s. m. *net, net-work.*
Réserver, v. a. *to reserve.*
se Résigner, v. r. *to resign one's self, to submit.*
Résister, v. n. *to resist.*
Résolu, e, adj. *resolute.*
Résoudre, v. a. and n. *to resolve.*
se Résoudre, v. r. *to resolve.*
Respecter, v. a. *to respect.*
Respirant, part. pres. *breathing.*
Respirer, v. n. and a. *to breathe, to respire.*
Resplendissant, e, adj. *bright, resplendent.*
Ressac, s. m. *turf.*
Ressemblance, s. f. *resemblance.*
Ressembler, v. n. *to resemble.*
Ressenti, e, part. past, *felt.*
Ressentir, v. a. *to feel.*
Ressort, s. m. *spring.*
Ressortir, v. n. *to go out again.*
Ressource, s. f. *resource.*
Ressouvenir, s. m. *remembrance.*
Reste, s. m. *rest, remainder.*
Rester, v. n. *to remain.*
Résultat, s. m. *result.*
Résumé, s. m. *summing up, recapitulation.*
Rétablir, v. a. *to restore, to re-establish.*
se Rétablir, v. r. *to recover.*
Retenir, v. a. *to retain.*
Retentir, v. n. *to resound.*
Retenu, e, part. past, *retained, held back.*
Retenue, s. f. *restraint, moderation.*
Retiré, e, part. past, *retired, withdrawn.*
Retirer, v. a. *to extract, to obtain, to pull back, to withdraw.*
Retombant, part. pres. *falling again.*
Retomber, v. n. *to fall again, to relapse, to fall back.*
Retour, s. m. *return;* être de retour, *to be back again.*
Retournant, part. pres. *returning.*
Retourner, v. n. *to return.*
s'en Retourner, v. r. *to go back again, to turn around.*
Retracer, v. a. *to retrace, to represent again.*
Retraite, s. f. *retreat, refuge, retiring.*

Retrancher, v. a. *to retrench, to take away.*
Rétréci, e, part. past, *contracted, narrow.*
Retrouver, v. a. *to find again.*
Réuni, e, part. past, *re-united, united.*
Réunir, v. a. *to re-unite.*
Réunion, s. f. *re-union, union.*
Réussir, v. n. *to succeed.*
en Revanche, *in return, for requital.*
Rêve, s. m. *dream.*
Réveil, s. m. *awaking.*
Réveiller, v. a. *to awake.*
se Réveiller, v. r. *to awake.*
Révéler, v. a. *to discover, to reveal.*
Revenant, part. pres. *returning.*
Revenir, v. n. *to come back, to return.*
Revenu, e, part. past, *returned.*
Revenu, s. m. *income.*
Rêver, v. a. and n. *to dream.*
Révérence, s. f. *reverence.*
Rêverie, s. f. *revery.*
Revers, s. m. *reverse, back.*
Revêtir, v. a. *to clothe, to put on.*
Revêtu, e, part. past, *put on, clothed.*
Rêveur, m. rêveuse, f. adj. *thoughtful, pensive.*
Revoir, v. a. *to see again.*
Révolte, s. f. *revolt.*
se Révolter, v. r. *to revolt.*
Riant, e, adj. and part. pres. *smiling.*
Riant, part. pres. *laughing.*
Riche, adj. *rich, wealthy.*
Richesse, s, f. *riches, wealth.*
Rideau, s. m. *curtain.*
Ridicule, adj. *ridiculous.*
Ridicule, s. m. *ridicule.*
Ridiculement, adv. *ridiculously.*
Rien, s. m. *nothing, anything.*
Rieur, m. rieuse, s. f. *laugher.*
Rigide, adj. *rigid, severe.*
Rigoureux, m. rigoureuse, f. adj. *rigorous, cold.*
Rigueur, s. f. *rigor.*
Rire, v. n. *to laugh.*
Rire, s. m. *laugh.*
Rivage, s. m. *shore, bank.*
Rival, e, adj. and s. *rival.*
Rivalité, s. f. *rivalry.*
Rive, s. f. *bank.*
Rivière, s. f. *river.*
Riz, s. m. *rice.*
Robuste, adj. *robust.*
Roc, s. m. *rock.*
Roche, s. f. *rock.*
Rocher, s. m. *rock.*
Rôder, v. n. *to prowl, to roam.*
Roi, s. m. *king.*
Roidi, e, part. past, *stiffened.*
Roide, adj. *stiff.*
Rôle, s. m. *part, roll.*
Romain, s. m. and adj. *Roman.*
Roman, s. m. *romance.*
Rompre, v. a. *to break.*
Rond, s. m. *round, ring;* en rond, *around, in a circle.*
Ronde, s. f. *round, rounds.*
Ronfler, v. n. *to snore.*
Rongé, e, part. past, *bitten, gnawed.*
Rose, adj. *rosy, rose-colored.*
Roseau, s. m. *reed, cane.*
Rosée, s. f. *dew.*
Rosier, s. m. *rose-tree.*
Rossignol, s. m. *nightingale.*
Rotin, s. m. *rattan, cane.*
Roucoulement, s. m. *cooing.*
Roucouler, v. n. *to coo.*
Rouet, s. m. *spinning-wheel.*
Rouge, adj. *red;* s. m. *red.*
Rougeâtre, adj. *reddish.*
Rougi, e, past part. *made red.*
Rougir, v. n. and a. *to blush.*

Rougissant, part. pres. *blushing.*
Roulement, s. m. *rolling.*
Rouler, v. a. *to roll, to whirl.*
Roupie, s. f. *rupee* (Eastern coins.)
Route, s. f. *way, journey, road;* en route, *on the way.*
Rouvrir, v. a. *to re-open.*
Royal, e, adj. *royal.*
Royaume, s. m. *kingdom.*
Ruade, s. m. *kicking, jerking.*
Ruban, s. m. *riblon.*
Rubis, s. m. *ruby.*
Ruche, s. f. *hive.*
Rudement, adv. *rudely.*
Rue, s. f. *street.*
Ruelle, s. f. *bedside, space between the bed and the wall.*
Rugir, v. n. *to roar.*
Rugissant, part. pres. *roaring.*
Rugissement, s. m. *roaring.*
Ruinant, part. pres. *ruining.*
Ruine, s. f. *ruin.*
Ruiner, v. a. *to ruin.*
Ruisseau, s. m. *brook, stream.*
Ruse, s. f. *cunning.*
Russe, s. m. *Russian.*
Russie, s. f. *Russia.*
Rustique, adj. *rural.*
Rustre, s. m. *boor.*
Rythme, s. m. *rythm.*

S.

Sa, dem. adj. *his, her, its.*
Sable, s. m. *sand.*
Sabre, s. m. *saber.*
Sac, s. m. *bag, sack.*
Saccade, s. f. *jerk,* (with a bridle.)
Sacerdoce, s. m. *priesthood.*
Sachant, part. pres. *knowing.*
Sacré, e, adj. *sacred.*
Sacrifier, v. a. *to sacrifice.*
Safrané, e, adj. *saffroned, saffron.*
Sage, adj. *wise;* s. *sage, wise man.*
Sagement, adv. *wisely.*
Sagesse, s. f. *wisdom.*
Saillant, e, adj. *projecting, striking.*
Sain, e, adj. *sound, healthful.*
Saint, e, adj. *holy.*
Sainteté, s. f. *holiness.*
Saisi, e, part. past, *seized.*
Saisir, v. a. *to seize;* se saisir de, *to seize upon.*
Saisissant, part. pres. *seizing.*
Saison, s. f. *season.*
Salaire, s. m. *wages.*
Saler, v. a. *to salt.*
Salle, s. f. *hall, room.*
Salon, s. m. *drawing-room.*
Saluer, v. a. *to salute.*
Salut, s. m. *safety, salvation, hail.*
Sang, s. m. *blood;* de sang-froid, *in cool blood.*
Sang-froid, s. m. *composure, cold blood.*
Sanglant, e, adj. *bloody.*
Sanglot, s. m. *sob.*
Sanguinaire, adj. *sanguinary, blood thirsty.*
Sans, prep. *without.*
Santé, s. f. *health.*
Saphir, s. m. *sapphire.*
Sardine, s. f. *sardine, pilchard.*
Satiété, s. f. *satiety.*
Satire, s. f. *satire.*
Satisfaire, v. a. *to satisfy.*
Satisfaisant, e, adj. *satisfactory.*
Satisfait, e, adj. *satisfied, contented.*
Saucisson, s. m. *sausage.*
Saumon, s m. *salmon.*
Sautant, part. pres. *leaping.*
Sauter, v. n. & a. *to leap, to spring.*
Sauvage, adj. *wild, savage.*
Sauvage, s. m. *savage.*

Sauver, v. a. *to save.*
Savane, s. f. *savanna, open meadow.*
Savant, e, adj. and s. *learned, wise.*
Savoir, v. a. *to know, to know how.*
Savourer, v. a. *to relish, to taste.*
Savoureux, m. savoureuse, f. adj. *savoury.*
Saxe, s. f. *Saxony.*
Scélérat, e. s. *rascal, villain.*
Sceptique, s. m. *sceptic.*
Sceptre, s. m. *scepter.*
Scie, s. f. *saw;* poisson à scie, *saw-fish.*
Scintiller, v. n. *to sparkle.*
Scolopendre, s. f. *hart's-tongue.*
Scrupule, s. m. *scruple.*
Scythe, s. and adj. *Scythian.*
Se, pron. *himself, herself, itself, themselves, one's self.*
Sec, m. sèche, f. adj. *dry.*
Seconder, v. a. *to second.*
Secouant, part. pres. *shaking.*
Secoué, e, part. past, *shaken.*
Secourable, adj. *helpful.*
Secours, s. m. *succor, help.*
Secousse, s. f. *shake, shock.*
Secret, e, adj. *secret.*
Secrétaire, s. m. *secretary.*
Secrètement, adv. *secretly.*
Secte, s. f. *sect.*
Sécurité, s. f. *security.*
Séduisant, e, adj. *seducing.*
Seigneur, s. m. *lord, nobleman.*
Sein, s. m. *bosom.*
Seize, num. adj. *sixteen.*
Séjour, s. m. *abode, sojourn.*
Selon, prep. *according to.*
Semant, part. pres. *sowing.*
Semblable, adj. *like;* s. m. *fellow-creature.*
Semblant, s. m. *pretence.*
Sembler, v. n. *to seem, appear.*
Semé, e, part. past, *sown, bestowed, diffused.*
Semence, s. f. *seed.*
Semer, v. a. *to sow.*
Sens, s. m. *sense, direction, side.*
Sensément, adv. *sensibly.*
Sensibilité, s. f. *sensibility.*
Sensible, adj. *feeling, sensible.*
Sensiblement, adv. *sensibly.*
Sentant, part. pres. *feeling.*
Sentier, s. m. *path, foot-path.*
Sentiment, s. m. *feeling.*
Sentir, v. a. *to feel, to savor of, to be sensible of, to smell, to taste.*
Séparé, part. past, *separated, separate.*
Séparément, adv. *apart, separately.*
Séparer, v. a. *to separate.*
Sept, adj. num. *seven.*
Septembre, s. m. *September.*
Septentrion, s. m. *the north.*
Septentrional, e, adj.. *north, northern.*
Sépulcre, s. m. *sepulchre.*
se Séquestrer, v. r. *to separate one's self, to sequester one's self.*
Serein, e, adj. *serene.*
Sérénité, s. f. *serenity, clearness.*
Serin, s. m, *canary-bird.*
Serment, s. m. *oath.*
Serpenter, v. n. *to meander, to wind.*
Serpillière, s. f. *packing-cloth.*
Serpolet, s. m. *wild-thyme, serppillum.*
Serrant, part. pres. *clasping.*
Serre, s. f. *claw.*
Serrer, v. a. *to clasp, to press.*
Serrure, s. f. *lock.*
Serviable, adj. *obliging, ready to serve.*
Service, s. m. *service, set of plates, dishes, etc.*
Servile, adj. *servile.*
Servir, v. n. *to serve;* v. r. *to use.*
Serviteur, s. m. *servant.*

Ses, (pl. of son,) *his, her, its, one's.*
Seuil, s. m. *door-sill, threshold.*
Seul, e, adj. *sole, only, single.*
Seulement, adv. *only, even.*
Sévère, adj. *severe.*
Sévérité, s. f. *severity.*
Sha, s. m. *shah,* (Persian king.)
Si, conj. and adv. *if, so.*
Sicile, s. f. *Sicily.*
Sicilien, ne, adj. *Sicilian.*
Siècle, s. m. *century, age.*
Siège, s. m. *siege, seat.*
Siéger, v. n. *to sit.*
Sien, sienne, *its, hers, his.*
Siffler, v. n. and a. *to hiss, whistle.*
Sifflet, s. m. *whistle, whistling.*
Signal, s. m. *signal.*
Signalement, s. m. *description, mark.*
Signaler, v. a. *to give signal of.*
Signe, s. m. *sign, signal.*
Signé, e, part. past, *signed.*
Signifier, v. a. *to signify, to mean.*
Silencieusement, adv. *silently.*
Silencieux, m. silencieuse, f. adj. *silent.*
Sillon, s. m. *furrow, ridge.*
Sillonné, adj. *furrowed.*
Sillonner, v. a. *to furrow.*
Simplicité, s. f. *simplicity.*
Singe, s. m. *ape, monkey.*
Singularité, s. f. *singularity.*
Singulier, m. singulière, f. adj. *singular, peculiar.*
Sinon, conj. *if not.*
Sinuosité, s. f. *winding.*
Sistre, s. m. *sistrum.*
Site, s. m. *situation.*
Sitôt, conj. *as soon as.*
Situé, e, past part, *situated.*
Six, adj. num. *six.*
Société, s. f. *society.*
Soc, s. m. *ploughshare.*
Sœur, s. f. *sister.*
Soi-même, pro. *one's self;* soi, *one's self, one.*
Soif, s. f. *thirst.*
Soie, s. f. *silk.*
Soigné, e, part. past, *attended to, cared for.*
Soigneusement, adv. *carefully.*
Soin, s. m. *care.*
Soir, s. m. *evening;* le soir, *in the evening.*
Soit, adv. *let it be so.*
Soit, conj. *either, or.*
Soixantaine, s. f. *sixty, three score.*
Soixante, adj. num. *sixty.*
Sol, s. m. *soil.*
Soldat, s. m. *soldier.*
Soleil, s. m. *sun.*
Solemnel, and solennel, le, adj. *solemn, awful.*
Solide, adj. *solid.*
Solidité, s. f. *solidity.*
Solitaire, adj. *solitary, lonely.*
Solliciteur, s. m. *solicitor.*
Sombre, adj. *melancholy, dark.*
Somme, s. f. *sum, quantity.*
Sommet, s. m. *summit.*
Sommeil, s. m. *sleep.*
Son, adj. pos. *his, her, its.*
Son, s. m. *sound.*
Sonder, v. a. *to sound, to fathom.*
Songe, s. m. *dream.*
Songer, v. n. *to dream, to think.*
Sonner, v. a. *to ring, to ring for.*
Sonnette, s. f. *little bell, rattle.*
Sonore, adj. *sonorous, sounding.*
Sorbet, s. m. *sherbet.*
Sorcellerie, s. f. *sorcery, witchcraft.*
Sort, s. m. *fate, lot, fortune;* tirer au sort, *to draw lots for.*
Sorte, s. f. *sort, kind, condition, way;* de sorte que, *so that.*
Sorti, e, part. past, *gone out, issued, sprung.*

Sortir, v. n. and a. *to go out, come forth:* au sortir, adv. and prep. *going out.*
Sot, te, adj. *silly, foolish.*
Sottise, s. f. *folly, silliness*
Subitement, adv. *suddenly.*
Souche, s. f. *stock, stump.*
Souci, s. m. *care, anxiety.*
se Soucier, v. r. *to care, to have regard.*
Souffert, e, part. past, *suffered.*
Souffle, s. m. *breath, blowing.*
Souffler, v. n. *to breathe, to blow.*
Souffrance, s. f. *suffering, pain.*
Souffrant, e, adj. *suffering.*
Soufre, s. m. *sulphur.*
Souffrir, v. a. and n. *to suffer.*
Souhait, s. m. *wish, desire:* à souhait, *according to one's desire.*
Souhaitant, part. pres. *wishing.*
Souhaiter, v. a. *to desire.*
Souillé, e, part. past, *soiled, defiled.*
Souiller, v. a. *to soil, to blemish.*
Soulager, v. a. *to relieve, to console.*
Soulever, v. a. *to raise.*
Soulier, s. m. *shoe.*
Soumettre, v. a. *to subdue, subject.*
Soumis, e, adj. and part. past, *submissive.*
Soupçon, s. m. *suspicion.*
Soupçonner, v. a. *to suspect.*
Souper, v. n. *to sup.*
Souper, s. m. *supper, repast.*
Soupir, s. m. *sigh.*
Soupirer, v. n. *to sigh.*
Souple, adj. *supple, pliant.*
Souplesse, s. f. *suppleness.*
Source, s. f. *spring, fountain, source.*
Sourcil, s. m. *eyebrow.*
Sourd, e, adj. *hollow, deep, dull, deaf.*
Souriant, part. pres. *smiling.*
Sourire, s. m. *smile.*
Sourire, v. n. *to smile.*
Sous, prep. *under, beneath.*
Soutenir, v. a. *to sustain, to maintain.*
Soutenu, e, part. past of soutenir, *supported.*
Souterrain, e, adj. *subterraneous.*
Soutien, s. m. *support.*
Souvenir, s. m. *remembrance, memory.*
se Souvenir, v. r. *to recollect.*
Souvent, adv. *often, frequently.*
Souverain, s. m. *sovereign.*
Souverainement, adv. *supremely.*
Soyeux, m. soyeuse, f. adj. *soft, silken.*
Spacieux, m. spacieuse, f. adj. *spacious.*
Spécieux, m. spécieuse, f. adj. *specious.*
Spectacle, s. m. *spectacle.*
Spectateur, s. m. *spectator.*
Spectre, s. m. *spectre.*
Sphère, s. f. *sphere.*
Spirituel, le, adj. *spiritual.*
Splendeur, s. f. *splendor.*
Splendide, adj. *splendid.*
Squelette, s. m. *skeleton.*
Stérile, adj. *sterile, barren.*
Stoïque, adj. *stoic.*
Stupide, adj. *stupid.*
Style, s. m. *style.*
Su, e, part. past, *known.*
Suave, adj. *sweet.*
Subi, e, part. past, *suffered.*
Subir, v. a. *suffer, submit to.*
Subit, e, adj. *sudden.*
Submerger, v. a. *to submerge, to drown.*
Subjuguer, v. a. *to subjugate.*
Subordonné, part. past, *subordinate.*
Subsister, v. n. *to subsist, to exist.*
Substantiel, le, adj. *substantial, juicy.*

Subtil, e, adj. *subtle, keen.*
Suc, s. m. *juice.*
Succéder, v. n. *to succeed.*
Successif, m. successive, f. adj. *successive.*
Sucer, v. a. *to suck.*
Succès, s. m. *success.*
Succomber, v. n. *to fall.*
Sucre, s. m. *sugar.*
Sucré, e, part. past, *sweet, sugared.*
Sud, s. m. *south.*
Suède, s. f. *Sweden.*
Suer, v. n. *to sweat.*
Sueur, s. m. *sweat.*
Suffire, v. n. *to suffice.*
Suffoquant, part. pres. *being out of breath, suffocating.*
Suisse, s. m. *Swiss.*
Suite, s. f. *train, succession, consequence:* à la suite, *in the retinue:* de suite, *together, in succession.*
Suivant, prep. *according to.*
Suivant, e, adj. *following:* s. m. *follower.*
Suivant, part. pres. *following.*
Suivi, e, part. past, *followed.*
Suivre, v. a. *to follow.*
Sujet, te, adj. *subject.*
Sujet, s. m. *subject.*
Superbe, adj. *superb, proud.*
Superficiel, le, adj. *superficial.*
Superflu, e, adj. *superfluous.*
Superflu, s. m. *superfluity.*
Supérieur, e, adj. *superior.*
Supériorité, s. f. *superiority.*
Superstitieux, m. superstitieuse, f. adj. *superstitious.*
Supplice, s. m. *punishment,* (corporeal.)
Supplier, v. a. *to supplicate, to entreat.*
Supporter, v. a. *to support.*
Supposé, e, part. past, *pretended.*
Sur, prep. *upon, on, over, by.*
Sûr, e, adj. *sure, certain;* à coup sûr, adv. *certainly.*
Sûreté, s. f. *security.*
Surface, s. f. *surface.*
Surnaturel, le, adj. *supernatural.*
Surnommer, v. a. *to surname.*
Surpasser, v. a. *to surpass.*
Surprenant, e, adj. *surprising.*
Surprendre, v. a. *to surprise.*
Surpris, e, part. past, *surprised.*
Surprise, s. f. *surprise.*
Sursaut, s. m. *surprise, start.*
Surtout, adv. *especially, above all.*
Survenir, v. n. *to come on suddenly.*
Survivre, v. n. *to survive.*
Suspendre, v. a. *to suspend.*
Suspendu, e, part. past, *suspended.*
Svelte, adj. *light, slender.*
Symbole, s. m. *symbol.*
Syrie, s. f. *Syria.*
Système, s. m. *system.*

T.

Ta, poss. adj. *thy.*
Tabac, s. m. *tobacco.*
Table d'hôte, *an ordinary, common table.*
Tableau, s. m. *picture.*
Tablette, s. f. *tablet.*
Tache, s. f. *blemish, spot.*
Tâcher, v. n. *to try.*
Tacite, s. m. *Tacitus.*
Tacite, adj. *implied, tacit.*
Tage, s. m. *Tagus,* (a river.)
Taille, s. f. *stature.*
Tailler, v. a. *to cut*
se Taire, v. r. *to be silent.*
Talon, s. m. *heel.*
Tamise, s. f. *Thames.*

Tandis que, adv. *while.*
Tant, adv. *so much, so many;* tant que, *as long as.*
Tante, s. f. *aunt.*
Tantôt, adv. *one while, another while, sometimes.*
Taon, s. m. *ox-fly.*
Tapis, s. m. *carpet.*
Tapisser, v. a. *to hang, to furnish with hangings.*
Tard, adv. *late.*
Tâter, v. a. *to feel;* v. r. *to examine one's self.*
Tâtonnant, part. pres. *feeling, groping.*
Te, pron. *thee.*
Teint, s. m. *complexion.*
Tel, le, adj. *such.*
Tellement, adv. *so, in such a manner.*
Témérité, s. f. *rashness.*
Témoignage, s. f. *testimony.*
Témoigner, v. a. and n. *to testify.*
Témoin, s. m. *witness.*
Tempéré, adj. *moderate, tempered.*
Tempérer, v. a. *to temper, to moderate.*
Tempérance, s. f. *temperance.*
Tempête. s. f. *tempest.*
Temple, s. m. *temple, church.*
Temps, s. m. *time;* de temps en temps, *from time to time.*
se Tenant, part. pres. *holding each other, holding one's self.*
Tenant, part. pres. *holding.*
Tendant, part. pres. *extending.*
Tendre, v. a. *to extend, to stretch, to hang, to bend.*
Tendre, adj. *tender.*
Tendrement, adv. *tenderly.*
Tendresse, s. f. *tenderness.*
Tendu, e, part. past, *bent.*
Ténèbres, s. f. pl. *darkness, the dark.*
Ténébreux, m. ténébreuse, f. adj. *dark, gloomy.*
Tenir, v. a. *to hold, to keep, to take;* tenir de, *to partake of, to be related to.*
Tente, s. f. *tent.*
Tenter, v. a. *to try, to attempt.*
Tenu, e, part. past, *held, kept.*
Terme, s. m. *term, bound.*
Terminé, e, part past, *terminated.*
Terminer, v. a. *to terminate.*
Terne, adj. *dim, dull.*
Terrain, s. m. *spot of ground.*
Terrasse, s. f. *terrace, flat roof.*
Terre, s. f. *earth, land, ground:* à terre, *on land.*
Terreur, s. f. *terror.*
Tertre, s. m. *knoll, mound.*
Tes, (plu. of ton,) *thy.*
Testamentaire, adj. *belonging to a will.*
Tête, s. f. *head, person:* tête-à-tête, adv. *in private conversation.*
Théâtre, s. m. *theatre.*
Thème, s. m. *exercise, theme.*
Théocratique, adj. *theocratical.*
Théologie, s. f. *theology.*
Thésée, s. m. *Theseus.*
Thym, s. m. *thyme.*
Tien, ne, pron. *thine.*
Tige, s. f. *trunk, stem.*
Tigre, s. m. *tiger, Tigris,* (river.)
Tillac, s. m. *deck.*
Timide, adj. *timid.*
Tintement, s. m. *tinkling, buzzing.*
Tiraillement, s. m. *putting.*
Tirant, part. pres. *drawing, taking out.*
Tirer, v. a. *to get, to draw, to pull, to fire.*
Tison, s. m. *brand.*
Tissu, e, part. past, *woven.*
Tissu, s. m. *tissue.*

Tite Live, s. m. *Titus Livius.*
Titre, s. m. *title.*
Toi, pron. *thou, thee, thyself:* toi-même, *thyself.*
Toile, s. f. *linen cloth.*
Toilette, s. f. *toilet.*
Toison, s. f. *fleece.*
Toit, s. m. *roof, covert.*
Tombant, part. pres. *falling.*
Tombe, s. f. *tomb.*
Tombeau, s. f. *tomb.*
Tomber, v. n. *to fall.*
Tombereau, s. m. *tumbrel.*
Ton, s. m. *tone.*
Tonnant, e, adj. *thundering.*
Tonneau, s. m. *cask, ton.*
Tonnelle, s. f. *arbor.*
Tonnerre, s. m. *thunder.*
Topaze, s. f. *topaz.*
Toque, s. f. *cap.*
Torrent, s. m. *torrent.*
Torrentueux, m. torrentueuse, f. adj. *torrent-like.*
Tortu, e, adj. *crooked, twisted.*
Tortueux, m. tortueuse, f. adj. *tortuous, winding.*
Total, s. m. *the whole.*
Totalement, adv. *totally, entirely.*
Touchant, e, adj. *affecting, touching.*
Toucher, v. a. *to touch, to play.*
Touffe, s. f. *thicket.*
Touffu, e, adj. *bushy, thick.*
Toujours, adv. *always, still.*
Tour, s. f. *tower.*
Tour, s. m. *turn, trick.*
Tour-à-tour, *by turns.*
Tourbillon, s. m. *whirlwind.*
Tourelle, s. f. *turret.*
Tourment, s. m. *torment*
Tourmenté, e, part. past, *tormented.*
Tourmenter, v. a. *to torment, to trouble.*
Tournant, part. pres. *turning.*
Tourner, v. a. *to turn.*
Tournure, s. f. *turn.*
Tourterelle, s. f. *turtle, turtle-dove.*
Tout, (pl. tous,) *all, every, every thing:* du tout, *at all.*
Tout, adv. *quite all:* tout à la fois, *at once, all at once.*
Tout-à-coup, *all on a sudden.*
Tout de suite, *all at once.*
Tout-à-fait, *entirely, quite.*
Tout près de, *very near.*
Tout-puissant, adj. *all-powerful.*
Toux, s. f. *cough.*
Traçant, part. pres. *tracing, drawing.*
Trace, s. f. *track, trace.*
Tracé, e, part. past, *traced.*
Tragique, adj. *tragic.*
Trahir, v. a. *to betray.*
Traîner, v. a. *to draw, to drag.*
Trait, s. m. *arrow, dart, stroke, trait, feature.*
Traité, s. m. *treaty.*
Traité, part. past, *treated.*
Traitement, s. m. *treatment, usage.*
Traiter, v. a. *to treat:* traiter de, *to call.*
Traître, s. and adj. *false, traitor.*
Trame, s. f. *woof, plot:* ourdir une trame, *to contrive a plot.*
Tranchant, s. m. *edge.*
Tranquille, adj. *tranquil.*
Tranquilliser, v. a. *to tranquilize.*
Tranquillité, s. f. *tranquillity.*
Transmis, past part. *transmitted.*
Transparence, s. f. *transparency.*
Transparent, adj. *transparent.*
Transplanter, v. a. *to transplant.*
Transport, s. m. *transportation.*
Transporter, v. a. *to transport.*
Travail, s. m. *labor, work.*
Travailler, v. n. and a. *to work.*

Travailleur, s. m. *workman, laborer.*

au Travers de, prep. *through, across.*

à Travers, prep. *across.*

Traverser, v. a. *to cross, to pass through.*

Treillage, s. m. *treillage.*

Treille, s. f. *arbor, vine-arbor.*

Treize, adj. num. *thirteen.*

Treizième, adj. num. *thirteenth.*

Tremblant, part. pres. *trembling.*

Tremblement, s. m. *trembling;* tremblement de terre, *earthquake.*

Trembler, v. n. *to tremble.*

Trempe, s. f. *temper, stamp.*

Trempé, e, part. past, *soaked.*

Trente, adj. num. *thirty.*

Trépas, s. m. *decay, death.*

Très, adv. *very.*

Trésor, s. m. *treasure.*

Tressaillir, v. n. *to start, to shudder.*

Tribu, s. f. *tribe.*

Tributaire, adj. and s. *tributary.*

Triomphant, e, adj. *triumphant.*

Triomphe, s. m. *triumph.*

Triompher, v. n. *to triumph.*

Triple, adj. *triple, threefold.*

Triste, adj. *sad.*

Tristement, adv. *sadly, sorrowfully.*

Tristesse, s. f. *sadness.*

Trois, adj. num. *three.*

Troisième, adj. num. *third.*

Trompe, s. f. *trumpet, trunk, proboscis.*

Tromper, v. a. *to deceive.*

Trompette, s. m. *trumpeter.*

Trompeur, m. trompeuse, f. adj. *deceitful, deceiver.*

Tronc, s. m. *trunk, stem.*

Trône, s. m. *throne.*

Trop, adv. *too, too much, extremely.*

Trophée, s. m. *trophy.*

Tropique, s. m. *tropic.*

Troquer, v. a. *to barter, to exchange.*

Trotter, v. n. *to trot.*

Trou, s. m. *hole.*

Troublé, e, part. past, *troubled.*

se Troubler, v. r. *to be confused.*

Troubler, v. a. *to trouble.*

Troupe, s. f. *troop, herd, train.*

Troupeau, s. m. *herd.*

Trousse, s. f. *truss, bundle;* en trousse, *on the croup.*

Trouvant, part. pres. *finding.*

Trouver, v. a. *to find.*

se Trouver, v. r. *to be found;* trouver bon, *to like.*

Truffe, s. f. *truffle.*

Tu, pron. *thou.*

Tuer, v. a. *to kill.*

Tuile, s. f. *tile.*

Tuileries, s. f. *Tuileries.*

Tumulte, s. m. *tumult.*

Tumultueux, m. tumultueuse, f. adj, *tumultuous.*

Tunique, s. f. *tunic.*

Turc, m. turque, f. adj. *Turkish.*

Turquie, s. f. *Turkey.*

Tyrannie, s. f. *tyranny.*

U.

Un, (fem. une,) art. *a, an;* adj. *one;* les uns, *some, the ones;* l' un et l' autre, *both.*

Uni, e, adj. *smooth, even.*

Uni, e, part. past, *united.*

Uniforme, s. m. *uniform.*

Unique, adj. *singular, only.*

Uniquement, adv. *solely.*

Unir, v. a. *to unite.*

Univers, s. m. *world, universe.*
Universel, le, adj. *universal.*
Université, s. f. *university.*
Urne, s. f. *urn.*
Usage, s. m. *use, usage.*
User, v. a. *to use, to employ, to consume.*
Utile, adj. *useful.*
Utopie, s. f. *Utopia.*

V.

Vache, s. f. *cow.*
Vague, s. f. *wave, swell.*
Vaguement, adv. *vaguely.*
Vaillance, s. f. *valor, bravery.*
Vain, e, adj. *vain;* en vain, *in vain.*
Vaincre, v. a. *to vanquish, to conquer.*
Vaincu, e, part. past, *vanquished.*
Vainqueur, s. m. *conqueror, vanquisher.*
Vaisseau, s. m. *vessel, ship.*
Valet, s. m. *servantman, valet.*
Valeur, s. f. *valor, value.*
Valise, s. f. *valise.*
Vallée, s. f. *valley, vale.*
Vallon, s. m. *dale, little valley.*
Valoir, v. n. and a. *to be worth:* valoir mieux, *to be better.*
Valse, s. f. *waltz.*
Vanneur, s. m. *winnower.*
se Vanter, v. r. *to boast.*
Vapeur, s. f. *vapor.*
Varier, v. a. *to vary.*
Variété, s. f. *variety.*
Vase, s. m. *vessel.*
Vase, s. m. *slime, mud.*
Vassal, s. m. *vassal.*
Vaste, adj. *vast.*
Vautour, s. m. *vulture.*
Veau, s. m. *calf, veal.*
Vécu, e, part. past, *lived.*
Végétal, s. m. *vegetable.*
Végétal, e, adj. *vegetable.*
Vidame, s. m. *Vida.*
Veille, s. f. *watch, night before, eve, being awake.*
Veiller, v. a. and n. *to watch, to be awake.*
Veine, s. f. *vein.*
Velouté, e, adj. *velvet.*
Velu, e, adj. *hairy.*
Vénal, e, adj. *venal.*
Venant, part. pres. *coming.*
Vendangeur, s. m. *vintager.*
Vendant, part. pres. *selling.*
Vendre, v. a. *to sell.*
Vénitien, ne, adj. *venitian.*
Vengé, e, part. past, *avenged.*
Vengeance, s. f. *vengeance.*
Venger, v. a. *to revenge.*
Vengeur, s. m. *avenger.*
Venin, s. m. *venom, poison.*
Venir, v. n. *to come:* venir à, *to happen:* venir à bout, *to succeed.*
Vent, s. m. *wind.*
Venu, e, part. past, *come, being come.*
Venue, s. f. *coming.*
Verdoyant, e, adj. *verdant.*
Verger, s. m. *orchard.*
Vergue, s. f. *yard, sail-yard.*
Véridique, adj. *veracious.*
Véritable, adj. *true, real, pure.*
Véritablement, adv. *truly, really.*
Vérité, s. f. *truth;* à la vérité, *it is true, in truth.*
Vermeil, s. m. *gilt, silver-gilded.*
Verre, s. m. *glass.*
Verrerie, s. f. *glass-ware.*
Vers, s. m. *verse.*
Vers, prep. *towards.*
Versant, part. pres. *shedding, pouring out.*

Versant, s. m. *declivity.*
Versé, e, part. past, *shed, bestowed.*
Verser, v. a. *to spread, to shed, to pour out.*
Vert, adj. *green.*
Vertu, s. f. *virtue.*
Vertueux, m. vertueuse, f. adj. *virtuous.*
Verve, s. f. *rapture, fancy, ardor.*
Vésuve, s. m. *Vesuvius.*
Vêtement, s. m. *clothing.*
Vêtu, e, part. past, *clothed, clad.*
Viande, s. f. *flesh, meat.*
Victoire, s. f. *victory.*
Victorieux, m. victorieuse, f. adj. *victorious.*
Vide, s. m. *void, emptiness.*
Vide, adj. *empty.*
Vider, v. a. *to empty.*
Vie, s. f. *life.*
Vieil, le, adj. *old, ancient.*
Vieillard, s. m. *old man.*
Vieille, s. f. *old woman.*
Vieillesse, s. f. *old age.*
Vierge, s. f. *virgin, maid.*
Vieux, m. vieille, f. adj. *old, ancient.*
Vif, m. vive, f. adj. *lively, alive.*
Vigne, s. f. *vine.*
Vigoureusement, adv. *vigorously.*
Vigoureux, m. vigoureuse, f. adj. *vigorous.*
Vigueur, s. f. *vigor.*
Vilain, e, adj. *vile, ugly.*
Vilain, s. m. *villain.*
Village, s. m. *village.*
Villageois, s. m. *villager, country person.*
Ville, s. f. *city.*
Vin, s. f. *wine.*
Vindicatif, m. vindicative, f. adj. *vindicative.*
Vingt, adj. num. *twenty.*
Vingtaine, s. f. *score, twenty.*
Violemment, adv. *violently.*
Violent, e, adj. *violent.*
Violette, s. f. *violet.*
Virgile, s. m. *Virgil.*
Virginie, s. f. *Virginia.*
Virginien, ne, adj. *of Virginia.*
Viril, e, adj. *manly, male.*
Visage, s. m. *face.*
Vis-à-vis, prep. and adj. *opposite.*
Viser, v. n. *to aim, to look to.*
Visir, s. m. *vizier, grand-visir, grand-vizier.*
Visite, s. f. *visit.*
Visité, e, part. past, *visited.*
Visiter, v. a. *to visit.*
Vite, adv. *quick, quickly.*
Vitesse, s. f. *quickness, swiftness.*
Vitré, e, *glazed, of glass.*
Vitsnou, s. m. *Vishnu, Hindoo deity.*
Vivacité, s. f. *vivacity.*
Vivant, e, adj. *living.*
Vive, f. vif, m. *lively.*
Vivement, adv. *lively, keenly, brightly.*
Vivier, s. m. *pond, fish-pond.*
Vivifier, v. a. *to vivify.*
Vivre, v. n. *to live.*
Vivre, s. m. *food, provisions.*
Vœu, s. m. *vow;* vœux, *wishes.*
Voici, *this is, these are, there is, here are, lo!*
Voilà, *there is, there are, lo! behold.*
Voile, s. m. *veil;* s. f. *sail.*
Voiler, v. a. *to veil, to cover.*
Voir, v. a. *to see.*
Voisin, e, adj. *neighboring.*
Voisinage, s. m. *neighborhood.*
Voisine, s. f. *neighbor.*
Voiture, s. f. *carriage.*
Voix, s. f. *voice.*
Vol, s. m. *flight, extent of wing, theft.*
Volant, part. pres. *flying.*

Volcan, s. m. *volcano.*
Voler, v. n. *to fly.*
Voler, v. a. *to steal.*
Voleur, s. m. *thief.*
Volontairement, adv. *voluntarily.*
Volonté, s. f. *will.*
Volontiers, adv. *willingly.*
Voltiger, v. n. *to flutter.*
Volume, s. m. *size, volume.*
Volumineux, m. volumineuse, f. adj. *voluminous, bulky.*
Volupté, s. f. *pleasure.*
Vouloir, v. a. *to be willing, to furnish;* en vouloir à, *to have a spite against.*
Voulu, e, part. past, *wished, been willing.*
Voûte, s. f. *vault, covering.*
Voyage, s. m. *journey.*
Voyager, v. n. *to travel, to voyage.*
Voyageur, s. m. *traveller.*
Voyant, part. pres. *seeing.*
Vrai, e, adj. *true;* adv. *true.*
Vraiment, *truly, indeed.*
Vraisemblable, adj. *probable.*
Vu, e, part. past, (of *voir,*) *seen.*
Vue, s. f. *sight, view.*
Vulgaire, s. m. *vulgar.*

W.

Wabache, s. *Wabash.*

X.

Xaca, s. m. *Xacca* (an Indian philosopher.)

Y.

Y. adv. *there;* pron. rel. *to it, to her, to him, to them, to that.*
Yeux, s. m. (pl. of *œil,*) *eyes.*

Z.

Zèbre, s. m. *zebra.*
Zèle, s. m. *zeal.*
Zéphir, or Zéphyr, s. m. *zephyr, west-wind.*
Zéphire, or Zéphyre, s. m. *west-wind.*
Zône, s. f. *zone.*

ALSO, JUST PUBLISHED,

Pinney's Progressive French Reader,

WITH A LEXICON. 1 VOL., 12MO.

ADAPTED TO, AND INTENDED TO ACCOMPANY THE TEACHER.

The leading peculiarity in these works is, that they exercise the student throughout in the constant practice of speaking. The preparation of every lesson is a preparation for speaking the language, and every lesson is an actual conversation in it. These conversations, too. are progressive and systematic; commencing with the simplest elements of the language, and advancing one by one, through all the parts of speech, till the rudiments are thoroughly learned. The whole has been prepared with a view to overcome the difficulties which an American meets in acquiring a knowledge of that so necessary part of a finished education.

The plan is the same as that of Manesca, and adopted by Ollendorff, but much more thorough and complete in its application to, and development of, the syntax of the language, than the latter. Both forms of the first book are alike, except the addition of the Key. These books have been received with unexampled favor, having taken the place of almost all other books of the same grade wherever they have become known. In proof of this, the publishers respectfully ask the attention of teachers and all interested in the study of the French language, to the following testimonials:—

CAMBRIDGE, *Sept.* 26, 1849.

I have examined Mr. Pinney's Practical French Teacher, and it strikes me as an improvement on the works of a similar nature which have been recently compiled. Mr. Pinney's presents, I think, several advantages over those which have been heretofore published on this plan. It is certainly more methodically arranged, and contains a larger number of rules. The short grammar which the author has placed at the end of it, will recommend it strongly to every teacher who has adopted the Ollendorff system, and must have felt the want of something of this sort in the works already written on this plan.

ROBERT WHEATON,
Instructor in French in Harvard University.

Messieurs Huntington and Savage à New York:

Je m' empresse à vous dire que j' ai examiné attentivement l' ouvrage intitulé "The Practical French Teacher; or, a new method of learning to read, write, and speak the French language, by Norman Pinney, A. M.," et que je me suis décidé à le substituer, dans les écoles où j' enseigne le français, au livre de M. Ollendorff, dont je me suis servi jusqu' à présent. Je dirai à l' égard des raisons qui m' ont déterminé à faire ce changement, que Mr. Pinney a donné beaucoup plus de développement aux difficultés que présente l' emploi du subjonctif et des temps passés; que les exemples introduits dans ses leçons sont expliqués par des règles claires et précises; et enfin, que l' auteur est entré plus avant dans les difficultés de la langue. J' ajouterai encore que l' arrangement du livre de Mr. Pinney ne paraît plus judicieux, et que le résumé des règles à la fin de l' ouvrage est un excellent traité, bien calculé à en faciliter l' usage.

J' ai l' honneur d' être, Messieurs, avec considération,

JEAN GUSTAVE KEETELS,
Professeur de langues.

BROOKLYN, *le* 9 *Oct.*, 1849.

MOBILE, *March* 5, 1849.

I have used Professor Pinney's Grammar in my school since its first publication, and find it alike admirable in its method and its detail. The ease and rapidity with which the pupil learns to write and speak French with this book is quite surprising.

E. GEORGE,
Principal of the Female Academy.

After full experience in the use of the principal French grammars now before the public, including Manesca, Ollendorff, and Levizac's, I am confident the learner will acquire a more perfect knowledge of the French language, and with greater ease, with the aid of Mr. Pinney's grammar, than with any other. Its simplicity and clearness adapt it admirably to the capacity of young learners.

LOUIS FISCHER,
Teacher of French and German, New Orleans.

Feb. 20, 1849.

I have examined the Practical French Teacher, and find that it contains many advantages over other works of a similar plan. I therefore recommend it to French teachers, and all who desire to learn, not merely to read, but to write and speak the French language.

P. A. GOLLIER,
Professor of Modern Languages.

CLEVELAND, *Aug.* 23, 1849.

I have examined Pinney's Practical French Teacher. The plan is similar to Ollendorff's, and in many respects superior. I intend to make use of it as a text book for my pupils in French.

J. WODZENSKI.

NEW YORK, *Aug.* 2, 1849.

I consider this a very superior work. I have made use of it for my pupils from the time the first edition was published, and recommend it to teachers and learners as a work of great value.

H. C. SPARKS.

HARTFORD, *June* 3, 1849.

From Professor Le Feber, of New York.

I have no hesitation in expressing a decidedly favorable opinion of Mr. Pinney's Practical French Teacher. The lessons, commencing as they do, with the simplest principles, and advancing step by step in an easy and regular order, together with the exercises attached to the lessons, are well calculated to secure a rapid knowledge in speaking and writing the French language. I have adopted it in the schools in which I am engaged, and also in my private instruction.

C. LE FEBER.

NEW YORK, *Nov.* 22, 1848.

PHILADELPHIA, *Oct.* 11, 1849.

I feel it a duty, as a teacher, to express my opinion in regard to the superiority of the "New Method of learning the French Language," by Mr. Pinney, on the same plan as Ollendorff. "The Practical French Teacher" presents a series of exercises admirably combined, and better calculated than any other manual to impart rapidly to the student a knowledge of the French language, both written and spoken. I also recommend, particularly, "The First Book in French," by the same author, as excellent to prepare pupils of an early age for the study of the New Method.

F. DROUIN.

Having used for two years Prof. Pinney's "Practical French Grammar," I am able to state that it answers well the purpose for which it is written; I therefore take pleasure in recommending it favorably to the attention of both teachers and students of the French language.

F. A. BREGG,
Prof. of the French and Spanish Languages in the Central High School, Philadelphia.

---

*From Rev. Hubbard Winslow, Teacher of Young Ladies' Select School, Bowdoin Place, Boston.**

I have used the French Grammar of Prof. Pinney in my school from the commencement of this academic year, and give it the decided

* Seventy pupils are now using the Grammar in Mr. Winslow's School, and it is also used in most of the important schools in Boston.

preference to any other which I have used. I am confident that no teacher will use this Grammar without feeling grateful to its author for doing so valuable a service for all who wish to acquire a practical knowledge of the French language.

H. Winslow.

Boston, *Dec.* 4, 1848.

Messrs. Huntington and Savave :

Gentlemen—Professor "Pinney's Practical French Grammar" has lately been adopted for the use of the classes in the French language in this Academy. My impressions of its value, above any other work of the kind which we have used, are most decisive.

S. B. Woolworth,
Prin. Cortland Academy.

Homer, Cortland county,
May 16, 1849.

When "Pinney's Practical French Grammar" was first issued, I examined it with care, and I became satisfied that it was the best work of the kind with which I was acquainted. It was immediately introduced into the Institute, and its use has fully confirmed the high opinion I had previously formed of its merits. Without referring in detail to all its peculiar excellencies, the manner in which the subjunctive mood is treated, constitutes a merit obvious to all teachers who examine it. Its other valuable features will be discovered by both the instructor and the pupil.

The introductory work, "Pinney's First Book in French," is admirably adapted to the use of the younger pupils in the language.

N. W. Benedict, A. M.,
Prin. Rochester Collegiate Institute and Prof. Languages.

Rochester, *July* 21, 1849.

"Pinney's Practical French Grammar" has been in use in this institution during the past year, and has given entire satisfaction. It is what it claims to be—"a practical introduction to the French language," happily combining the principles and forms of the less practical grammars with the *oral* system—a combination so desirable in a work, the object of which is to facilitate the acquisition of a living language. In short, it bears well the test of *use*, which is the highest of all commendatory testimonials in its favor.

EDWARD G. TYLER,
Prin. Ontario Female Seminary.

CANANDAIGUA, *July* 23, 1849.

MESSRS. HUNTINGTON AND SAVAGE:

Gentlemen—Having employed Manesca's Oral System for several years immediately on its first appearance, with much satisfaction to myself, and, as I believe, with no small benefit to large classes of pupils, I was rejoiced to find his labors at length acknowledged, his merits appreciated, and his defects—generally unavoidable in striking out a new path—remedied by Mr. Pinney. Mr. Manesca was entirely oral, and though excellent, imposed upon the teacher a labor which few are willing to perform, and required of the learner an amount of time which he could ill spare. Mr. Pinney avoids these defects by putting his grammar as a book of exercises into the hands of the scholar, and by bringing the analogies of the language into closer proximity.

However, on employing Mr. Pinney's Grammar in the instruction of my own children, I found it going too fast for them. This defect I am glad to find entirely removed by his "*First Book in French*," which has also the further merit and important advantage of constituting the easiest possible introduction to the reading of the language.

Finally, I do not hesitate to say that the two books of Mr. Pinney's, elucidated by the "Keys," when they are required by the teacher, are the best aids for thorough grammatical study of the French, as it is spoken, read, and written, with which I am acquainted.

Respectfully,

GEORGE C. WHITLOCK,
Prof. Math. and Experimental Science.

GENESEE WESLEYAN SEMINARY,
Lima, *July* 10, 1849.

J' ai introduit dans mes classes primaires le *Premier livre* de Mr. Norman Pinney avec beaucoup de succès. Combinant en miniature les avantages, et évitant quelques erreurs d' Ollendorff et de Manesca, il est de la plus grande utilité aux commencants, qui, souvent se rebutent à la vue d' un ouvrage volumineux. Je le recommande avec beaucoup de plaisir aux professeurs des Etats-Unis.

HENRY DE LAPLACE,
Professeur de langues modernes des Séminaires d' Ithaque, d' Owego, et de Binghamton.

www.ingramcontent.com/pod-product-compliance
Lightning Source LLC
LaVergne TN
LVHW010224110826
845151LV00004B/1176
* 9 7 8 1 4 2 5 5 2 7 2 5 9 *